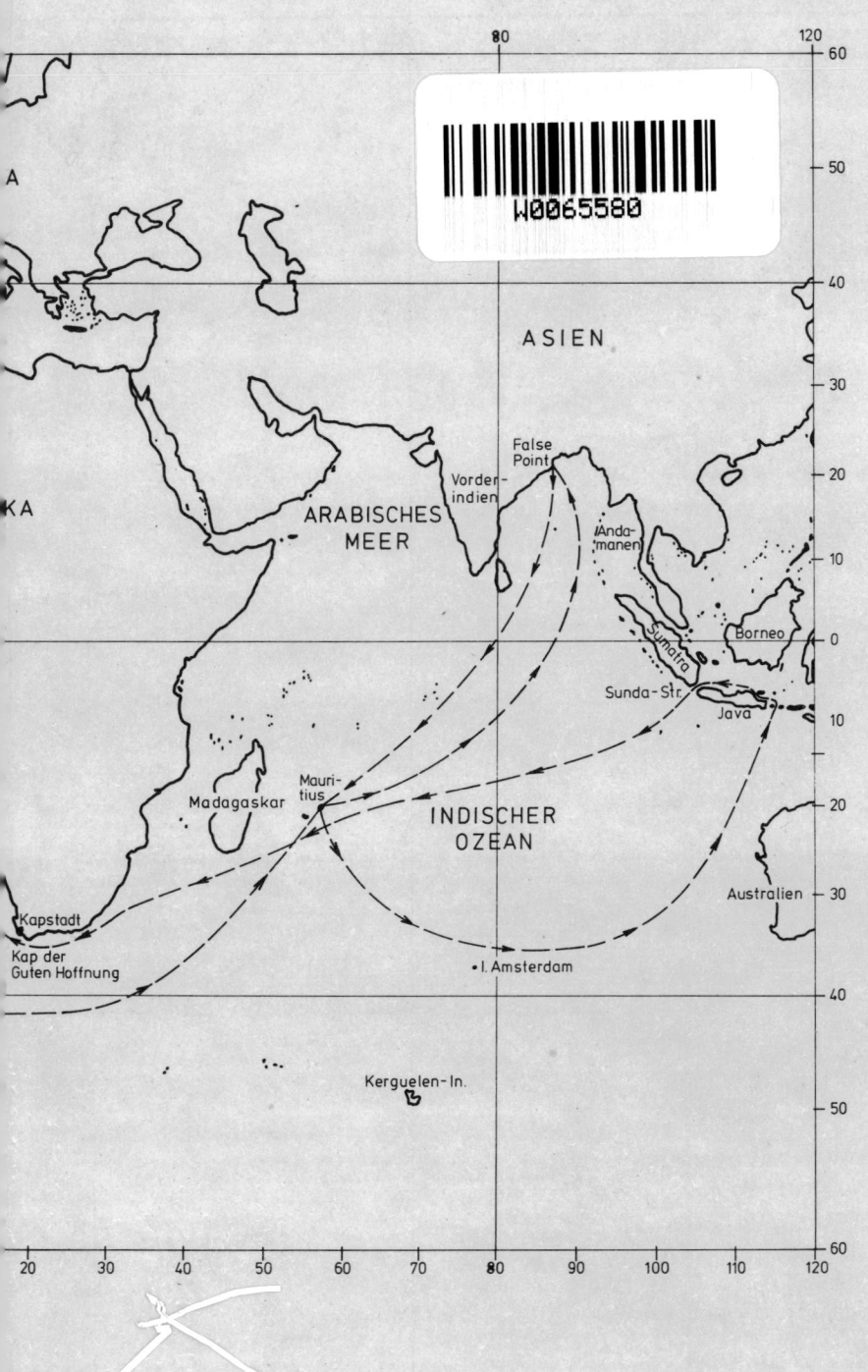

80   120
                                                                    60

                                                                    50

A   40

                              A S I E N
                                                                    30

                                          False   20
                                          Point
                                    Vorder-
 KA   indien   Anda-   10
            ARABISCHES   manen
              MEER   0
                                                  Sumatra Borneo

                                                  Sunda-Str.   10
                                                      Java
                        Mauri-
           Madagaskar   tius   INDISCHER   20
                                          OZEAN

                                                          Australien 30
Kapstadt
Kap der   40
Guten Hoffnung   • I. Amsterdam

                                                                    50
              Kerguelen-In.

                                                                    60
20   30   40   50   60   70   80   90   100   110   120

Franz von Wahlde
AUSGEBÜXT

Franz von Wahlde

AUSGEBÜXT

Das Tagebuch des
Schiffsjungen Franz von Wahlde
über seine Reise
mit der Bark PALLAS
nach Südamerika,
Mauritius, Indien und Java
1884 bis 1886

Unter Mitarbeit von Ursula Feldkamp eingeleitet,
mit Anmerkungen versehen
und herausgegeben von Uwe Schnall

HINSTORFF VERLAG

von Wahlde, Franz:
Ausgebüxt. Das Tagebuch des Schiffsjungen Franz von Wahlde
über seine Reise mit der Bark PALLAS nach Südamerika,
Mauritius, Indien und Java 1884 bis 1886/
Franz von Wahlde. – 1. Aufl. – Rostock:
Hinstorff Verl., 1989 – 292 S.: zahlr. Ill.

ISBN 3-356-00259-7

VEB Hinstorff Verlag Rostock 1989
1. Auflage 1989. Lizenz-Nr. 391/240/38/89
Vertrieb in der DDR und in anderen sozialistischen Ländern
© Deutsches Schiffahrtsmuseum, Bremerhaven, und
Ernst Kabel Verlag GmbH, Hamburg, 1989
Printed in the German Democratic Republic
Redaktion: Dr. Uwe Schnall, Bremerhaven
Gesamtausstattung: P. L. Oberberg
Reproduktionen: Peter Franke
Lichtsatz: INTERDRUCK
Graphischer Großbetrieb Leipzig – III/18/97
Druck: Messedruck Leipzig – III/18/37
Buchbinderische Weiterverarbeitung:
LVZ Druckerei „Hermann Duncker"
Bestell-Nr. 5 229 730

01420

INHALTSVERZEICHNIS

Für Eike

Einleitung

An einem Frühsommertag des Jahres 1884 schlenderte der 16jährige Gymnasiast Franz von Wahlde auf dem Heimweg von der Schule am Weserufer in Elsfleth entlang. Plötzlich warf er in hohem Bogen seine Büchertasche in den Fluß und machte sich in Richtung Bremerhaven auf den Weg, um seinen Traum von abenteuerlichen Seefahrten um die Welt zu verwirklichen. Das ist nicht etwa der Beginn eines spannenden Romans, sondern dramatischer Auftakt zu einer wirklichen Segelschiffsreise, die den jugendlichen Ausreißer 1884 bis 1886 als Schiffsjungen nach Südamerika, Mauritius, Indien und Java führte. Über seine Erlebnisse an Bord der PALLAS, einer Elsflether Bark, schrieb er ein ausführliches Tagebuch, das zu besitzen wir uns heute glücklich schätzen können, denn in ihm ist uns eine außergewöhnliche Quelle über die Spätzeit der großen Kauffahrtei unter Segeln erhalten geblieben.

Viele der zahlreichen neueren Bücher über Segelschiffahrt neigen zu romantischer Verklärung der „Windhunde" oder „Schwäne" der Ozeane; und der Faszination, die heutzutage eine Windjammerparade ausstrahlt, kann sich kaum jemand entziehen. Doch der ästhetische Reiz, der von Großschiffen unter vollen Segeln ausgeht, ist für Zuschauer bedeutend größer als für die Seeleute, die den knüppelharten Dienst auf solchen Schiffen verrichtet haben, unter Lebensgefahr bei Sturm und tropischem Regen in der Takelage arbeiten mußten, die Füße auf den Pferden, den Fußtauen unter den Rahen, den Bauch gegen die Rah gepreßt, mit beiden Händen im brettsteifen Segel, stundenlang. Natürlich gab es auch die ruhigen Tage im Passat, wenn die Segel unverändert stehen bleiben konnten. Aber selbst dann gab es kaum Faulenzerei; irgendeine Arbeit fiel dem Bootsmann oder Kapitän schon ein, auf eisernen oder stählernen Schiffen in jedem Fall das ungeliebte Rostklopfen.

Genaue Schilderungen des Alltagslebens an Bord sind weit weniger häufig, als man bei der Fülle von Segelschiffsliteratur vermuten sollte. Selbst alte Fahrensleute, die jahre- oder jahrzehntelang auf Segelschiffen gefahren haben, widmen diesem Aspekt ihres Seemannslebens meist wenig Aufmerksamkeit. Nicht selten haben sie ihre Erinnerungen am Ende eines langen und an besonderen Erlebnissen reichen Berufslebens zu Papier gebracht, und es ist nur zu verständlich, wenn dann die spektakulären Ereignisse, die sicher besser im Gedächtnis haften geblieben sind als beispielsweise wochenlange Flautenschieberei, in den Vordergrund des Berichtes treten. Das im folgenden abgedruckte Tagebuch des Franz von Wahlde hingegen ist während seiner kurzen Fahrenszeit entstanden. Alle Begebenheiten bekommen dadurch ein nahezu gleiches Gewicht, nichts wird nachträglich gewertet, herausgehoben oder zurückgedrängt. Hier schreibt ein aufgeweckter, durchaus nicht unkritischer Jugendlicher direkt nieder, was er an Bord tut, erlebt, erleidet. Und genau das verleiht dem Tagebuch für uns heute seinen überragenden Quellenwert.

*

Das Tagebuch ist Bestandteil eines Konvoluts, das dem Deutschen Schiffahrtsmuseum in Bremerhaven vor einigen Jahren von der Tochter des Franz von Wahlde, Frau Adele Amalie Henriette von Wahlde, durch Vermittlung des ehemaligen Stalling-Verlages zur Auswertung und eventuellen Veröffentlichung angeboten wurde. Es handelt sich im einzelnen um:

1. zwei Pappbände im Format 21 × 17 cm (Höhe vor Breite) (Bd. 1) bzw. 20 × 16 cm (Bd. 2) mit zusammen 490 Seiten linierten Papiers. Diese Bände enthalten die während der Reise entstandene Reinschrift des Tagebuches. Band 1 trägt vorn ein Papierschildchen mit dem Titel „Tagebuch an Bord der ‚PALLAS‘", Band 2 eines mit der Aufschrift „Von Java nach Haus! Tagebuch an Bord der ‚PALLAS‘";

2. eine „Cladde" im Format 20,5 × 16,5 cm mit 142 Seiten linierten Papiers. Hier hat Franz von Wahlde mit dünnem, hartem Bleistift (heute über weite Strecken nicht mehr entzifferbar) Stichpunkte notiert, häufig Wetter-, Kurs- und Segelmanöverbeobachtungen, vor allem dann, wenn er wegen wetterbedingter ständiger Arbeit nicht direkt zur Niederschrift des ausführlichen

8

Tagebuches kam. Außerdem enthält die Cladde eine ganze Reihe von Bleistiftzeichnungen, die meist Schiffe darstellen;

3. ein Skizzenheft im Format 20 × 25,5 cm, von dem heute nur noch 4 Blätter (unliniert) erhalten sind, die überwiegend Zeichnungen von Schiffen enthalten. Dieses Skizzenheft hat von Wahlde schon zur Schulzeit benutzt, und einige Eintragungen stammen aus seiner späteren Studentenzeit.

Zu diesen Heften kamen später noch hinzu:

4. ein zweites Tagebuch, ein Pappbändchen im Format 19,4 × 12,5 cm mit 132 Seiten, geführt während des ersten Weltkrieges, vom 28.10.1916 bis zum 28.04.1919. Es trägt den Titel „Kriegstagebuch, geführt v. Amtstierarzt v. Wahlde, Jever". Franz von Wahlde lebte und arbeitete zu jener Zeit schon in Jever;

5. persönliche Dokumente und einige Photos.

Weitere persönliche Papiere Franz von Wahldes sind nicht erhalten; das meiste von dem, was einmal vorhanden war, ist während des zweiten Weltkrieges verlorengegangen oder zerstört worden.

*

Hermann Franz von Wahlde wurde am 14. Juli 1868 als Sohn des in Berne (Unterweser) praktizierenden Tierarztes Heinrich Franziskus von Wahlde und seiner Ehefrau Elisabeth Maria Helene Gerhardine, geb. Theilen, in Berne geboren und am 4. August desselben Jahres in Oldenburg katholisch getauft. Die Vorfahren von Vaters Seite gehörten dem niederen Adel an, einige waren offenbar „studierte Leute", während die Mutter – übrigens evangelisch-lutherischer Konfession – einer Familie von Mühlenbesitzern und Bauern entstammte. Nichts deutet in diesen Familien, soweit man sie zurückverfolgen kann, auf Verbindungen zur Seefahrt, und auch Hermann Franz wurde ganz und gar nicht in diese Richtung erzogen. Im Gegenteil: Er besuchte das Gymnasium und sollte später studieren, möglichst dem Vater beruflich nachfolgen. Aus dieser vorgezeichneten Bahn brach er als 16jähriger 1884 aus, kehrte aber nach zwei Jahren Seefahrt nach Hause zurück, beendete das Gymnasium und studierte in Hannover Veterinärmedizin. Er schloß sein Studium mit Auszeichnung ab und war schon 1898 bis 1900 „mit der Wahrung der Geschäfte des beamteten Tierarztes für das Amt Wildeshausen beauftragt", wie das „Hof- und Staatshandbuch des Großherzogtums Oldenburg" vermeldete, das jährlich in Oldenburg erschien und dem auch die weiteren Stationen von von Wahldes Laufbahn zu entnehmen sind. 1901 wurde er genannt als Amtstierarzt für die Bezirke des Amtes und der Stadt Jever, später auch für das Amt Rüstringen. Seit 1908 war er zusätzlich Stellvertreter in der Prüfungskommission für Fleischbeschau. Wann er zum Großherzoglich-Oldenburgischen Veterinärrat ernannt wurde, ist nicht mehr festzustellen, da das Staatshandbuch von 1914 bis 1920 nicht erschien. 1920 bis 1922 wird er – nun allerdings allen adligen Zierats im Titel bar – als Veterinärrat (Titel) und Amtstierarzt (Stellung) in Jever für den Bezirk der Stadt und des Amtes Varel und der Stadt Rüstringen aufgeführt und weiterhin als Stellvertreter in der Prüfungskommission für Fleischbeschau.

Am 21. Mai 1899 heiratete er Adele Hermine Gerdes (geb. am 2. Oktober 1874). Sie gehörte einer Großbauernfamilie an, die u. a. weite Ländereien in Rüstringen besessen hatte, dort, wo die preußische Stadt Wilhelmshaven entstand. Der Ehe entstammten drei Kinder: Lizzie Aline Catharine, Adele Amalie Henriette und Friedrich Franz.

Hermann Franz von Wahlde starb am 4. Mai 1923, nicht einmal 55 Jahre alt.

Mit Ausnahme der zwei Jahre auf See hatte Franz von Wahldes Leben einen ganz und gar bürgerlichen Zuschnitt. Er genoß das, was man eine „gute Erziehung" nannte, kannte Fremdsprachen, Englisch, etwas Französisch und natürlich Latein, und er hatte die damals üblichen Literaturkenntnisse, wie sie Tradition und Schule vermittelten: Im Tagebuch zitierte er Goethe, Schiller, Freiligrath, Geibel und lateinische Spruchweisheit. Ausgeprägt war seine Neigung zu Musik und Theater. Im während des ersten Weltkrieges geführten Tagebuch äußerte er sich mehrfach begeistert über Konzerte in Jever, und durch Zufall wissen wir, welche Theaterstücke er zur Zeit seines Studiums in Hannover gesehen hat. Säuberlich hat er im Umschlag des erhaltenen Zeichenheftes alle Theaterbesuche notiert: 32 Opern (einige mehrfach), 14 Trau-

*Die CHARLES BALL unter Captain Sprenger aus Anklam
(Zeichnung: Franz von Wahlde)*

Die ODER des Norddeutschen Lloyds (Zeichnung: Franz von Wahlde)

*Franz von Wahlde mit
Vater und Großvater*

erspiele, 18 Schauspiele, 14 Lustspiele, 17 Possen und 9 Operetten. Am häufigsten hat er übrigens den „Fliegenden Holländer" gesehen, viermal, sicher noch ein Nachklang seiner Seefahrtszeit.

Was 1884 der unmittelbare Anlaß für seinen plötzlichen Entschluß, auszubüxen, war, läßt sich nicht mehr feststellen. Waren es Schwierigkeiten zu Hause oder in der Schule? Gegen das erstere spricht die Tatsache, daß er zwar als blinder Passagier von Bremerhaven nach Liverpool fuhr, sich aber von dort offenbar mit den Eltern in Verbindung gesetzt hat. Sein Ausreißen führte nicht zu einem Bruch mit dem Elternhaus: Aus dem Tagebuch kann man folgern, daß die Familie ihm Wäsche und Zeug geschickt haben muß. Auch erhielt er unterwegs des öfteren Briefe von daheim. Vielleicht haben die Eltern sogar bei der Vermittlung des Schiffes ihre Hand im Spiel gehabt, denn der damalige Kapitän der PALLAS, J. Stege, war mit der Familie von Wahlde bekannt.

Wenn Schwierigkeiten in der Schule der Anlaß zum Weglaufen gewesen sein sollten, können sie kaum auf intellektuellem Gebiet gelegen haben. Franz von Wahlde zeigt sich in seinem Tagebuch wißbegierig, aufgeschlossen, mit seinen 16 Jahren für einen Angehörigen des niederen Adels im wilhelminischen Deutschland sogar recht kritisch. Aber auch Disziplinarprobleme sind wenig wahrscheinlich. Trotz seiner kritischen Bemerkungen nämlich verhielt er sich an Bord – etwa bei den Auseinandersetzungen zwischen der Mannschaft und dem Kapitän – unauffällig und bezog keine Stellung. Sicher war er als Schiffsjunge der allerunterste in der Hierarchie an Bord und so gut wie rechtlos, bekam von allen Seiten Hiebe, wie er es ausdrückt, und der Schiffsjunge tat gut daran, sich bei solchen Auseinandersetzungen ganz klein zu machen; das kann aber ebenso Ausdruck einer – in jener Zeit selbstverständlichen – Erziehung zu konformem Verhalten sein, wie es sehr viel stärker noch im Tagebuch aus dem ersten Weltkrieg deutlich wird.

Größte Antriebsfeder für seinen Ausbruch in die Welt war zweifellos – das können wir eindeutig seinem Text entnehmen – das Fernweh.

Wie viele Jungen seines Alters träumte er von abenteuerlichen Seefahrten, fernen Ländern, der Romantik des Exotischen. Schon im Lateinunterricht in der Schule ließ er seine Gedanken spazieren gehen und malte auf eine sauber mit der Feder gezeichnete Karte des antiken Italien mit dem Bleistift statt Strichmännchen lauter kleine Segel-

Franz von Wahlde (r.) mit seinen Eltern und Geschwistern

Aus dem Skizzenheft Franz von Wahldes

schiffchen – er scheint von Caesar oder Livius nicht gerade gefesselt gewesen zu sein.

Die Hauptquelle für Franz' Vorstellung tropischer Paradiese und ihrer Bewohner nennt er selbst: den Roman „Paul und Virginie" von Jacques-Henri Bernardin de Saint-Pierre (1737 bis 1814). Dieser heute in Deutschland kaum noch bekannte Roman erschien erstmals 1788 als angehängter vierter Band der dritten Auflage von Bernardins naturphilosophischem Werk „Études de la nature", und er wurde zu einem der größten Bucherfolge im 19. und beginnenden 20. Jahrhundert. Mehr als 280 französische und über 260 fremdsprachige Ausgaben, darunter etwa 40 deutsche, sind bisher erschienen; im 19. Jahrhundert kannte praktisch jedes Schulkind die bitter-süße Idylle, und sei es auch nur aus Kinderbuchfassungen.

Bernardin erzählt in einer trivialisierten Rousseau-Nachfolge die Geschichte zweier armer (aber nicht zu armer!) Kinder, die auf der Insel Mauritius aufwachsen und wie selbstverständlich von Anfang an füreinander bestimmt sind. Virginie wird zu einer reichen alten Tante nach Frankreich geschickt; die versprochene Erbschaft bzw. Mitgift soll die ökonomische Grundlage des jungen Paares sichern. Das Mädchen hält es aber in der Fremde nicht aus, es kehrt zurück. Da scheitert das Schiff im Sturm an der Nordostküste von Mauritius. Alle werden gerettet – außer Virginie: Sie weigert sich, ihre Kleidung abzulegen, was zur Rettung nötig gewesen wäre, und geht vor den Augen Pauls mit dem Schiff unter. Ihr Leichnam treibt in der „Bucht des Grabes" an und wird in der Nähe bestattet. Bald sterben vor Gram nacheinander Paul, Pauls Mutter, Virginies Mutter, die treuen schwarzen Diener und der Hund. Die Unnatur in Virginies Verhalten – und das in einem Roman, der Natürlichkeit predigt – läßt Heinrich Seidel in seinem autobiographisch gefärbten Roman einer Kindheit „Reinhard Flemmings Abenteuer zu Wasser und zu Land" die neunjährige Lana treffend kommentieren: „Das war dumm!"; aber eine riesige Leserschaft begeisterte sich für Bernardins Geschichte und benutzte den Roman sogar als eine Art Reiseführer für die Tropeninsel. So wanderte auch Franz von Wahlde auf Mauritius, dem Ort seiner Sehnsucht, auf den Spuren von erfundenen Gestalten.

Doch geht der Einfluß des Romans auf unseren Schiffsjungen noch viel weiter: Es scheint, als habe er seine ganze Einstellung den „exotischen" Menschen gegenüber hieraus gewonnen, so wenn er die Einwohner der ostindischen Küste als eine Art „edle Wilde" betrachtet, die in ursprünglicher Einfachheit im Einklang mit der Natur leben. Jedenfalls bietet sich ihm solch Eindruck aus der Ferne, und um so grausamer ist dann natürlich die Konfrontation mit der Realität. Armut ist nicht idyllisch, und verzweifelter Kampf ums Überleben hat wenig mit den idealischen Vorstellungen eines Bernardin gemein. Deshalb war Franz von Wahlde, dem überhaupt vor allem Primitiven und Unsauberen ekelte, entsetzt. Statt unverdorbener Idealeinwohner im ursprünglichen Einklang mit der Natur fand er in Port Louis „widerliche Negerweiber". Sicher fühlte er sich in dieser Hinsicht genauso ernüchtert wie in seinen romantischen Vorstellungen vom Seemannsberuf. Übrigens findet sich hier eine bemerkenswerte Parallele in den Entwicklungen Bernardins und Franz von Wahldes, wahrscheinlich ohne daß der letztere das wußte: Der Franzose entschloß sich mit 12 Jahren, nach der Lektüre von „Robinson Crusoe", zur See zu gehen, sagte aber ebenfalls nach einer Reise enttäuscht der Seefahrt wieder ade.

Glücklicherweise war von Wahldes Fernweh nicht allein aus Schwärmerei geboren; er hatte eine gehörige Portion Neugier auf alles Fremde, die sein Herz schneller schlagen ließ beim Anblick fremder Erde und die mit ein Grund dafür war, daß er all das, was er sah und empfand, ausführlich seinem Tagebuch anvertraute, um es für sich für die Zukunft festzuhalten. Dieser Aspekt der in der Person begründeten Erwartungen und Vorbildungen verdient es, hervorgehoben zu werden, da er gegenüber der Menge an Sachinformationen im Reisebericht leicht zu sehr in den Hintergrund treten könnte.

*

Das Tagebuch bietet eine fast unerschöpfliche Fülle von Beobachtungen zur Seefahrt unter Segeln im ausgehenden 19. Jahrhundert. Die Dampfer waren auf dem Vormarsch, und für einen Frachtensegler wurde es immer schwerer, Ladung zu finden. Deshalb war es zeittypisch, daß die PALLAS fast die Hälfte ihrer Reise in Ballast machte, immer auf der Suche nach Fracht.

Es war auch für die Kapitäne keine leichte Zeit, und äußerste Sparsamkeit war angesagt, sollte das Schiff noch einen Gewinn einfahren – Sparsamkeit, unter der Hein Seemann am meisten zu leiden hatte und die, wie Franz von Wahlde des öfteren beobachten konnte, zuweilen auf Kosten der Sicherheit ging.

Es soll an dieser Stelle nicht vorwegnehmend die ganze Palette dessen ausgebreitet werden, was im Tagebuch detailliert und eindrucksvoll niedergeschrieben ist. Bei der sehr guten Beobachtungsgabe von Wahldes und bei seinem Vermögen, das Gesehene und Erlebte auch adäquat wiederzugeben, ist es fast selbstverständlich, daß die Routen, die angelaufenen Häfen mit ihren Bewohnern und deren Sitten, die Natur der verschiedenen Länder, die unterschiedlichen Wetterbedingungen, die Lebewesen des Meeres und besonders alles, was zum Leben und Arbeiten an Bord gehört, so genau wie möglich dargestellt wurden. Gerade diese exakten Beschreibungen des Lebens an Bord geben – wie oben schon angedeutet – dem Tagebuch für uns so großen Wert. Die primitive Unterbringung im unsauberen Logis und der Kampf gegen das Ungeziefer wurden ebenso geschildert wie sämtliche Arbeitsabläufe vom Deckscheuern und Malen über Ankermanöver, Loggen, Loten, Steuern, Segelnähen, Labsalben usw. bis zu den aufreibenden und teil-

Franz von Wahlde mit Ehefrau, Schwiegermutter und Tochter

weise sehr gefährlichen Arbeiten in der Takelage bei jedem Wind und Wetter.

Und stets wiederholt sich die Klage über die schlechte Verpflegung. Diese Klage dürfte zwar so alt sein wie die Seefahrt selbst, hatte aber im vorliegenden Fall auch ihre Berechtigung. Der Speisezettel war sehr eintönig und einseitig und enthielt durchaus nicht das, was auch ohne Luxus möglich gewesen wäre; er entsprach aber vermutlich dem, was auch auf anderen Seglern üblich war.

Daß es allerdings selbst am Weihnachtsabend bei Pökelfleisch, Schiffszwieback mit Maden und Tee blieb, ging doch über die gewöhnliche Kargheit der Bordküche hinaus. Deshalb sorgte dann jeder für sich, so gut er konnte: Franz stahl Proviant, der Koch stahl die Milch, die eigentlich der kranke Schiffsjunge bekommen sollte ... Am Ende der Reise traten bei der Mannschaft sogar die Anfangssymptome von Skorbut auf; dabei wäre es ohne weiteres unterwegs möglich gewesen, Frischproviant zu kaufen und damit diese gefürchtete Vitamin-Mangel-Erkrankung zu vermeiden.

17

Vor der Wesermündung (Zeichnung: Franz von Wahlde)

Von besonderer Aussagekraft sind die Ausführungen von Wahldes über die menschlichen Beziehungen an Bord, über den Umgang miteinander. Natürlich gab es auch hier die traditionellen beiden Gruppen der Achtergäste (Offiziere) und der Mannschaft, die so streng voneinander getrennt waren, wie es die relative Enge eines Schiffes nur zuließ. Franz von Wahlde stand dabei gewissermaßen zwischen den Fronten. Als Schiffsjunge – wie gesagt – der allerletzte in der Rangordnung, gehörte er natürlich zu denen „vor dem Mast", der Mannschaft, die vorn im Logis hauste. Und ganz selbstverständlich solidarisierte er sich mit ihr, teilte ihren Argwohn den Offizieren gegenüber und freute sich, wenn „denen da hinten" etwa ein Mißgeschick passierte oder wenn die Mannschaft durch Arbeitsverweigerung ihre Rechte durchsetzte. Auf der anderen Seite hatte er durchaus auch Vorbehalte gegenüber der Mannschaft, unter der sich „wilde Gesellen" und „Schweinigel" befanden.

Lediglich an den Franzosen Isidore, der ebenfalls aus einer gebildeten Familie stammte, schloß er sich enger an. Die beiden, und besonders der unerfahrene Franz von Wahlde, mögen auf Grund ihrer Erziehung Zielscheibe für allerlei Demütigungen gewesen sein. Zwar werden solche Dinge im Tagebuch mit keinem Wort erwähnt, aber gerade das läßt den Leser stutzig werden, zumal die Arbeit betreffende Schikanen ausführlich festgehalten sind. Daß ein Schiffsjunge – egal welcher Abkunft – immer die meisten Hänseleien und Gemeinheiten seitens der Mannschaft ertragen muß, das war sicher auf der PALLAS nicht anders als auf jedem anderen Segler der damaligen Zeit. Von Wahlde hatte jedenfalls zur Mannschaft eine gehörige Distanz, die ihn manches auch einmal aus dem Blickwinkel der Schiffsführung betrachten ließ und auch in seinen rationalen Erwägungen über manche Form des Seemannsbrauchtums und des Aberglaubens der Seeleute zum Ausdruck kam.

Nie aber ging er darin so weit, das teilweise schikanöse Verhalten der Vorgesetzten zu entschuldigen; er war immer auf Seiten der Mannschaft, wenn sie erbittert war über angeordnete, aber nicht notwendige Arbeiten in der Freizeit (nach dem weit verbreiteten Grundsatz: Wer arbeitet, kommt nicht auf dumme Gedanken), über die Sparsamkeit bei der Verpflegung, über das Verweigern von Geldauszahlungen in fremden Häfen, obwohl gerade das letztere bei der leichtsinnigen Art vieler Seeleute, ihr Geld zu vertun, doch auch einen positiven Aspekt hatte; denn immerhin war so der ausgezahlte Betrag am Ende der Reise größer, und wenn der Seemann eine Familie zu ernähren hatte, war diese dem Kapitän für seine unterwegs bewiesene Knauserigkeit sicher dankbar.

Obwohl Franz von Wahlde sich also nicht so ganz zur Mannschaft zugehörig fühlte, hatte er für die Lebensweise und die Probleme der Seeleute nicht nur volles Verständnis, sondern er rechtfertigte gewissermaßen selbst die ins Auge springenden Nachtseiten dieser Existenz. Wenn die Seeleute an Land über die Stränge schlugen, in Alkohol- und sexuellen Exzessen ihr weniges Geld durchbrachten, so erkannte der 16jährige dies als beinahe zwangsläufige Explosion nach der monatelangen Isolation und Enthaltsamkeit an Bord und der dort herrschenden Disziplin, die verhindern sollte, daß es unter den auf engstem Raum zusammenlebenden Männern zu ernsten Auseinandersetzungen kam. Franz von Wahlde erlebte hautnah einige solcher typischer Seemannsschicksale: Der eine hörte, daß seine Frau ihm untreu sei, und er konnte, weit entfernt auf ein Schiff gebannt, nichts tun; der andere, Isidore, auf See der beste Mann, brachte im Hafen seine ganze Heuer in wenigen Tagen durch und war froh, daß der Kapitän, bei dem er eben abgemustert hatte, ihn wieder nahm.

Das Verhältnis in und zwischen den beiden Gruppen auf der PALLAS war nicht immer gut, aber auch nicht direkt schlecht zu nennen. Gegen Ende der Reise aber verstärkten sich die Spannungen. Der Kapitän stritt mit dem Steuermann, die Mannschaft war zunehmend gereizt. Zwei Jahre zusammen auf einem kleinen Schiff – das ging fast über das Erträgliche hinaus. Die Aussicht, bald am Ziel der Reise zu sein, verstärkte die Ungeduld: Die Mannschaft schimpfte über den Kapitän, er sei ein Angsthase und setze zu wenig Segel – zu Beginn der Reise hatte sie ihn noch einen schrecklichen Segelpresser genannt; und von Wahlde verwendete nun in seinem Text ganz gegen seine sonstige Gepflogenheit eine Menge Abkürzungen.

Franz von Wahlde war desillusioniert. Das Seemannsleben war offenbar ganz und gar nicht so, wie er es sich vorgestellt hatte. Er litt unter der Tyrannei von Vorgesetzten, deren menschliches Format nicht immer ihrer Machtstellung entsprach; er hatte Unterdrückung und Ausbeutung am eigenen Leibe gespürt und bei anderen gesehen, z. B.

Raddampfer (Zeichnung: Franz von Wahlde)

bei den Kulis auf Mauritius. Die Reise hatte ihn hart aus allen Knabenträumen gerissen, die rauhe Wirklichkeit ihn eingeholt. Er musterte in London ab und kehrte nach Hause zurück.

Das Tagebuch des Franz von Wahlde über seine zweijährige Reise ist vom Autor nie für eine Veröffentlichung in irgendeiner Form vorgesehen gewesen. In erster Linie hat er es für sich selber und seine Familie geschrieben; daher ist es auch zunächst einmal ein ganz privates Dokument, das den heutigen Leser anrührt. Da der Bericht aber keine außergewöhnlichen Ereignisse zum Gegenstand hat, sondern mit im positiven Sinne naiver Ehrlichkeit das ganz gewöhnliche Leben auf einem ganz gewöhnlichen Segler während einer ganz gewöhnlichen Trampfahrt schildert, weitet sich die individuelle Erfahrung ins Allgemeine. Franz von Wahldes Erlebnisse sind – von Einzelheiten abgesehen – mehr oder minder die eines jeden Seemanns auf Segelschiffen gegen Ende des vorigen Jahrhunderts.

*

Franz von Wahlde machte seine große Reise mit der in Elsfleth, Unterweser, beheimateten Bark PALLAS. Ihr Aussehen hat er in mehreren Zeichnungen festgehalten. Sie war ein ganz typisches Kauffahrteischiff ihrer Zeit, und mit ihrem Namen sind keinerlei bedeutende Ereignisse verbunden, sie war eben ein Schiff aus der – noch – riesigen Flotte der Frachtsegler. Die PALLAS wurde 1877 auf der Werft von I. Laing in Sunderland, England, aus Eisen gebaut und war mit 613 BRT vermessen (netto 602 t). Sie war 170 Fuß (etwa 51 m) lang, 29 Fuß (etwa 8,7 m) breit und 17 Fuß 7 Zoll (etwa 5,3 m) tief. Bereedert wurde sie von C. G. Behrmann, dem Direktor der Seefahrtschule in Elsfleth (umso bemerkenswerter die von Franz von Wahlde notierten Verstöße gegen Vorschriften!). Bei der letzten Prüfung vor der beschriebenen Reise, im Juni 1884, hatte die PALLAS die Klasse 100 A 1 erhalten; sie war also ein starkes Schiff, was sie ja auf der dann folgenden Fahrt mehrfach beweisen mußte.

Aus den Jahren 1890 bis 1898 sind Gewinnrechnungen erhalten (leider nicht aus den 1880er Jahren), die zeigen, was man mit solch einem Schiff, dessen Bau übrigens 186 000,– Mark gekostet hatte, verdienen konnte.

Die Gewinne betrugen:

1890	8 000,– Mark
1891	13 000,– Mark
1892	8 000,– Mark
1893–1896 kein Gewinn	
1897	3 000,– Mark
1898	3 000,– Mark
das sind in 9 Jahren	35 000,– Mark.

Im Mai 1899 wurde die mittlerweile 22 Jahre alte Bark nach Frankreich verkauft und fuhr nun bis 1912 als HAVRE für die Reederei H. Auger, Ainé in Le Havre. Dann wechselte sie abermals die Flagge, nun schon eine betagte Dame, und kam unter dem Namen ANNA für die Reederei Grube in Marstal, Dänemark, in Fahrt. Am 13. Mai 1917 wurde sie im Englischen Kanal von dem deutschen U-Boot UC-17 versenkt. Fast mutet es wie eine Ironie des Schicksals an, daß das Schiff, auf dem Franz von Wahlde als junger Mann seine große Reise gemacht hatte, das Ende fand, das derselbe Franz von Wahlde 30 Jahre später möglichst vielen feindlichen Schiffen wünschte. Während des ersten Weltkrieges war er nämlich zu einem eifrigen Befürworter des uneingeschränkten U-Boot-Krieges geworden.

*

Der nachfolgende vollständige Abdruck bietet das Tagebuch in ursprünglicher Gestalt, d. h. mit originaler Orthographie und Interpunktion.

Die Abweichungen von Wahldes von der heute üblichen Schreibweise bzw. Zeichensetzung sind nicht von solcher Art, daß sie dem unmittelbaren Verständnis Schwierigkeiten bereiten; und die originale Form beläßt dem Text das Signum des Persönlichen.

Der handschriftliche Text ist in deutscher Schreibschrift niedergeschrieben, die im Druck durch gewöhnliche Lettern wiedergegeben wird. Namen, Fremdwörter u. ä. hat von Wahlde oft durch lateinische Schreibschrift herausgehoben. Sie wird im folgenden Druck durch Kursive kenntlich gemacht. Lediglich die Schiffsnamen, die im Original fast ausschließlich in lateinischer Schrift erscheinen, werden zur besonderen Kennzeichnung in Kapitälchen gesetzt, und die Datums-

Bark PALLAS *(Zeichnung: Franz von Wahlde)*

angaben, die im Original teils lateinisch, teils deutsch geschrieben sind, wurden im Druck vereinheitlicht.

Die Seitenzahlen des unpaginierten Originals sind in der vorliegenden Ausgabe vor der Zeile vermerkt, in der die neue Seite beginnt. Die Seitentrennung ist durch Schrägstriche markiert. Der Originaltext enthält nur wenige Absätze. Etwa 80 % der Absätze im Druck stammen vom Herausgeber. Sie sind der Übersichtlichkeit halber eingefügt worden.

Die Zwischentitel stammen sämtlich vom Herausgeber. Sie sollen in dem umfangreichen Text Gliederungshilfen sein. Alle Hinzufügungen des Herausgebers im laufenden Text sind in runde Klammern gestellt ( ). Dabei handelt es sich entweder um notwendige Wort- oder Wortteilergänzungen zum Original oder um kurze Sacherläuterungen bzw. Übersetzungen. Längere Erläuterungen werden, um den Text übersichtlich zu erhalten, in gesonderten Anmerkungen gegeben.

*

Es bleibt mir zum Schluß die angenehme Pflicht, Dank auszusprechen, an erster Stelle Frau Adele von Wahlde, die das Tagebuch und weitere

Unterlagen zur Verfügung gestellt hat. Herr Kapitän Georg Baake, Elsfleth, Herr Ewald Eden, Schortens, und Herr Prof. Dr. Johann Schmidt, Oldenburg, halfen bereitwillig bei der Beschaffung von persönlichen und auf die PALLAS bezogenen Daten und Unterlagen.

Von meinen Kolleginnen und Kollegen im Deutschen Schiffahrtsmuseum in Bremerhaven bin ich in vielerlei Hinsicht unterstützt worden: Frau Waltraud Rehe hat die Mühe einer ersten Transkription des häufig nicht leicht lesbaren Textes auf sich genommen; Klaus-Peter Kiedel, der Leiter des Museumsarchivs, war bei der Beschaffung der nicht von von Wahlde stammenden Illustrationen behilflich; und Frau Ursula Feldkamp verdanke ich neben einer akribischen Durchsicht des Manuskripts viele Anregungen, Hinweise und Hilfen bei der gesamten Edition. Ihnen allen danke ich sehr herzlich.

Ich freue mich besonders, daß das Tagebuch des Schiffsjungen Franz von Wahlde gleichzeitig in der Bundesrepublik Deutschland und in der Deutschen Demokratischen Republik erscheint. Dem Ernst Kabel Verlag in Hamburg und dem Hinstorff Verlag in Rostock, die dies ermöglichten, bin ich dafür sehr dankbar.

Ich hoffe, daß der Leser das folgende Dokument einer vergangenen Epoche der Schiffahrt ebenso schätzen wird wie wir.

Bremerhaven, im Juni 1989 Uwe Schnall

TAGEBUCH VON
FRANZ VON WAHLDE

Vor der Wesermündung (Zeichnung: Franz von Wahlde) Detail

Zum ersten Mal auf dem Atlantik.
Vom Mersey nach dem La Plata

Heute war der für die Abreise bestimmte Tag gekommen. Kein Feiertag war es für uns. Um 4 Uhr Morgens kam der zweite Steuermann vor das Logis (Mannschaftsraum auf Handelsschiffen) und jagte uns mit seinem Weckruf: *„Rise, rise!"*, aus den Kojen. Die Sonne war schon im Aufgehen. Ein herrlicher Tag schien zu kommen. Die vielen Schiffe im Dock (engl. Hafen) lagen friedlich, still an den *Quais*. Ein dünner Nebel wogte über dem Wasser. Doch zum Sinnen gab es keine Zeit. Anker, Ketten, Luken mußten untersucht werden, Talljen (kleine Flaschenzüge) hergerichtet werden: *„Franz"* hier, *„Franz"* da. In allen Ecken gebrauchte man mich, schnell mußte ich natürlich hinspringen. Um 5 Uhr gab es Kaffee. Jetzt brachte der Heuerbaas (gewerbsmäßiger Stellenvermittler für Seeleute) die neu angemusterten Matrosen, in meinen Augen schienen sie eine elende Gesellschaft zu sein, mehrere hatten kaum etwas, das sie ihr eigen nennen konnten, außer dem, was sie am Leibe hatten. Auch zeugten die blassen Gesichter davon, daß sie das Geld, welches jeder Matrose als Handgeld empfängt, schon vertrunken hatten. Die Neu angekommenen hatten kaum ihre Habe in das Logis gebracht, als der *Capitän* commandirte, die Landfesten, d. s. eiserne Ketten, die im Hafen das Schiff anstatt der Trossen befestigen, loszuwerfen. Hinten und vorn wurden diese jetzt an Land losgeworfen und durch die Klüsen eingeholt, darauf wurden sie gleich vorne in das „Kabelgatt" (Aufbewahrungsraum für Trossen u. ä.) verstaut. Dünne Taue hielten uns noch ans Land. Nunmehr stieg am Vortop (Spitze des Vormastes) der „blaue Peter"[1], an der Gaffel[2] die deutsche Fahne auf. Der Lotse kam um das Schiff aus dem Dock zu holen. Leinen wurden losgeworfen, andere mit Booten nach entfernteren Puncten gebracht, daran dann eingehivt, darauf wieder losgeworfen, / etwas eingeholt hier, dort etwas fahren gelassen. Das Deck war voller Taue, da galt es aus Leibeskräften zu ziehen, zu drehen, zu halten. Unverständliche Befehle, Schreie, Zurufe, Flüche erschollen überall. Zum Umschauen war

keine Zeit, nur sah ich daß auf den andern deutschen Schiffen im Hafen die deutsche Flagge wehte. Ehe ich es mir versah, waren wir im Vorhafen. Der Seelotse sprang an Bord, und übernahm das Commando. Der CENTAUR[3] ein mächtiges Schiff lag bereit. Seine große Stahltrosse wurde übergenommen und befestigt. „Los überall", hieß es, die dünnen Enden wurden losgeworfen und eingeholt. *„Go ahead"* (engl. vorwärts). Die Räder der CENTAUR schlugen ins Wasser, die Maschine fing an zu stöhnen, die Schleppleine spannte sich. Langsam ging es hinaus in den Strom. An Land standen der Boardingmeister (Zimmervermieter für Seeleute), einige Bekannte des Capitäns und winkten uns ein Lebewohl. Bald waren wir draußen im Fahrwasser. Den Bug seewärts arbeitete der Schlepper immer mächtiger, schneller, so daß Dock auf Dock, Schiff auf Schiff an uns vorbeiflogen. Die Sonne schien warm, der Wind wehte leise, auf dem Flusse (der Mersey in Liverpool) entfaltete sich ein buntes schönes Bild. Da kamen große Passagierdampfer, Segler aller Art, auch ein riesiger Viermaster, mancher mit rostigen, schmutzigen Seiten, als Zeuge langer Seereisen. Dazwischen kreuzten die etagenmäßig gebauten *Ferry*dampfer (Fährdampfer) unsern Weg, dazu noch ein halbes Hundert Fischersmacks.[4] Alles dieses sah ich im Fluge. Das letzte Bollwerk versank in der Ferne. / „Leb wohl England", dachte ich, „wann sehen wir dich wieder?"

11

„Na wat steihst du da, hest de nix to dauhn, *Wullt du rupp up de Back*[5], *willen den Klüverboom* (Stenge zur Verlängerung des Bugspriets) utsetten!" Da war ich aus meinen Träumen gerüttelt. Man war dabei den Klüverbaum, der im Hafen, der Raumersparnis halber eingeholt werden muß wieder hinauszuwinden. Ich konnte weiter nichts thun, als Taue, deren Namen mir unbekannt waren festzuhalten, daran zu ziehen, je nachdem mir befohlen ward. Bald war der Baum heraus gebracht, die Stage[6], unten und oben, d. s. Ketten und Drahttaue die ihn stützen, befestigt und die drei Vorsegel[7] an ihm angeschlagen. Nun wurden beide Buganker (auf dem Bug lagernde Hauptanker) über Bord gesetzt, indem dieselben von dem Vordeck, der „Back“ aufgewunden und über die Buge (zu beiden Seiten des Bugs) hinunter gelassen wurden, wo sie dann am „Katzenblock“[8] fest aufgehängt wurden. Dies muß gethan werden, damit beim Segeln in engen Gewässern jeden Augenblick geankert werden kann. Nun gab es Mittagessen, dies war sauer verdient worden. Einmal sprang ich heraus, um die CITY OF PARIS[9] zu sehen, die nach *Newyork* bestimmt an uns vorbeizog, ruhig, aber in der Weise als ob wir vor Anker lägen.

Mittlerweile waren wir weit hinaus gekommen, die Ebbe hatte unsere Reise beschleunigt. Der *Capitän* ließ die unteren Stagsegel und den Besahn setzen, dann die unteren Marssegel. Der Dampfer stoppte, die Trosse wurde losgeworfen, dann fuhr der Dampfer / im Halbbogen um uns wendend, wieder dem *Mersey* zu. Im Vorbeifahren rief sein

12

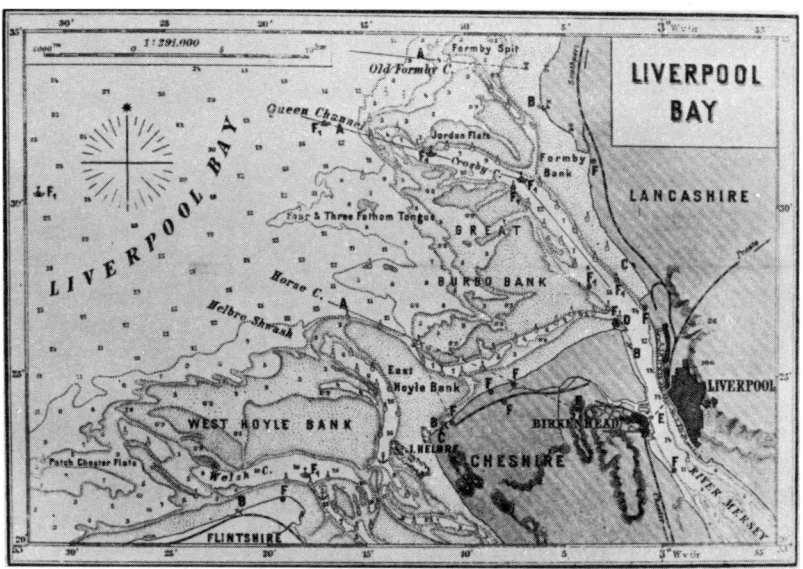

Das Fahrwasser nach Liverpool (Aus A. Dorn: Die Seehäfen des Weltverkehrs, 1892)

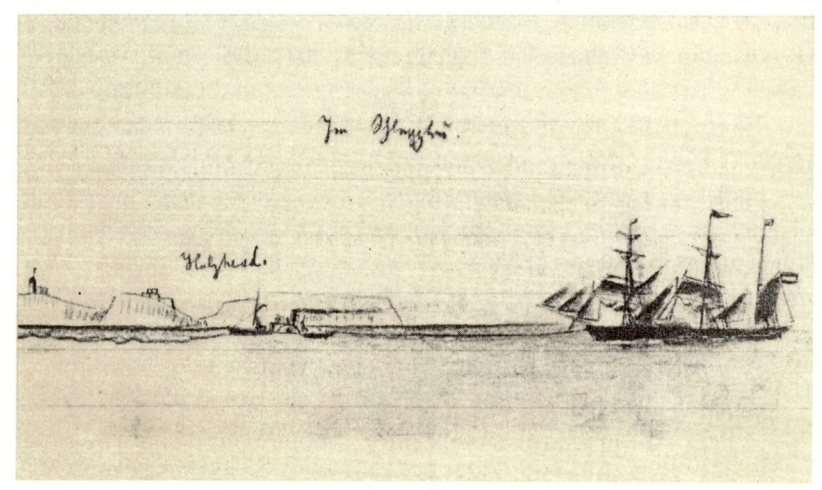

Aus dem Skizzenheft Franz von Wahldes

Schiffer unserm Alten ein lautes „*Good by*" zu. Segel über Segel wurde gesetzt bis die Pallas vom Flaggenknopf bis an Deck in eine Wolke weißer Segel gehüllt war. Meine Hauptarbeit war, all die gebrauchten Taue schön kreisförmig zusammen zu schießen. Leise fuhr das schöne Schiff etwas vom Wind übergelegt durch die grüne See. Der Lotsenschuner[10] brachte unwillkommenen Aufschub, da er erst nach einem Hamburger Dreimastschuner zuhielt, der mit uns ausgegangen war und nach *Maracaibo* (Hafenstadt in Venezuela) bestimmt war. Unter kleinen Segeln mußten wir langsam weitersegeln, schließlich völlig die Großrahen herumholen und beidrehen. Der *Capitän* war wütend, doch was half das, warten mußte er, bis das Boot an unsere Seiten stieß und der Lotse mit gespickter Börse hinabstieg. In 10 Minuten steuerten wir, wieder bepackt von oben bis unten dem Hamburger nach. Da der Wind ziemlich von hinten kam, holten wir ihn bald auf, gerade wie wir beim Caffee saßen. Nach dem *Caffee* holte der 2te Steuermann uns auf das *Quarterdeck*[11], wo *Capitän* und 1.Steuermann die Leute den Wachen zuteilen wollten. Der *Capitän* rief als erster zu seiner Wache, Steuerbordswache den Segelmacher[12] auf, dann als zweiter der Steuermann zu seiner, der Backbordswache, den *Michael*, dann der Schiffer 13 einen folgenden Mann / u.s.w. Unsere Wache, die Backbordwache, konnte dann zu „Koje" gehen. Die andern mußten bis 7 Uhr an Deck bleiben und aufräumen, einzelne Segel fester hißen, und bewegliche Gegenstände befestigen. Ich ordnete mein Lager, das aus Strohsack, Federkopfkissen und zwei wollenen Decken bestand, befestigte Gardinen davor. Dann ging ich wieder an Deck, um den Anblick der See zu genießen. Um 7 Glas 6 ½ Uhr, weckte der Koch die schlafende Wache und holte mich, um den Thee in das Logis zu bringen. Ich setzte die „Mucken" (Tassen) auf die „Back", d.i. der Tisch im Logis, welcher hohe Leisten hat, damit nichts hinabrutscht, dann die Teller, und die „Back" (Gefäß) mit dem übrigen Fleisch.

Die Seekisten wurden herangeschoben, ein jeder nahm Platz darauf. Ich schenkte den Thee ein, denn der Kessel hängt an Bord stets unter dem Tisch vor dem Schiffsjungen. War noch ein Rest Kaffee in der Muck so goß ich ihn aus, spülte mit etwas Thee nach und darauf füllte ich das Gefäß mit Thee. So wurden an Bord oft die Tassen gewaschen. Die Unterhaltung drehte sich bei Tisch um das Schiff, dies war gut aller Meinung nach, über die Reise, das Wetter und am meisten über den Capitän. Da ich mit diesem bekannt gewesen war, wurde auch ich in das Gespräch gezogen und über denselben befragt. Meine Aussagen gingen darauf hin, daß wir einen der besten bekommen hätten. /

Trotzdem ich nur das wenigste verstand, da die Unterhaltung meist in Englisch geführt wurde, ward mir bange vor dieser rohen Gesellschaft. Scheußliche Witze, Flüche, unflätiges Gebahren bei Tisch deprimirten mich sehr. Wer konnte wissen, wie lange ich diese Rotte bedienen, in ihrer Mitte leben mußte. Zum ersten Male kam ich mir verlassen vor. Aber nichts ist besser für ein niedergeschlagenes Gemüt wie die Arbeit. Als die Leute an Deck gingen, hatte ich abzuräumen die Tassen zu waschen und die Seekisten festzubinden, dann die Lampe zu ordnen. Wie ich an Deck kam, bot sich mir ein nettes Bild. Der Kapitän und der erste Steuermann standen im Gespräch auf der Luvseite, während der „Zweite" an der Leeregeling (Reling) lehnte und nach den Segeln sah. Der Mann am Ruder drehte lässig das Rad, der Koch lehnte über der Unterthür seiner Cambüse und rauchte. Die übrige Mannschaft saß in Gruppen zerstreut auf dem Vordeck und (erzählte).[13] Das dauerte bis 8 Glas, 8 Uhr Abends, wo die andere Wache abgelöst wurde. Einer von uns ging zum Ruder ein anderer zum Ausguck auf d. Back. So lange es hell war, fiel das Wachen nicht schwer, nachher aber hielt ich auf meinem Wandern oft inne, um mich anzulehnen. Jedesmal aber schreckte ein Zuruf des „Großen" (1.Steuer-

15   manns) auf. Ein Stück Pöckelfleisch / das ich sehr gerne aß, und
Schiffsbrod, das ich mir holte um das langsam zu essen, hielten mich
wach, bis um 12 Uhr d. Wache zur Koje ging.

21 Juli

Um 4 Uhr hieß es wieder, heraus auf das Deck. Wir waren allein auf
dem Wasser, Wind und Wetter war dasselbe wie gestern, nur war es
empfindlich frisch, so daß der Kaffee um 5 Uhr sehr gut schmeckte.
Bald darauf kam der „Große" mit aufgekrempelten Hemdsärmeln
nach vorn: „Deckwaschen". Dies geschieht jeden Tag und dauert eine
Stunde. Vor der Back mußte ich mich an die Regeling stellen und
Wasser mit dem Eimer „der Schlagpütze" aufzuziehen. Dies war ein
saueres Amt, da zwei Mann unaufhörlich liefen und die gefüllten Eimer dem „Ersten" brachten, der unter den schruppenden, feidelden
(feudelnden, aufwischenden) Leuten umherlief und spülte. Als sie endlich aufhörten, war mein Rücken so steif und schmerzte so sehr, daß
ich kaum herabsteigen konnte. Wie ich mich nun waschen wollte,
schrie der Koch „*Coffee*" und hielt zugleich den Kessel schon aus der
Thür. Wieder mußte ich springen und die Herren bedienen. Nach dem
Frühstück, das aus Brod und Kaffee besteht gingen beide Wachen zur
Beschäftigung an Deck, bis 9 1/2 Uhr, als unsere Wache abtrat. /

16   Jetzt ordnete ich meine kleinen Habselig(kei)ten, Spiegel, Kämme,
Bürsten u.s.w. auf dem kleinen Bort innerhalb der Koje, Letz(t)ere
6 Fuß (1 Fuß etwa 30 cm) lang, 3 Fuß hoch, 2 Fuß breit ist der einzig
dem einzelnen Matrosen ganz allein gehörige Raum. Unser Logis war
20 Fuß lang, 14 Fuß breit und 6 ½ Fuß hoch. In der Mitte jeder Läng-
seite war eine Thür. Außerdem erhellten 4 Ochsenaugen (Bullaugen)
und 1 Skylight (engl. Oberlicht) den Raum. Der mittlere größere Teil
desselben ward eingenommen durch die Back, über der unter der
Decke ein Gestell für die Tassen war. Ein kleiner Schrank diente für
die Teller u.s.w. Dazu kamen Seekisten und ein hölzernes an den
Tischpfosten gebundenes „Speiback" (Spucknapf) das war nebst dem
Theekessel das Inventar des Logis.
   Einen widerlichen Anblick gewährten die Kakerlaken, die an der
hinteren eisernen Logis Wand zu Schaaren einherkrochen. Nie ver-

gesse ich die erste Nacht, wie ich dachte es seien die gefürchteten Wanzen und jeden Augenblick ihre Stiche erwartete. Im Lauf der Zeit muß man sich daran gewöhnen, da es zuviel sind und sie überall in Kisten, im Bett, im Zucker u.s.w. zu treffen sind.

Im ganzen zählen wir 9 Mann im Logis „vor dem Mast", wie es technisch heißt. Der Älteste, also *Chef* des Ganzen war der / Segelmacher, ein tüchtiger Seemann, dann kam trotz seines jungen Alters der „*Blaue*", Zimmermann, ein Blumenthaler[14], dicker, Mann. Die Matrosen waren *Karl* ein 50 jähriger Stettiner, Lebemann in seinem Fach, *Michael* ein gemütlicher Rußfinne, *Tom* von den *Hebriden*, ein blütjunger sehr hübscher Mensch mit sanften Gesichtszügen, *Julius*, verkommenes Genie von guten Eltern, dann ein junger Bremer, und ein verlumpter Leichtmatrose *Fritz*. Von diesen schlief der „*Blaue*" von 8 Uhr bis 4 Uhr, derselbe stand die Wachen nur bei schlechtem Wetter. Desgleichen ging der Koch keine Wache, dieser, *Smutje*, wie alle Köche gerufen war einer der bummelichsten, leichtsinnigsten Menschen. Er sang den ganzen Tag, wenn er um 4 Uhr Morgens die Bohnen mahlte, des Morgens beim Kochen, Schüsselwaschen, kurz wenn immer er nicht in der Kajüte war.

Von den Offizieren war der zweite Steuermann, ein braver junger Mann, der überaus eifrig war, aber immer von seinen Liebschaften,

Aus dem Skizzenheft Franz von Wahldes

von seiner Zeit an der Schule u. s. w. endlos lange Geschichten erzählte. Der Große war mir verhaßt, da er ungebildet, grob bissig war. Von Geburt war er ein Papenburger, hatte zur Zeit schon 50 Jah(re) zur See gefahren auch als *Capitän*. /

18   Gegen Mittag schaute der *Capitän* voraus, bald zeigte sich hier die Irische Küste. Als wir vom Mittagessen aufstanden, daß am Montag wie immer auf See aus Bohnensuppe bestand, konnten wir deutlich die rauhe Formirung derselben erkennen. Zwei Stunden liefen wir dicht am Wind hin, immer der Küste uns nähernd, die sich als Felsen, Klippen zeigte, ohne irgend eine Behausung von Menschen. Dann mußten wir wenden. Das war das erste mal das ich ein solches Manöver sah. Das war wieder ein Rufen, Antworten, Loswerfen, Ziehen, Brassen (eine Rah in waagerechter Richtung drehen), doch in kurzer Zeit war das Schiff wieder klar und lief Südöstlich nach England zu. Der Wind war conträr geworden, er blies aus dem Atlantischen Ocean herein, und wurde Tagsüber stärker. Zugleich stieg die See, die PALLAS fing zu stampfen an, Wasser spritzte zuweilen über. Ich fühlte die Seekrankheit jetzt zum zweiten Male aufsteigen. Abends konnte ich noch essen. Aber ich fand keinen Schlaf. Ruhelos wälzte ich mich in dem schwankenden Lager umher bis es endlich 12 Uhr war. An Deck hoffte ich, sollte mir besser werden. Der Wind blies heftig, es war ganz finster. Zu Brassen gab es nichts, ich legte mich auf die Spieren hin, mochte der

19   große Große / sagen, was er wollte.

Ich konnte nicht mehr stehen. Wie es später an zu regnen fing, blieb ich ruhig liegen, ich fühlte es kaum. 4 Stunden lag ich frierend, elend wie ein Hund, bis es zur Koje ging. Etwas Schlummer übermannte mich, doch um 7 Uhr mußte ich wieder den Tisch decken. Wie ich dies bewerkstelligte ist mir unerinnerlich, ich weiß nur, daß mir aus dem Speiback ein scheußlicher Geruch entgegen stieg und ich aufspringen mußte, hin zur Regeling. Es rast der See und will sein Opfer haben.[15] So fand mich der „Große", er sagte mir aber nichts, verlangte aber, daß ich an Deck blieb. PALLAS war in den *Georgscanal*[16] eingelaufen. In der Ferne zeigte sich die Irische Küste. Eine kleine Stadt lag an der Höhe. Bald kam sie aus Sicht. Viele Schiffe passierten wir, es war mir aber alles gleich, das Schiff hätte untergehen können, ohne daß ich Anstrengungen gemacht hätte, mich zu retten.

Am Nachmittag kam ein kleiner Schlepper in Sicht, der auf uns abhielt und dann an der Leeseite dicht neben uns herlief. Sein Zweck war, von uns etwas Tabak und namentlich Lebensmittel zu erlangen. Der *Capitän* schrie uns zu, daß er 7 Tage in See sei, und nach *Glasgow* bestimmt sei. / Es war ein winziges Schiff und arbeitete fürchterlich, zu Zeiten war es begraben im Schaume, zu zeiten wirbelte die Schraube in der Luft herum. Der Schiffer stand auf seiner Brücke, darunter 3 bärtige Matrosen und Maschinisten. Eine Leine ward übergeworfen von uns, daran band man drüben ein Leittau und an diesem wurde ein großer Korb hin und hergezogen, der voller Fleisch, Tabak war und auch etwas Rum enthielt. Mit freudigen Mienen nahmen die Leute jedes mal die Sendung in Empfang, dann ging der Maschinist wieder hinab und warf Kohlen auf das Feuer. Die Matrosen und der *Capitän* winkten den Abschiedsgruß mit ihren Hüten, der kleine Dampfer wendete und setzte seinen Weg gegen Norden fort. Bald war nichts mehr von ihm zu sehen. Beim Caffeetrinken rief der Koch uns an Deck, und zeigte nach einem herrlichen schneeweißen, als Dreimastgaffelschuner[17] getakelten Dampfer, der pfeilschnell, ohne Segel, unseren Weg kreuzte. Kein Mann war an Deck zu sehen. Das Schiff rollte sehr stark, da es den Wind seitwärts hatte und das Wasser strömte auf Deck hin und her und ergoß sich bei dem Emporrichten aus den „Speigaten" (Öffnung im Wassergang zum Abfließen des Wassers von Deck). Es

20

war eines der schönsten Fahrzeuge, Masten und Schornstein stark nach hinten geneigt, und Salons an Deck. Es war eine Lustjacht. /

23 Juli

Seit vorgestern Abend habe ich nichts über meine Lippen gebracht. Versuchte ich etwas zu essen, so mußte ich alles wieder ausbrechen. Ein jeder riet mir etwas zu essen, schließlich würde es sitzen bleiben. Es war heute am schlimmsten mit mir. Hätte ich doch nie so etwas unternommen, aber was half das Jammern, untätig durfte ich nicht sein. In allem Elend mußte ich das Garn um das zu „kleedende Tau" werfen. Dies heißt Umschnüren gewisser Stellen von Tauen, wo sie mit fremden Gegenständen scheuern und dadurch schlecht werden, mit Garn.

Der Wind wurde wieder schlecht. Im Dunkelwerden mußten wir wenden, da die Irische Küste durch das Dunkel auftauchte. Eine böse Nacht schien zu folgen, dunkle Wolken jagten am Himmel, der Wind wurde unstet mit stärker werdenden Bööen. Viel Wasser kam über. Die erste Wache schlief ich fest ein. Es weckte mich der Rußfinne auch erst dann, als es wieder zu Koje ging. Sofort überfiel mich wieder tiefer Schlaf und als ich an Deck trat am andern Morgen,

den **24ten Juli,**

fühlte ich mich neugeboren. Ich war schwach, freute mich aber an
22   der / herrlichen Sonne und sog mit Wollust die reine Seeluft ein. Es brauchte mir es niemand zu sagen, daß wir auf dem ewigen Ozean waren. Das waren die Wogen des *Atlantics*, nach dem ich mich so gesehnt hatte, majestätisch rollten sie heran, von tief blauer Farbe mit schneeweißen Kamme. Muthig stürzte die schöne Pallas sich den Wellen entgegen, der Wind wehte, und pfiff im Takelwerk, alle Segel standen voll, vom Royal und kleinsten Stagsegel bis zum Großsegel. Die Back wurde unaufhörlich überflutet, bei manchem Einsetzen sprühte der Gischt bis an die Marssegel. Aber weiter, unaufhaltsam weiter ging es. Die Seekrankheit hatte mich verlassen, selten hat mir etwas besser geschmeckt wie der harte Kakes (engl. Hartbrot, Schiffszwieback) mit dem Salzfleisch, von dem ich als Junge das beste nicht bekam, und der öligen Butter dazu. Wie es an Deck ging, nahm ich mir noch die Taschen voll Brod mit und kaute daran bis 12 Uhr. Ein Stück Arbeit war es, mit

Aus dem Skizzenheft Franz von Wahldes

dem Essen in das Logis zu kommen. Erst mußte jeder seinen Teller voll schöpfen, dann erst konnte ich die Back so verstauen, daß nichts überlief. Am Tisch zu sitzen war unmöglich, ein jeder, mußte sehen, wie er

Aus dem Skizzenheft Franz von Wahldes

sich fest hinsetzen konnte, um nicht nach Lee über zu gehen. Ein Unglück ereignete sich, indem Diedrich bald über Bord gespült wurde. Im
23 Arm die Suppe für die / Kajüte tragend, schickt er sich an, die *Quarter-*

38

*deck*treppe an der Luvseite hinaufzusteigen, als das Schiff plötzlich heftig stieß, so daß Diedrich umfiel, und nun sammt der Schüssel von einer hereinbrechenden See an die Leeregeling gewaschen wurde. Leicht wäre er verunglückt, so aber achtet der Seemann es nicht und erwähnt es nicht oder nur im Scherze. Eine plötzlich einsetzende Böe nötigte uns doch die *Royals* festzumachen.

In der Nacht tauchte plötzlich eine Bark[18] in unserer Nähe auf, die falsch auswich und in bedenkliche Nähe zu uns geriet. Wie sie hätte ausweichen müssen, weiß ich nicht, da ich noch zu unerfahren bin.

Donnerstag den 25t. Juli[19]

Heute morgen wehte es gleich stark. Die Royals sind wieder beigesetzt, an der Leeseite wäscht das Wasser auf Deck fortwährend hin und her. Das Log[20] zeigt $10\frac{1}{2}$ Meilen[21], der Capitän ist zufrieden mit dieser Leistung, denn die Bark hat zwar den Wind achterlig, aber eine hohe Dünung setzt gerade gegen uns ein, und hemmt das Fahrzeug sehr stark.

Der Koch hat das schlech(te)ste Leben, es geht ihm alles über, es fällt alles hin, aus jedem Topf läuft vom Inhalt heraus / Diese selbst rutschen hin und her, trotzdem sie alle kunstvoll festgebunden sind. Dafür schimpft er, und sagt, der Capitän solle sich seine Suppe selbst kochen, er könne sie im Topf nicht halten. Das waren schlechte Aussichten, gab es heute doch „*Plum* und *Klüt*", d.i. eine Suppe mit Mehl-klößen und Obst darin gekocht, das schönste Gericht für *Jan Maat*. Wie es nachher zum Essen ging, war doch genug da, und die Suppe mundete nicht schlechter. Gar manche Schiffe wurden passiert, auch mehrere Mitsegeler, darunter ein eisernes Vollschiff überholt. Nachmittags wurde der Wind etwas flauer, auch ließ die Dünung etwas nach, so daß das Schiff angenehmer durch das Wasser lief.

24

Am 26ten Juli

war das Wetter ein äußerst schönes, der Wind günstig die See nicht hoch. Ein großer Frachtdampfer kreuzte unsern Weg um Mittag, es schien ein Engländer zu sein, auf dem Mitteldeck lehnten Passagiere auch mehrere Damen an der Regeling. Der *Capitän* ließ die Signalflaggen heraufholen und bald flatterte an der Gaffel unsere Nummer im Winde. Der Dampfer aber fuhr ruhig an uns vorbei, ohne uns einer Antwort zu würdigen, auch die Passagiere blickten kaum nach uns

25 her. / Unser „Alte" geriet in große Wut, lief hin und her und schimpfte auf die Unhöflichkeit der *John Bulls*.[22] Da sahen wir zwei Mann aus dem Mittelhaus kommen, auf die Wanten des Großmastes zu gehen und etwas langes aufheißen, das sich als Besen erwies. Wie das Boot an uns vorbeiwar las der Capitän am Stern (engl. Heck) „Marguérite Franchetti, *Bordeaux*".[23] Das war also des Pudels Kern, da hatte aber *Johnny Crapaud* (Spitzname d. Franzosen)[24] den Prüssiens (Preußen) eine Nase gedreht. Jetzt lachte der *Capitän* aber selbst.

Wir scheinen im Kurs der *Mittelmeerböte* (Dampfer mit Bestimmungsort Mittelmeer) zu sein, indem wir 20 Dampfer passierten, darunter ein englisches Transportschiff mit vielen, vielen Männern, Frauen und Kindern an Bord. Vor diesem Schiff mußten wir als Handelsschiff die Flagge hißen und senken.

Sonntag 28 Juli

Heute gab es wenig zu thun. Morgens war Deckwaschen, darauf hatte ein jeder frei, ausgenommen den „Ruderturm".[25] Das Deck war trocken, darum brachte ein jeder seine Bettsachen an die Luft, auch die Seekisten, dann griffen zwei Mann und ich natürlich zu Wasser und Besen, um das Logis zu scheuern, Ich schleppte Wasser, und der Zimmermann böhnerte d. Back ab. /

26 Wie das Logis gereinigt war, durchmusterte ich auch wie die andern meine Kiste und legte alles in Ordnung nieder und schlug die Kakerlaken tot, die Besitz davon ergriffen hatten. Dann stopfte ich meine Hosen u.s.w. auf der großen Luke an der Leeseite sitzend, indem meine Sachen neben mir lagen und ich einen freien Ausblick auf das Meer hatte. Um 9½ Uhr kam Diedrich mit dem Schnaps, damit ein jeder sein Glas bekommt.[26] Meine Ration gab ich dem Zimmermann, der sie in der Mucke aufbewahrte. *Mittags* überhörte ich ein Gespräch der Offiziere, daß wir 60 *Meilen* West von *Cap Finisterre*[27] seien. Nun brauche ich nicht mehr zu singen: *Fern im Süd das schöne Spanien*.[28]

Keine Veränderung, der Wind ist noch mehr nach hinten gelaufen, so daß wir vor ihm laufen. Die Folge ist, daß unser Fahrzeug nicht mehr ruhig liegt, sondern unaufhörig aber leise von einer Seite zu der andern rollt. Hätten wie jetzt Leesegel[29] so würden sie uns sehr dienlich sein. Für die Matrosen ist es besser so, da manch unangenehme Arbeit erspart wird. So wie am 29 Juli

war es auch am **30ten Juli** und am **31 Juli**. / An diesem Tage zuerst kein Segel gesehen.

Donnerstag **August 1.**

Das Wetter bleibt sehr schön. Heute wurde ich zuerst an das Ruder gestellt, indem ein Matrose hinter mir stand Ein eigenartiges Vergnügen war es mir, zum ersten Male einen großen Dreimaster zu lenken. Das Schiff machte natürlich jetzt krumme Wege, indem ich das Ruder zu viel herumwarf, so daß das Schiff zu viel mit der Nase herumlief, was zur Folge heftiges Drehen nach der andern Seite hatte. Die zweite Stunde stand ich allein.

August 2

Noch immer schönes Wetter, guter Wind, man meint, daß wir das Glück haben können, so direkt in den *Nordostpassat*[30] zu fallen. Die Sonne steht Mittags schon viel höher wie zu Haus, zugleich nimmt die Wärme zu. Das erste Zeichen der Nähe von warmen Regionen sind die fliegenden Fische, welche von Zeit zu Zeit auffliegen, wenn sie von den Fischen, Delphinen verfolgt werden. Der Seemann nennt aber nicht die großen plumpen Fische so, die Schweinsfische[31], sondern ein herrliches Tier, elegant gebaut, schnell wie ein Blitz und / dabei schimmernd 28 in allen Farben wie ein Regenbogen, wenn die Sonne das Wasser bestrahlt, und der Fisch dicht unter der Oberfläche schwimmt. Ein eigenartiges Bild soll es sein, wenn der Fisch gefangen an Deck stirbt. Alle die bunten Farben sollen vergehen und übergehen in ein silberglänzendes Weiß. Der Fisch „verklärt" sich, nennen es die Matrosen. Wir hingen eine Angel mit Zeug bewickelt vom Bugsprit, aber es biß kein Fisch an.

Sonnabend den 3. August

Heute gelangten wir in den stetig wehenden *Nordostpassat.* Nun soll eine schöne Zeit beginnen, da das Schiff seinen Kurs eine Reihe Tage fortsetzen kann, ohne daß die Brassen gerührt zu werden brauchen. Tags über konnte ich heute nicht mehr schlafen der großen Hitze wegen.

Sonntag den 4 August

Der Tag verlief wie der erste Sonntag. Morgens Deckwaschen, dann Roofscheuern (Roof – Hütte auf dem Deck), Zeugwaschen, Flicken, Lesen u. s. w. Die Leute haben ihr bestes Zeug angezogen und ein schönes Tuch umgeschlungen. Nach Tisch schlafen die meisten ein bischen. Gegen 5, 6 Uhr erscheint einer nach dem andern an Deck, / natürlich die Pfeife im Munde, und schaut nach dem Wetter, den Segeln. Beliebt sind die, welche am besten erzählen können, Dazu gehörte *Carl.* Stundenlang konnte ich ihm zuhören, wenn er erzählte, wo er schon gewesen, was für Reisen er gemacht hatte und auf welchen Schiffen er gewesen war. Die Hälfte konnte man glauben, aber das Lügen gehört zu dem Erzählen, denn glauben soll es auch niemand.

Nach dem Abendessen hatten wir ein kleines Ballfest. Bei der magischen Beleuchtung durch den Mond tanzten die Matrosen, indem *Michael* die Handharmonika dazu spielte, so schön wie ich es noch nicht gehört hatte. Großes Vergnügen bereitete es ihnen, als Diedrich und ich tanzten. So etwas hatten sie noch nie gesehen, dies Hüpfen und Springen kannten sie nicht, glaubten auch nicht, daß man bei uns so tanze. Die Seeleute drehen sich nämlich nur schwerfällig und mit den Füßen schleifend herum.

Wie nachher die Wache zu Koje ging stand ich lange an der Regeling und konnte mich nicht satt sehen an dem grenzenlos wogenden ewigen Meer, beschienen von dem Monde, Überall leuchtete, glitzerte es in der Tiefe, feuerstrahlend brachen die Wellen an den eisernen schön geschwungenen Seiten, und zerstoben in Myriaden von Funken. Hinter dem Schiff aber / blieb ein lichtblitzender Streif, weit in die Ferne hinein. Dort lag Europa, meine Gedanken schweiften nach der Heimat, wie ruhig und schön lag unser Haus zur Zeit bei Mondschein da, und drinnen schliefen sie, während ich wachte und unaufhaltsam weiter, weiter fortzog in die Ferne, hinaus ins Ungewisse. Und mein Blick flog nach den Masten, Wie klar und deutlich standen die Segel, vom Großsegel bis zum Royal, wie aus Marmor gehauen, schneeweiß sich abhebend vom Nachthimmel. Die Wache über war ich still und voller Gedanken, ruhig ging ich um 12 Uhr zur Koje und schlief den Traum des Gerechten. 30

Montag der 5te August

Heute Morgen um 5 Uhr wartete ich auf den gewohnten Ruf des Koches, daß der Kaffee fertig sei, aber er erfolgte nicht. Schließlich schickten mich die Leute zu ihm, um ihn zu wecken, das war nicht nö-

Rudergänger (zeitgen. Darstellung)

tig, aber er erklärte, auf Kapitänsbefehl fiel der Kaffee von jetzt an fort. Da gab es einen Spektakel, „Herr du meines Lebens". Einstimmig ward verweigert Arbeit vor dem Frühstück zu thun. Der Große kam, zum Deckwaschen. Niemand kam heraus, ich stand allein an der Rege- /

31 ling. Der Große schien nicht erstaunt, ging zur Thür und fragte. Der Bescheid, wie oben erwähnt, ward ihm zu Teil.

Ich dachte, er würde jetzt mit einem Donnerwetter dreinfahren, aber er ging ruhig nach hinten und promenirte an Deck, bis der *Capitän* erschien, dem er die Sachlage mitteilte. Zugleich waren die Leute herausgekommen aus dem Logis und standen in einem Haufen, offenbar bereit, ihre Entschließung mitzuteilen. Der Capitän ließ den Segelmacher kommen, dieser machte den Capitän offiziell bekannt, außerdem beschwerte er sich mit laut vernehmbarer Stimme, daß der „Zweite" sich bei dem Abwiegen des Fleisches stets des englischen Gewichtes bediene, das leichter sei wie das deutsche. Der Capitän hörte dies an, dann entließ er den Mann, er selbst ging mit dem Großen in die Cajüte. Nach kurzer Zeit kam der letz(t)ere wieder nach vorn und riet den Matrosen die Arbeit zu beginnen, da der Capitän gesonnen sei, ihren Beschwerden nachzugeben. Alle Leute gingen alsbald ruhig zur Arbeit, als ob nichts ungewöhnliches sich ereignet habe. /

32   Dienstag den 6 August

In der Nacht war es ausnahmsweise dunkel. Wolken bedeckten den Himmel völlig. Zwei fliegende Fische wurden am Morgen gefunden. Die Flügel d.h. Flossen bat ich mir aus um sie zu pressen, die Fische selbst hat der Alte verspeist. Heute bin ich mit *Julius* zu erst nach dem *Royal* gewesen. Es wurde auch die höchste Zeit, auf andern Schiffen muß der Junge oft in der ersten Nacht mit zum Reffen[32] hinauf Ein neuer Royal sollte angeschlagen werden. Der alte wird von den Schotenketten[33] gelöst, ein langes Tau, nach oben gebracht das eine Ende um die Mitte des Segels geschlungen, dann wird es von der Raa losgeschnitten, etwas zusammengebunden und an Deck gelassen. Der neue wird dann heraufgehißt und wie der alte befestigt. Darauf wird das Segel gesetzt. Einen herrlichen Anblick gewährte die See von oben, rings tief blaues Wasser, ohne ein Segel. Das schönste war aber das Schiff mit seinen vielen Segeln. Winzig sahen die Leute an Deck aus.

Mittwoch, Donnerstag, Freitag den 8t. August

Nichts neues. /

Sonnabend den 9ten August

Wir haben noch immer das schönste Passatwetter. Die Hitze ist groß, 33
aber gemildert durch die stetige Brise. Die gesamte Kleidung besteht
aus dünner Hose, und e. Hemde nebst breiträndrigen Strohhut.
Strümpfe und Schuhe tragen wir schon länger nicht mehr, nach oben
braucht man je kaum zu laufen. Aber heiß war es da wo die Sonne so
scheint, daß das Pech schmilzt, da heißt es hurtig springen, das man
die Sohlen nicht verbrennt.
   Tags kann niemand mehr schlafen, dafür ist es aber stillschweigend
gestattet, daß die Wache schläft mit Ausnahme des Auskucks und Ru-
derturns. Da wir mit 5 sind, hat einer jede Nacht nichts zu thun, so
daß, wenn nicht gebraßt wird der betreffende die ganze Nacht schläft
13 Stunden. Eine unangenehme Folge der Wärme ist die flüssige Be-
schaffen(heit) der Butter. Früher schon widerlich aussehend, sieht sie
jetzt wie altes Öl aus, schmeckt auch nichts besser. Greulich ist es mir,
wenn *Fritz* die Butter und das Pfund Zucker in einem Topfe aufbe-
wahrt. Das Fleisch darf nie länger wie einen halben Tag stehen, sonst
ist es am andern Morgen sauer geworden. Fliegende Fische werden immer häufiger. /

Sonntag den 10. August

Heute sind wir drei Wochen auf See, wie schnell ist diese Zeit vergan- 34
gen. Heute gab es einen „Sackkuchen", den ersten den ich aß. Das ist
weiter nichts als Mehl mit Wasser und etwas Fett zusammengerührt, zu
einem Teige, der mit Hopfenwasser zum Aufgehen versetzt wird und
dann in ein Stück Leinwand gelegt wird, daß über dem kochenden
Fleisch aufgehängt wird im „*Boiler*" und so im Dampfe gar gemacht
wird. Er ist schlüpfrig, nur teilweise etwas locker, sonst fest und mat-
schig, oft an der unteren Seite ungenießbar durch das schmutzige salzige Fleischwasser, das an die Stelle geschlagen ist. Ich servirte ihn auf

einem Topfdeckel, besondere Aufmerksamkeit gehörte dazu dies
schlüpfrige Gebild darauf zu erhalten, bei Tisch rutschte er von der
einen Seite zur andern und nur die hohen Tischleisten verhinderten
das Herunterfallen.

Man aß ihn mit Syrup. Dies seltsame Essen bildet die größte Delika-
tesse, die es für *Jan Maat* giebt. Für den *Capitän* wurde natürlich ein
Pudding mit Rosinen und Eiern gemacht. An vielen Schiffen, namentlich englischen macht der *Capitän* den Sonntag zu einem Tage des
Gottesdienstes, indem die Flagge über das Gangspill (senkrecht stehende Winde) gedeckt wird und die Matrosen entblößten Hauptes /
35 zuhören müssen, wie der Alte die Capitel aus der Bibel und den Segen
ließt. An deutschen Schiffen, so auch auf unserem kannte man den Gebrauch nicht.

Montag den 11. August

Abends um 6 Uhr hörte ich, als ich das Deck fegte, daß wir in der *Nähe*
der *Capverdischen Inseln* seien, und in der Nacht „*San Antonio*" (Haupt-
insel der Kapverden, im Nordwesten der Inselgruppe) passieren würden. Zu sehen würden wir es nicht bekommen, da am andern Morgen
wir längst aus Sicht sein müßten. Wir nähern uns dem Ende des Pas-
satwindes, und gelangen dicht an die Küste, da hier der Gürtel der *Calmen*[34] am schmalsten ist, welcher die Passatwinde trennt. Wir hoffen
den *Südostpassat* schon bedeutend nördlich der Linie (Äquator) zu finden. Alle Segler für das *Cap Hoffnung* (Kap der Guten Hoffnung, Südspitze Afrikas) und *Südamerika* segeln unsern Kurs. Deshalb sahen wir
heute stets einige Segel, aber in der Ferne, so daß ich kaum sehen
konnte, daß es Schiffe und nicht die Wogenkämme oder Vögel
seien.

Dienstag den 12. August

Heute Morgen ganz früh wurde der Passat leiser, die Segel fingen an
36 zu schlagen, für einige Augenblicke blies es dann wieder, / aber der
Himmel bewölkte sich, der Wind lief hin und her, bald blies er von
rechts, bald von links, so daß die Brassen kaum still standen. Wohl

6 Mal wurde in der Nacht der Großsegelhals[35] heruntergelassen und an der anderen Seite heruntergefirt, Schließlich ließ der Große das Segel aufgeien[36] und das Gafftopsegel (Gaffeltoppsegel) herunterfallen. Gegen 6 Uhr morgens war es ganz still geworden. Alle Segel schlugen gegen die Masten und Pardunen[37], das Schiff selbst rollte schwerfällig.

Der Himmel wurde gegen 10 Uhr ganz schwarz und aus allen Gegenden fing es zu blitzen an, die Kämme der Wellen waren ganz merkwürdig weiß. Royals, Stagsegel und Gafftopsegel wurden festgemacht. Gerade wie wir bei Tisch saßen (es gab Graupensuppe) erfolgte ein fürchterlicher Donnerschlag, zugleich heulte der Wind, das Schiff legte sich tief zur Seite, ein jeder hielt sich fest, aber da die Seekisten teilweise nicht gebunden waren, fielen drei Mann mit ihren Tellern zu Leevart unter den Tisch. *„Butenklüver, dol! Gei up Bramsails!!!"* („Außenklüver nieder! Geit die Bramsegel auf!") Da wurde nicht an Suppe gedacht, die große Schüssel mußte ich fahren lassen, ich sah noch wie die ganze Geschichte die Back hinunterfiel und an Deck ging. Huch! sah es da aus. Der Steuermann hatte schon die Falle[38] losgeworfen / die   37 Bramsegel peitschten hoch oben und vom Klüverbaum wehte der Außenklüver, die Schoten schlugen heftig hin und her, die an Deck liegenden Taue schwammen alle im Knäuel im Leegangweg, der 2 Fuß hoch unter Wasser stand. Hinauf, die Segel zu bergen. Schnell war das gethan, dann stellte der Capitän sich an das Marsfall, während wir den mittschiffsliegenden Anker festzurrten. Es begann zu regnen, immer stärker, indem der Wind abnahm, schließlich wurde es still, während ein Regen herunter kam, wie ich ihn nie gesehen. Zwei Bootsegel wurden genommen, wagerecht hingespannt, und im Verlauf einiger Minuten waren drei Wasserfässer voll. Der Regen ist kostbar an Bord, bringt er doch frisches Wasser, so daß die Leute ihr Zeug endlich ordentlich waschen können, die ganze Takelung spült rein von dem allen anhaftenden Salz. Dazu ist er hier warm, so daß wir barfuß gehen konnten. Stundenlang liefen wir im Regen einher. Das wäre günstiges Wetter für Scheuern gewesen, wenn nicht alle Augenblicke eine Katzenpfote (Kräuselung auf glatter See durch aufspringende Brise) aufgesprungen wäre, bald von hier, bald von da so daß die Mannschaft in steter Thätigkeit bei dem Brassen war. Das Schiff lag den Tag über wohl hundert verschiedene Kurse an.

Heute nacht gab es keinen Schlaf auf der / Wache. Blitzen, Don-   38 nern, Bööen, Windänderungen hielten uns die 4 Stunden in steter Aufregung und Thätigkeit. Die Nacht war total schwarz, aber das Meer leuchtete wahrhaft gespensterhaft. Brauste durch die Speigaten Wasser in den Gangweg, so war es voller glühender Puncte, wurde Tauwerk benetzt, so blieben an demselben leuchtende Pünktchen haften. Unheimlich war das Schlagen der Segel, wenn das Schiff rollte. Wie wir nachher zu Koje gingen, schlief ein jeder sofort ein, ohne daß irgend etwas gesagt wurde. Den andern Tag den **13 August** blieb das Wetter dasselbe, einmal kam eine heftige Bööe, so daß die beiden Bramsegel fest gemacht werden mußten. Gegen Abend um 5 Uhr klärte sich das Wetter etwas, die Sonne brach durch und bald war alles schön trocken, dazu setzte ein frischer guter Wind ein, so daß wir wieder zu uns selbst kamen. Gesungen wurde aber nicht, denn die vorgehenden Tage hatten uns zu sehr erschöpft.

Donnerstag der 14 August

brachte uns schönen Wind, die Bark lief unter allen Segeln 6 Meilen. Mittags waren wir unter dem 11 Grad nördlicher Breite. Wie ich Nach-

39 mittags mit einem Sack Brot auf dem Rücken / die Cajütentreppe empor kam, fand ich an Deck alles in Aufregung. Den *Capitän* sah ich auf der Back stehen, die Mannschaft hatte die Arbeit verlassen und alles liegen lassen, wie es gerade benutzt war. Schnell lief ich mit meinem Sack auf dem Rücken nach vorn zu, und setzte ihn ins Logis, dann lief ich auch nach der Back. „Fische waren vor dem Bug". Da schwammen wohl zwanzig riesige 2 Meter lange Delphine d. i. Schweinfische. Zu zweien, dreien in einer Linie schossen sie vor dem Schiff im Schaume hin und her, in gleichmäßigen Zwischenräumen tauchten sie auf, mit dem ganzen Rücken. Es war ein lustiges Bild, wie sie spielten und zuweilen sich hoch in die Luft schnellten und mit hohem Aufspritzen des Wassers wieder zurückfielen. Der *Capitän* stand unten auf dem Wasserstag[39], den Arm in einer am Stampfstock[40] befestigten Schlinge. In der rechten Hand schwang er die Harpune, deren Leine wir hielten. Endlich sauste der Speer! „Hol ein!", Hah wie wurde gezogen, aber es war nichts dran. Die Harpune hatte das Thier nicht getroffen. Das war schad, ein frischer Braten hätte uns allen gemundet. Die Fische waren verschwunden, alles Flöten seitens der Matrosen half nichts, sie blieben

40 fort. Nach einigem Schauen und / Spähen ging es wieder an die Arbeit.

48

Diese währte nicht lang, denn es begann zu regnen, fast so wie an dem vorvorigen Tage. Da der Wind aber gleichmäßig blies, ließ der Capitän alle Segel stehen. Um 5 Uhr erscholl der Ruf „*Sail ho*". ich lief an Deck, und sah an Steuerbord aus dem Nebel die Umrisse eines Schiffes, das dicht an uns heran kam. Es war eine Brig[41] unter allen Segeln, triefend von Regen. Der Capitän spazierte auf dem Hinterdeck mit seinem Hunde hin und her, die Mannschaft stand in einer Gruppe an der Leeseite im Schutze der Cambüse. Ein dünner Rauch wehte aus dem Schornstein. Nach einigen Minuten war sie langseits, und bald hatte der Nebel sie wieder aufgenommen. Diese Eigentümliche Begegnung machte einen tiefen Eindruck auf mich, da segelten wir hin, 100te Meilen weit, passierten uns in Hörweite und fuhren weiter. Keiner wußte vom andern wohin.

Freitag d. 15t. August

Nichts.

Sonnabend 16ten August

Seit gestern stetiger Wind, derselbe weht aber höchst ungünstig, so daß das Schiff südost anliegen muß. Uns ist es gleich, denn was macht eine Verlängerung der Reise für *Jan Maat* / aus? Höchstens wird er noch besser bezahlt. Ich freue mich, daß wir nicht mehr unaufhörlich brassen müssen. Das Log giebt uns 7 Meilen Geschwindigkeit an.

    Heute morgen passierte eine dumme Geschichte, die mir noch in der folgenden Woche Kummer machen muß. Der Steuermann hatte ein Faß Theer aus dem Kabelgat heraufwinden lassen um davon in kleinen Pützen zu bringen. Als er ein Gefäß hatte voll laufen lassen, wurde er nach hinten mit seinen Leuten gerufen, um das neue Gafftopsegel zu setzen. In der Eile vergaß er, das Faß völlig gegen das Umfallen zu sichern. Natürlich läßt das Unglück nie warten, PALLAS machte einen Sprung, das Faß fiel um und rollte auf Deck hin und her, wobei das Spund herausfiel. Dicke schwarze Streifen die durcheinander liefen bedeckten das Vordeck. Wie die Leute wieder kamen war das Faß halb ausgelaufen, und selbst außen mit Theer beströmt. Der Steuer-

41

mann war in Verzweiflung. Heftig umschlang er das Faß, und es gelang ihm, es zu halten. Aber wie sah das Deck aus, wie die Regeling. Mit Holzspohnen wurde ein jeder daran geschickt das Theer abzukratzen und in Pützen zu löffeln. Den ganzen Nachmittag huckte ich im Theer und kratzte, mein Zeug war verdorben und backte am Leibe fest. Nach einstündiger Reinigung war ich doch noch so braun wie ein Malaie. /

42   **Sonntag 17 August**

Ein ungemütlicher Tag. Alles roch an mir nach Theer, meine Kleider, mein Bett, auch das Essen das ich zum Munde führte. Dazu die Gewißheit, den ganzen folgenden Tag wieder an der Regeling hocken zu können und zu schrapen, wo die Sonne den Theer und das Pech flüssig hielt. Auch der Capitän ist brummig, denn es geht immer nach Südost hin. Dabei ist es eine Stramme Brise, (8 Meilen). Viele Segler passiert, auch mehrere große Indienfahrer überholt, auch eine Bremer Bark, ein kleines Schiff, die PALLAS Nr. II.[42] Das Missionsschiff der Bremer, an deren Bord ich einmal in Bremerhafen gewesen war.

                                         Montag den 18ten August

Das Theerschrapen muß unterbleiben. Um Mitternacht fing es an, böiges Wetter zu werden, der Wind ward unregelmäßig, so daß wir zeitweise Kurs segeln konnten, zu zeiten aber gen Osten, oder Westen hielten, dazu ward es dunkel, der Mond verschwand. Noch ließ der Große alles stehen. Unsere Wache ging vorüber, wie wir abgelöst wurden, fielen einige Tropfen an Deck. Bald goß es in Strömen herunter und es wurde still (windstill). Geweckt wurde ich aber durch das Herunterrutschen meiner / Kiste, die viel Spektakel machte. Das Schiff lag schief und ich hörte wie Segel geborgen wurden. Um 7 Uhr blieb die andere Wache an Deck, bis wir gefrühstückt hatten, und sie ablösten. Es goß fürchterlich, der Wind wehte stark. Royal und Großsegel waren fest, 10 Meilen schnell brausten wir durch die See. Um 9 Uhr kam der Alte im Gummirock an Deck, und befahl das Hinterdeck zu waschen. Das war ein Leben, fast ganz nackt sprangen wir in dem Wasser umher, es war sehr warm.

50

Zeugwäsche
(Aus W. v. Henk:
Zur See, ca. 1895)

Nach gründlicher Reinigung wurden Pützen unter die Speigaten gestellt und damit das Wasser aufgefangen, um die 5 Fässer an Deck zu füllen. Für die Schiffer ist frisches Wasser ein wahrer Segen Gottes. Wie manchem Schiff mögen die an der Linie ewig herrschenden Regenfälle aus großer Not geholfen haben. Nach dem dies geschehen war. ward erlaubt, daß ein jeder sein Zeug wüsche. Da nahm ein jeder seine schmutzige Wäsche an Deck, und in dem strömenden Regen wurde stundenlang gewaschen. Ich wusch alle meine Hosen, indem ich sie an Deck legte, und dann mit Bürste und Besen darüber her ging. Auch das Tischtuch wurde so gewaschen. Gerade vorteilhaft für die Wäsche mag dies Verfahren nicht sein, aber es führte schnell zum Ziel. Sonst bearbeitete ich Hosen und Segeltuch mit der Bürste und ließ es dann an einem Tau nachschleppen. /

Diedrich und ich saßen an dem Leegangweg um unser Zeug in dem dort hochwogenden Wasser zu spülen. Dabei geschah es, daß ein wollenes Hemd etwas weiter wegschwamm. Plötzlich wurde das Wasser angesogen durch die Speigaten und das Hemd flog dahin, Diedrich hinterher, aber heidi ging es die Speigate und wurde von der See verschlungen. Ein Taschentuch ließ ich auf diese Weise entwischen. Nachmittags wurde das gesammte Zeug dann an Leinen gehängt, die überall von Mast zu Mast, kreuz und quer liefen.

Gegen 10 Uhr Abends, Windstille und Aufhören des Regens. Das Schiff rollte stark, und die nassen Segel schlugen so stark, daß der Kapitän die größeren Segel aufgeien ließ, In diesem Zustande, wo das

44

Schiff nicht steuerfähig war, verließen wir um 12 das Deck. Als wir dann am andern Morgen

den **19 August** an Deck

kamen, waren wir im Südostpassat. Es war noch dunkel, aber der Wind blies warm durch die Takelage. Ein herrlicher Sonnenaufgang ließ uns auf einen guten Tag schließen, und so kam es, den ganzen Tag strahlte die Sonne wieder unverhüllt durch Regenwolken schnell trockneten die Segel und die Kleider. Die reine Wäsche hatte ein ganz anderes Aussehen wie sonst. Das Salz war gründlich ausgewaschen worden.

45 Viele fliegenden Fische zeigten sich, verfolgt / von den gierigen Delphinen. Leider gelang es nicht, eines Exemplares habhaft zu werden, wir scheinen kein Glück mit den Fischen zu haben.

Mittwoch den 20. August

Eine empfindliche kalte Nacht war dem Tage gefolgt, der so schön sonnig war. Überhaupt friert man in der Nacht sehr leicht, wenn man sich nicht viel wärmer ankleidet wie Tags über. Die Dämmerungszeit ist sehr kurz, um 5¾ Uhr beginnt im Osten ein leichtes Grauwerden, und um 6 Uhr ist die Sonne schon über dem Horizonte. Um 9 Uhr Morgens steht sie so hoch wie zu Haus Mitte Sommer am Mittag.

Wir nähern uns schnell der Linie. Der Wind weht zwar nicht stark, aber wenn nur die Segel voll stehen, läuft das Fahrzeug schon 5 Meilen, fängt er ein bischen im Takelwerk hörbar zu werden an, so zeigt das Log leicht 7 Meilen. Der Alte erzählte mir, als ich am Ruder stand, er hätte noch nie eine so günstige Reise gehabt.

Donnerstag Freitag den 22. August

Eine enorme Hitze belästigt alle, der Himmel ist nicht mehr so blau, bleiern lastet er über dem graublauen Meer. Die Augen schmerzen, sieht man längere Zeit zu ihm auf. /

46 **Sonnabend den 23. August**

Die Sonne liegt hinter uns, wir sind auf der südlichen Halbkugel, denn Nachts haben wir die Linie passiert. Abends fand mit großem Pomp die Taufe der Neulinge statt, die uns in das Reich *Neptuns* aufnahm. Erlaubnis, diesen Vorgang Nachmittags vor sich gehen zu lassen, wurde versagt, so mußte es des Abends nach 6. Uhr geschehen. Die Wache zu Koje bereitete dann allerhand Costüme und Geräthschaften in heimlicher Weise vor. Wir Jungs mußten auf der Back Auskuck nach der Linie halten. Um 5¾ Uhr kam dann ein Mann mit einem Fernrohr und zeigte uns die Linie. Er hatte ein Haar vor das Glas gezogen, das sollte dann die Linie sein. Nunmehr mußten wir in das Logis. Plötzlich hieß es „PALLAS *ho* ". „Heda voraus *what is the Matter* " (engl. „Was gibt's?") Da stiegen aber schon *Neptun* von der Back herab, *Julius* war es, angethan mit einem phantastischen Gewand, an den Füssen hatte er Bretter, in der Hand einen Dreizack. *Äolus* in ähnlicher Tracht folgte ihm, darauf kamen dann noch einige Meerjungfrauen mit großem Rasier-Messer und einem Henkeltopf. Eine blies ein großes Muschelhorn. Die Leute nahmen uns Neulinge in die Mitte und so marschierten wir in feierlichem Zuge nach dem *Quarterdeck* / wo der 47 *Capitän* des Gottes harrte. Dieser begrüßte den Schiffsführer mit schwunghaften Worten, in denen auf die Verwandtschaft zwischen PALLAS und *Äolus*, und *Neptun* angespielt (wurde).[43] Under der Mannschaft wären aber viele, die noch nie den Aequator passiert hatten. Er fragte, ob es gestattet sei, mit diesen nach herkömmlicher Art zu verfahren. Der Capitän erlaubte es, aber die Leute sollten es nicht zu schlimm machen. Nun wurden wir Täuflinge in langsamen Zuge nach vorn gebracht. Da war die Deckwaschbalje voll Wasser und 10 Pützen desgleichen. Der Zimmermann stand an der Regeling grinsend, bereit, die

Äquatortaufe
(Aus J. Engelmann:
Der Weltverkehr und
seine Mittel, 1879)

53

Balje wieder aufzufüllen. Ich wurde als erster hergenommen, *Aeolus* nahm mich am Kragen und setzte mich recht fest auf ein über der Balje liegendes Brett.

Sofort ward dieses fortgezogen, ich ward hinunter in das Wasser gedrückt, Kopf und Bein alles war verschwunden. Einen Moment ließ man mich so, als ich dann pustend, speiend auftauchte, stürzten endlose Schauer über mich. Mein Atem ging mir fast weg. Endlich wurde ich von den Armen *Neptuns* aufgefangen, dann kam *Aeolus* mit einem Pinsel, tunkte ihn in den von der Meerjungfer gehaltenen Henkeltopf und beschmierte mich damit. Es war ein ekelhaftes Gemisch von Ruß, Öl u.s.w. und roch scheußlich. Nun ward ich rasirt, daß mir das Gesicht schmerzte. Endlich war es vorbei, ich durfte mich reinigen. So kam einer nach dem / anderen.

48

Fritz ließ sich nicht so ruhig fangen. Ehe man es sich versah, war er im Vortop, schnell liefen zwei nach, aber dadurch ließ er sich nicht irren lassen, sondern ließ sich am Stag des Klüvers nieder, wo er an einem Segelnagel Halt machte und hängen blieb. Dahin folgte ihm keiner. Es war auch dunkel geworden, darum ließ man ihn laufen, stellte aber eine Wache aus, die das Heruntersteigen verhindern mußte. Wohl oder übel kletterte er wieder zum top auf. Bis 8 Uhr, als er zum Ruder mußte, blieb er oben auf dem Eselshaupt (Verbindungsstück von Mast und Stenge). Das war eine Dummheit von ihm, mit den Wölfen muß man eben heulen.

Der folgende Tag ein **Sonntag 24 August** verlief wie die andern Sonntage bei schönem Wetter. Man wäscht näht, stopft, schläft ein bischen, und erzählt sich ein bischen. Abends wird gesungen und getanzt. Wir haben jetzt gute Musik. Denn der *Russfinn Michael* hat ein gutes musikalisches Gehör. Hört er nur einmal ein neues Lied, so spielt er es sofort richtig nach.

Am **Montag den 25 August** wurden wir in Aufregung gesetzt durch das Erscheinen von *Bonitos*[44] vor dem Buge. Er ist ein $\frac{1}{2}$ Meter langer sehr stämmiger / Fisch von wohlschmeckendem Fleisch. Zu Dutzenden spielten sie im Schaume, kaum konnte man sie unterscheiden wegen der schnellen Bewegungen. Leider wurde unserer Küche auch diesmal keine Abwechselung zu teil, die Versuche, einige zu fangen, mislangen. Dafür hatte ich das Glück jene herrlichen Gebilde zu sehen, die der Seemann „*Portuguese Men of War*"[45] nennt. Desgleichen kennt man sie unter dem Namen der „Bei dem Winde!" Es sind dies unsagbar schöne

49

Weichtiere, die auf der Oberfläche des Wassers schwimmen und von herrlicher blauer Farbe mit roten Flügeln sind die sie segelartig erheben, so daß der Wind sich drin fängt. Je nach der Stärke des letz(t)eren drückt dieser sie unter Wasser, so daß es aussieht, als ob sie ihre Segel refften. Unter dem Wasser erstrecken sich äußerst zarte schimmernde Fäden aus. Das ganze sieht einer tropischen Blume nicht (un)ähnlich. Ich konnte meinen Blick gar nicht davon abwenden.

Dienstag den 26. August

Sehr auffallend ist das häufige Vorkommen der Vögel. Schaaren von Seeschwalben umkreisen fortwährend das Schiff, und lauern gierig auf weggeworfene Brocken; sie hätten auch sofort an nachgeschleppte Angeln gebissen, da die Tiere aber / so klein und thranig sind, unterließen wir es. Das Vorkommen dieser Vögel, die nicht zu den Schwimmvögeln zählen, führen die älteren Matrosen auf Landnähe zurück. Nachmittags hörte ich dann am Steuer, daß wir *Fernando do Noronha*[46], eine kleine Insel passierten, und uns also auf der Höhe von dem Staate *Rio Grande del Norte*[47] befänden. Zwei Segel tauchten am östlichen Horizonte auf, die auf Küstenfahrer schließen ließen. Eine Bark überholten wir gegen 5 Uhr Nachmittags, welche Leesegel von oben bis unten auf das Wasser führte. Es war das erste Mal daß ich ein Schiff unter solcher Zahl von Segeln sah. Namentlich die untern Segel waren fürchterlich, und die untern Bäume spreizten immens weit über das Wasser. Das Schiff steuerte nach *Pernambuco*[48] zu, und hatte deswegen den Wind frei, während wir scharf am Wind liefen.[49]

Mittwoch den 27. August

Der Passat wurde etwas flauer gegen 4 *a. m.* (ante meridiem, engl. vormittags), lief dann nach *Nordost* um und blies ganz kräftig. *„Holt de Raaen veerkant!"* (d.h. genau quer zur Schiffsrichtung) rief der Steuermann. Langsam drehten sich dieselben, bis sie ganz vierkant standen, dann wurde das Gafftopsegel und der Besahn aufgegeit desgleichen das Großsegel. / Dies ungewohnte Umspringen war etwas bemerkenswertes, jedenfalls mußten wir nahe an der Küste sein. Um 6 Uhr *a. m.*

50

51

55

sprang der Wind wieder *Südost*, so daß wir scharf am Winde brassen mußten. Der Wind war heftig, das Schiff lief 9½ Meilen, eine gute Leistung, so dicht am Winde, daß Royal und Bram zur Hälfte back lagen.[50] In der Dämmerung sahen wir eine schmucke Schunerbrig[51], tief beladen, vorbeisegeln.

**Donnerstag den 28ten August
Freitag den 29ten August
Sonnabend den 30ten August
Sonntag den 31ten August**

Die letzten Tage passierte nichts besonderes. Der Wind blies nicht gleichmäßig, sondern zuweilen wurde es böiges Wetter, mit viel Regen. Segel sahen wir zwei, beides Barken, die eine prächtig anzusehen, ganz neu, groß und mit doppelten Bramsegeln, im Großtop ein Skysail

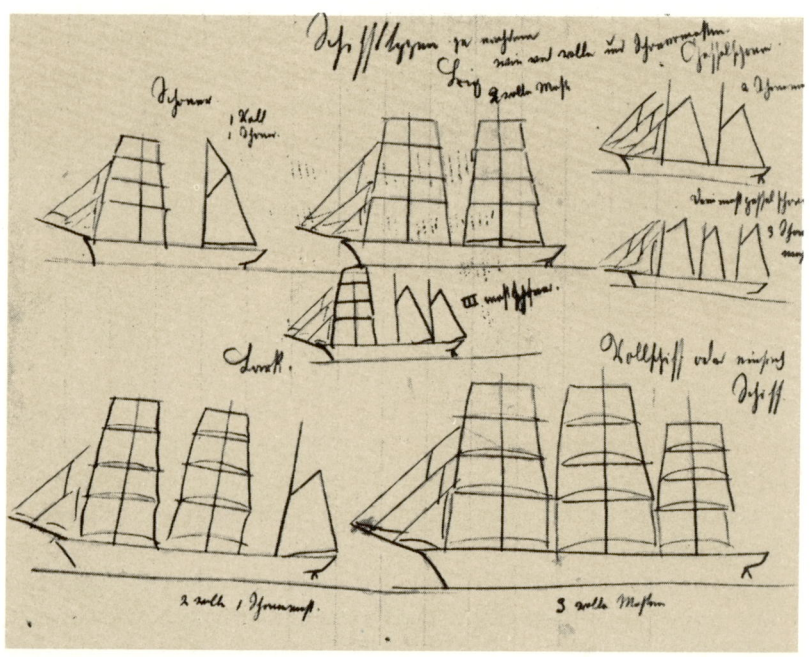

Aus dem Skizzenheft Franz von Wahldes

56

(über dem Royal geführtes kleines Rahsegel; selten). Am Sonntag, heute, erfuhr ich, daß wir Mittags auf 21°, 30, *Süd* uns befanden, somit in 24 Stunden *Rio de Janeiro* erreichen könnten. /

Heute am **Montag den 1. September** wurde es ganz still. Wie ich an 52
Deck kam, waren die Raaen vierkant geholt, es war aber kein Hauch zu spüren. Vor dem Schiff, aber in einiger Entfernung, spielten zwei große Thümler[52], mehrere Stunden, vor dem Logis, schwammen Dutzende schwarze, weißgefleckte Seevögel, von den Matrosen, *Cap Tauben*[53] genannt. Ers(t) gegen Abend kam ein leiser Hauch von Osten, zugleich begann es zu regnen, in dem Maße, daß eine Aussicht auf mehr als hundert Meter unmöglich war. Wie nun der Regen plötzlich aufhörte, schrie plötzlich *Tom* von der Bramsaling[54] aus. *Sail ho?* Eine große Bark lag quer von uns ab ungefähr 500 m. weit. Sie hatte wie wir die Royals, Stagsegel, Gaffeltopsegel fest. So wie wir in Sicht waren sahen wir alle Segel auf einmal losmachen und setzen. Das konnten wir auch. In fünf Minuten hatten wir gesetzt, was wir konnten. Schon jetzt sah man, daß wir wegliefen, langsam, aber stetig. Darauf setzte unser Rivale Vormars- und Großbram-Leesegel, aber auch dies half ihm nichts, er blieb zurück und gegen Dunkelwerden hatten wir d. Bark ganz hinten. Noch lange sahen wir ihre Seitenlichter. /

Am nächsten Morgen den **2 September** war das fremde Schiff ver- 53
sunken. Ein solcher Sieg gegen ein so sauber aussehendes Fahrzeug verfehlte nicht, lange das heutige Gesprächsthema zu bilden. Alle stimmten darin überein, daß wir auf einem vorzüglichen Fahrzeuge seien, der Steuermann aber meinte, wenn es nachher vom *Plata* (Rio de la Plata) nach der Westküste ginge, und dann nach Haus ginge, würde die PALLAS nicht mehr aus der Stelle wollen. Beim Mittagessen, es gab mein bestes Gericht, aus den 5 abwechselnden „Bohnensuppe", fiel uns ein, daß man heute zu Hause Sedan[55] feierte, mit Fackelzug und Freudenfeuer, darauf *Commers* (student. Festabend, -kneipe).

Heute überholten wir zwei Schiffe. Wir fingen an zu denken, daß wir in einem der schnellsten Segler seien. Daß es aber noch schnellere gab, erführen wir am **3ten September**, indem am Steuerbord morgens früh ein mächtiges Schiff aus dem Dunste in Sicht kam. Dasselbe lief zu uns convergient (richtig: konvergent, zusammenlaufend), so daß wir sicher waren, daß wir Mittags aneinander liefen, aber das hatte der Mitsegler nicht vor, denn unaufhaltsam lief er vor uns weg. In 4 = 5 Stunden war es aus Sicht. Es war flaue Brise, wir liefen 6½ Meilen, eine sehr gute Leistung, das Schiff mußte mindestens 10 zur selben Zeit machen. /

Freitag den 5. September

Gestern am **4. September,** war der Wind ganz flau Nachmittags kreuzte eine in Ballast laufende Barquentine[56], ein dreimastiger Schuner unsern Weg. Es war ein Norweger, jedenfalls vom *Cap* (Kap Horn, Südspitze Amerikas) nach Brasilien bestimmt, es hatte die Besahnstenge gebrochen. Heute selbst ist es totenstill fast den ganzen Tag gewesen. Ein Dreimastschuner beharrt die ganze Zeit in Sicht.

Sonnabend der **6te September** begann schlecht. Es war unruhiges Wetter, die kleinen Segel waren fest, und die Wache blieb an Deck, bis wir gefrühstückt hatten. Dann ging es in die Öljacken, an Deck erwartete uns der Zweite, mit einer ganzen Ladung Scheuersteine, „Semanns Gesücher"[57] hat man sie getauft. Ein jeder suchte sich ein Brettchen, um die Knie darauf zu stützen, und nun mußte ein jeder auf dem mit Sand bestreuten Deck zu scheuern anfangen. Der zweite war der eifrigste von allen, ich habe nicht viel Leute mit einer solchen Energie diese scheußliche Arbeit verrichten sehen. Das gute Beispiel bewirkte nicht viel, Jan Maat ist ruhig und läßt sich nicht treiben, am wenigsten bei solcher Arbeit. Gott sei Dank, gingen wir um 9½ Uhr zu Koje, und ließen die andern an Deck weiter scheuern. /

55   Bei solchem Wetter geht man gern zu Bett. Kaum war ich eingeschlafen, als ich geweckt wurde durch lautes Geschrei und Fußtrampeln über meinem Kopfe. Der Wind pfiff, und das Wasser hörte ich über die Regeling brausen. „Dat is een Pampero"[58], sagte der Zimmermann, „ick kenn mi hier ut". Mittlerweile hieß es an Deck „*Vor Royal, Grot Royal up!*" *Gei up Vorbramsail, Gei up Groot Bramsail. Gafftopsail, Bramstagsail, Butenklüver dal!!* Taue wurden an Deck geworfen, Schoten und Falle losgeworfen, dann alles aufgegeit. Wir machten uns fertig, denn das Schiff schoß durch die Wellen, fast grauenerregend schnell, und aus den Ochsenaugen sahen wir, wie der Himmel gelb und blau war. Es bildete dies einen gefährlichen Anblick. Die Wache machte die Segel fest, wenn sie das gethan hatte, erwarteten wir, an

Deck geholt zu werden, um Marssegel und Großsegel zu reffen. Es kam aber niemand, und wie die Mannschaft herunter stieg, war der Sturm fast vorbei, wir hatten nur einen Ausläufer des Pamperos gefühlt. Da es aber jetzt aus war, gingen wir wieder zu Bett und schliefen noch 1½ Stunden recht fest.

Es war gut, daß Bramsegel und alles andere nicht gleich wieder beigesetzt war, denn um drei Uhr zog es am Horizont grausig / auf. Dunkelschwarz türmten sich Wolken im Südwesten auf. Darunter hing ein fahler Nebel. Die Luft verfinsterte sich, der *Pampero* kam auf uns zu. Ein Blitz, der uns blendete, gefolgt von einem Donnerschlag, den ich nie vergessen werde jagte uns schnell in die Masten. Unter unaufhörlichen Blitzen und Donnern hingen wir oben in den Pferden[59], hurtig rührte sich ein jeder, um so lange es Zeit war, und noch Totenstille herrschte die Segel fest zu machen. In Schweiß gebadet stiegen wir wieder ab und ließen nur beide Untermarssegel und 3 niedrige Stagsegel stehen. Schauer des Erhabenen überlief mich, wie ich dies furchtbare Unwetter auf uns zu kommen sah. „All Back", schrie der Steuermann. Der Wind fiel von vorn in die Segel. „Steuerbord brassen" „Holt für das Leben". Im Nu waren die Raaen über den andern Bug. „Gei up Marsseils". Dann „Fastmaaken!" Jetzt hatten wir nur drei Segel stehen. Doch das Schauer ging zum zweiten Male gnädig vorüber.

Die ganze Nacht lagen wir unter den drei Sturmstagsegeln – Vor-Groß- Besahn- Stagsegel. Die Falle dieser drei letzten Segel, von denen

56

Deckscheuern
(Aus W. v. Henk:
Zur See, ca. 1895)

das Vorstagsegel ein wahres Taschentuch war, mußten klar an Deck
57 liegen, und ein Mann an den Fallen, die andern bei / den Niederho-
lern[60], für den Fall, daß der Sturm von vorn in die Segel fiele. Es blitzte
unaufhörlich, nie auch unter der Linie nicht, sah ich dies in solchem
Maße und in der Schönheit. Um drei Uhr, wurde es wieder totenstill,
in der Ferne aber heulte und brauste es. im Süd zog ein Donnersturm
vorbei, der uns diesmal überhaupt nicht berührte. Gegen Sonnenaufgang verlor sich erst das Blitzen.

Sonntag den 7. September

Der heutige Morgen brachte nicht viel Ruhe, bis 9½ Uhr blieben beide
Wachen an Deck, um Segel zu setzen. Wunderbar sah es aus, wie wir
bei Tagwerden unter einer frischen Brise mit den drei Lappen liefen,
das Fahrzeug steuerte kaum, danach wurden Fock und Marssegel erst
gesetzt, wie das letzte Wetterleuchten verschwunden war. Dann kamen
die Obermarssegel, Bram-, Großsegel u. s. w., bis wir um 9 Uhr unter
einem Preß von Segeln fuhren. Eine steife Brise wehte, und legte die
PALLAS auf die Seiten, daß das Wasser mittschiffs oft herüberbrauste.
Der Alte will für den Verlust der gestrigen Nacht aufkommen und
treibt das gute Dings vorwärts, daß die Belegnägel (Pflöcke zum Festmachen – Belegen – von Tauwerk) der Schoten knacken. So etwas ge-
58 fällt mir, / das Herz im Leibe lacht, wenn das Schiff so dahersaust mit
schwellenden Segeln, eisern gespannten Tauen, wie es braust, kocht,

wenn die Seen vorn herüberspritzen über die Mar(s)segel hinaus, und die blauen Wogen so majestätisch steigen und fallen. Darüber ist der Himmel heu(t)e so klar und blau. Hunderte „*Capsche Tauben*" umflattern uns. Sie lassen sich vor dem Schiff oft in das Wasser und rollt das Schiff sehr tief, so sind sie oft ungefähr einen Fuß nah, das erschreckt sie nicht, sondern sie blicken einen frech an, ob man nichts essbares hinwirft. Heimlich habe ich viel Brot hingeworfen, um zu sehen, wie sie sich darauf stürzen und darum kämpfen.

Montag, den 8. September

Bis um 2 *a.m.* segelten wir unter gleichem Preß. Da kam es aber wieder an. Im Südwest ward es bewölkt und schwarz, während bis an den Rand des Unwetters, die Sterne hell und freundlich schienen, waren die andern unsichtbar, dafür aber zuckten Blitze hin und her, wieder ist es bemerkenswert, daß dieselben nicht so zick zack gehen, sondern ringförmig, wie ein gezackter Kranz erscheinen.

Royals und Bramsegel machten wir allein fest, desgleichen Besahn / Klüver, wie die andere Wache dann kam, wurden Großsegel festgemacht und die Fock und Marssegel gereeft.   59

Abermals ging es gut, wozu auch beitrug, daß wir gut anluven ließen und den Sturm vorüberließen. Sofort wurde dann alles gesetzt. Tagsüber war es noch schlimmer wie gestern. Wir haben so viel Wasser an Deck gehabt, wie die ganze Reise bis dahin übergekommen ist. An der Leeseite kann man nicht gehen, fußhoch steht das Wasser dort. Bei dem Stampfen und Überholen brandet es um Tonnen und Spieren. Zum Ruder trocken hinzukommen ist ein Zufall, denn ehe man es sich versieht, schlägt zu Luvart (Luvard – an der Luvseite) eine See über, die uns durchnäßt. Ölzeug nehmen wir nicht zum Ruder, weil es hinten ganz trocken ist, und es wirklich nichts unangenehmer ist, als in dem Ölzeug, das keine Lufterneuerung zuläßt, stundenlang zu stehen.

Zu arbeiten giebt es bei solchem Wetter nichts, als was die Segelführung betrifft. Der Hund „*Pallas*" verläßt sonst das Großdeck kaum, heute aber hütet er sich, von dem trockenen *Quarter* zu gehen. Er liegt im Rinnstein an der Luvtreppe geschützt und sicher. Auch an dem Loggen[61], wobei er stets dem die Rolle tragenden in den Fuß biß, / trotz alles Drohens und nachheriger Prügel, nimmt er keinen thätigen   60

Anteil. Er ist schon öfter heruntergerutscht, die ganze Breite des Schiffes und an der lee Regeling derb angekommen.

Das Loggen ist jetzt auch eine Arbeit. Schreit der Große „Stop!" sind 11–12 Knoten heraus. Das Anhalten der Leine schleudert uns schon gegen die Regeling. Das Einziehen geschieht so, daß immer zwei Mann die Leine fassen und jetzt nach vorn gehen Hier angelangt, stoppt einer, d. andere läuft nach hinten, zieht ein u. s. w.

Dieses Segeln bringt uns unserem Ziel näher.

Dienstag den 9ten September

Nachts derselbe Wind, ohne Festmachen von Segeln. Bei Tagesdämmern ein großer Schuner in unserer Nähe. Es war ein nordamerikanischer ein *Yankee*. Es hatte weder Raaen noch Klüverbaum. Unter seinen drei allmächtigen Gaffelsegeln hatte er das Aussehen einer Yacht, er war schwer beladen. über das ganze Deck war die Deckladung vom Holz bis zur Regeling höhe aufgetürmt. Wir segelten ihm vorbei, denn vor dem Winde (d.h. mit dem Wind gerade im Rücken), wie wir beide liefen, taugen diese Schuner nicht viel. Um Mittag segelten wir eine hübsche Bark auf, ELVIRA.[62] Diese war 6. Tage vor uns von d. *Princes Dock* (Hafenbecken in Liverpool) / nach d. *La Plata* gegangen.

61

Leider hatten wir keine Beobachtungen heute, da es dunstig, häsig (diesig) ist. Der Alte nimmt dadurch bewogen, die Royals und Bramsegel weg. Eins zwei drei überholten uns die andern, beide nahmen dann westlichen Kurs an. Unser Alte möchte es ihnen gleich machen, er war aber 6. Jahre nicht im *La Plata* und traut der Berechnung des Ortes, der veränderlichen Kraft der Strömung wegen nicht. Um 4 Uhr legten wir auf den andern Bord, um 6 Uhr wieder. Es wurde dunkel, leider, denn vor uns lag jetzt gewiß eine Nacht, in der je zwei Stunden über Stag gegangen (gewendet) wurde und die Wache aus den Kojen mußte.

Als ich an das Steuer ging, hörte ich die Offiziere in ziemlich großen Streite. Der Alte meinte, so viel wäre das Schiff getrieben, der Große aber, welcher beiläufig zum 15ten Mal hier einlief, widersprach dem, und sagte soviel wäre es. Während sie so standen, war es dunkler geworden, die Sonne ging unter da blitzte plötzlich ein Licht auf im Westsüdwest. *„Light starboardside broad of"* („Licht steuerbord querab") schrie der Ausguck. „Hurrah, Amerika", der Große rief es. Aller Augen

richteten sich nach der bezeichneten Richtung. Ruhig schien das Licht, erhaben über den Horizont, das war kein Schiff, das war der Feuerturm / von *Cap S. Maria* ein Vorgebirge an der Mündung des *La Plata*. 62
Der Alte nahm das Fernrohr und betrachtete sich das Feuer, und als er es fortlegte rief er dem Jungen von der Cajüte zu, den Schnapsbuttel zu holen, denn bei dem ersten Erblicken ist es Sitte, jedem Mann ein Glas, dem aber, der es zuerst gesehen, zwei zu geben. So geschah es, ich verzichtete wie früher zu Gunsten des Zimmermanns. Währenddessen peilten die Offiziere das Feuer, sie nahmen seine Höhe an und die Richtung, gingen dann hinunter, um den Schiffsort zu berechnen.

Um 7½ Uhr wurde alles an Deck gerufen, um die Anker über Bord zu setzen. Diese Arbeit ist bei ruhigem Wetter lästig und gefährlich, wie viel mehr war sie es jetzt, wo es dunkel war, das Schiff furchtbar überholte und unaufhörlich Seen überkamen. Nach vielem Quälen und unter viel Fluchen gelang aber doch, die Arbeit bis 8½ Uhr zu beendigen. Die Wache ging dann zu Koje, die andere aber mußte Ketten heraufwinden, und dies dauerte 2½ Stunden, ehe an Beiden Seiten 80−90 Faden (1 Faden ca. 1,883 m; 6 Fuß) klar lagen Die Mannschaft wütete, schimpfte, fluchte, denn der Seemann ist wie ein Kind, wenn es etwas thun soll, das es nicht mag.

Daß diese Arbeit unerläßlich ist, bedenken sie nicht, auch nicht, daß kein Schiffer in die Nähe von Untiefen kommen darf, / ohne daß er 63
nicht in der Lage wäre, jeden Moment ankern zu können. Schon um 8½ Uhr waren die Raaen angeholt worden, und der *Curs* in den *La Plata* gerichtet. Trotzdem der Wind heftig blies, wurde kein Segel weggenommen, denn jetzt wußte man ja ganz genau, wo man sich befand. Eine erwartungsvolle Nacht war es für mich, in der Koje fand ich keinen Schlaf, denn der Gedanke, morgen Südamerika zu sehen, hielt mich wach.

Mittwoch den 10. September

Als ich zum *Caffee*holen an Deck kam, lag quer ab eine Insel, klein und felsig mit einem Feuerturm. Das war das erste Stückchen Land von Amerika, es war so klein, so unbedeutend, nicht wert, es lange anzuschauen, und doch für mich bedeutungsvoll, denn es war ja eben Amerika. Bald teilten sich die Nebel, erst lugten einzelne Gipfel hervor, der Nebel senkte sich tiefer, immer tiefer, bis die ganze Küste vor uns lag. Sie war bergig und hoch und erstreckte sich unendlich weit. Unser *Curs* führte uns nahe hin an das Land, da wir d. Lotsen holen wollten. Die Sonne stieg höher. Masten von vielen Schiffen traten aus dem Meere hervor, die Sonne spiegelte sich an hohen Türmen, *Cup-*

64 *peln, / Montevideo* kam in Sicht. Schöne Gärten sahen wir an dem bergigen Gestade sich entlang ziehen, niedliche Landhäuser lugten aus ihnen hervor, schließlich lag aber quer ab die ganze Stadt, die amphitheatralisch aufsteigt und unsern Augen, die so lange nur Himmel und Wasser gesehen hatten, prächtig vorkam.

Die Rhede war belebt mit vielen Schiffen, die wir dicht passierten. Aus ihrer Mitte schoß ein kleines Boot, das den Lotsen brachte, den unser Alte gespannt erwartet, denn er traut den hiesigen, meist Italiener, nicht sehr viel zu. Auch unser war ein Italiener, ein mittelalter, sehniger Mann, der sich als sehr wortkarg zeigte. Mit kurzem Gruß an die Offiziere trat er zu ihnen, und fragte, wie das Schiff hieß, wie tief es sei, wie es steure, segle, und wie es manövriere und wie viel Kette wir klar hätten. Dies hörte er an, dann befahl er, „Backbord brassen". Wie diese angeholt wurden, flog auch schon das Schiff herum. Die Segel wurden alle gesetzt, und rasend schnell geht es wieder ab von *Montevideo*. Das Log giebt uns 10 Meilen, was den Lotsen sogar interessirt zu hören.

Nach einigen Stunden war das Land verschwunden, wir waren

65 gleichsam auf hohem Meer, das man das / „*Gelbe Meer*" hätte nennen können, denn das Wasser hat inzwischen eine tief gelbe Farbe angenommen, welches zu dem blauen Himmel einen seltsamen Kontrast bildet. Ab und zu flogen wir an niedrigen Inseln vorbei, Feuerschiffen und im Wasser stehende Baaken, welches sammt mehreren Wracks, von denen die Masten sichtbar waren, genügend die Gefährlichkeit dieses so breiten, aber seichten Ästuars (trichterförmige Flußmündung) darthut.

Die Nacht kam, die Bojen und Baaken verschwanden, dafür leuchteten aber die Feuer auf. Unser *Capitän* war jetzt von der Tüchtigkeit des Lotsen überzeugt, der auch nicht ein einziges mal das Deck verlassen hatte und seine Befehle kurz und bündig in gutem Englisch gab. Um 12 Uhr brauste einer der Passagierboote, die zwischen den beiden *Metropolen* (d.h. Montevideo und Buenos Aires) verkehren, an uns vorbei, es war ein Etagendampfer (Dampfer mit mehreren Decks) und die

Vor dem Wind segelnd (Zeichnung: Franz von Wahlde)

hellerleuchteten zahllosen großen Fenster, gewährten, zumal sich der
Schein im Wasser spiegelte, einen schönen Eindruck. Diese Nacht
durfte keine Wache[63] zu Koje, die Wachehabende stand bei Anker und
Fallen klar, die andere durfte sich an Deck hin legen und schlafen. Der
Capitän aber lief die ganze Nacht mit dem Lootsen hin und her. Das
ist die Mühe und Plage des Schiffsführers, während *Jan Maat* den Be-
fehlen gehorcht, / und dann schläft, ruhig, und nichts von den Sorgen   66
weiß, die im Capitän herrschen.

Donnerstag den 11. September

Der Wind ward leise, gegen 3. Uhr morgens, mehrere Schiffe, Dampf-
fer, passierten uns, wir kamen der Rhede nahe, so daß einige Stunden,
frische Brise genügt hätten, uns zu derselben zu bringen. Der Wind
ward allmählich ganz flau, das Schiff machte nur Fahrt, weil der Strom
der Flut einsetzte. Die Dämmerung kam, die Sonne stieg auf, da endlich sahen wir zahllose Masten am Horizont. Das war die Außenrhede.
Erwartungsvoll spähte ich nach Land aus. Nichts konnte ich sehen,

denn die Küste ist an diesem Ufer flach und erhebt sich wenig über das Meer. Auch wie wir näher kamen, konnte ich lange nichts davon sehen, bis ein Schein herüber blitzte von der Kuppel der Kathedrale von *Buenos Aires*. Nunmehr sah ich auch überall zwischen den zahllosen Schiffen andere Türme und Kuppeln. Nunmehr aber ward nicht mehr geschaut, denn Segel, auf Segel ward langsam weggenommen, die natürlich ich als Junge festmachen mußte, da es erst die / kleinen Tücher waren, die verschwanden. Großsegel, Fock u.s.w. wurden desgleichen sauber beschlagen (festgemacht), Obermarssegel herabgelassen, bis wir unter Untermarssegeln langsam zwischen den Colossen der hier ankernden Dampfer hindurchfuhren, zu dem unsrigen Platz. „Steuerbord brassen, Ruder in Lee". Schwerfällig schwang das Schiff sich in den Wind, seine Fahrt ward gestoppt. *„Let go Anchor!"* („Laß fallen Anker!") Rasselnd, donnernd fiel das schwere Eisen, die Wasser spritzten hoch auf, klirrend flog die Kette durch die Klüsen. *„Stop!"* Ein kleiner Stoß, und nunmehr drehte sich das Fahrzeug dem Strom nach, wir lagen ruhig im Hafen von Buenos Aires.

Aber die Umschau, die ich alsbald hielt, war nicht vielversprechend. Wir lagen meilenweit von Land ab, ohne daß etwas mehr davon zu sehen war, wie die höchsten Gebäude d. Stadt voraus, und zur Rechten ein bißchen grünen Busches, das eine Idee über den Horizont sich erhob und die Mündung des *Rio-Chuelo*[64] bezeichnete. Rund um uns herrschte ein lebendiges Treiben, viele große Dampfer lagen hier, meist Passagierboote, das nächste war d. HOHENZOLLERN[65] des Norddeutschen Lloyd, welcher die deutsche und Bremer Flagge in den Toppen führte. Diese Heimatsfarben sah ich noch von mehreren andern / Fahrzeugen, daneben viel englische, dann italiänische und einzelne nordamerikanische. Aber alle diese Flaggen verschwanden zwischen einem Reichthum an argentinischen und brasilianischen, von denen eine Menge wehte, wie es kaum glaublich ist, denn ein jedes Fahrzeug vom Schuner bis zum Ballastprahm führte die schöne weiß, blau gestreifte Fahne mit der strahlenden Sonne. Es bot dies ein ungemein farbenprächtiges Bild, das noch erhöht wurde durch den äußerst Schlanken Bau der Leichter, die alle Schoner und Schonerbrig Takelage hatten, und die deshalb so viel vorhanden sind, weil die größeren Fahrzeuge auf der Außenrhede liegen müssen, wo die Leichter die Ladung empfangen und sie zur „Boca"[66] bringen, oder zur Stadt, wo weit vom Lande entfernt, Boote die Fracht übernehmen, und letz(t)ere es wieder an Karren geben, die in das Wasser fahren. Es giebt drei Landungsbrücken, die aber am Ende noch in seichtem Wasser stehen und so defekt sind, daß die Landung gefährlich ist. Im *Rio Chuelo* einem Flusse, eine Stunde von der Stadt sind Löschvorrichtungen für wenige Schiffe, die fast nur für die Regierung bestimmt sind. Vielleicht kommen wir hinein, da die Schienen dem Staat, und die Röhren der Stadt gehören. Überraschend groß ist die Zahl der Schiffe, die vor Anker liegen. /

Der Nachmittag verging mit üblichen Vorbereitungen zum Löschen der Ladung. Die Garnierhölzer[67], welche auf den Luken gelegen hatten, wurden fortgenommen, Fallreep (Tau längs der Fallreepstreppe oder diese selbst) und Treppe klargemacht, Ladungsbäume aufgesetzt, die Winschen d.s. die Maschinen zum Winden, gereinigt und geölt u.s.w. Da wir die gelbe Flagge (Quarantäneflagge) führten, kam kein Mensch an Bord bis zum andern Morgen dem **11. September**, als um $8\frac{1}{2}$ *a.m.* ein kleiner Dampfer auf uns zu kam mit Ärzten an Bord, die jedes Schiff, das ankommt untersuchen, und falls sie es für gesund erklären, dem Verkehr offen geben. Da wir wußten, das heute morgen die Besichtigung war, die sich auch über alle Wohnräume, Kojen und die Cambüse erstreckte, war natürlich alles sauber gescheuert und gewaschen. In der Cambüse aber stand der Koch, mit weißer Schürzer, und kochte „grüne Bohnen", eigens, damit die Ärzte sähen, wie es gut an Bord zu essen gäbe. Auf der Reise hatten wir so etwas nie gesehen und geschmeckt. Die Untersuchung verlief günstig, so daß wir die Quarantäneflagge um 9 Uhr herunterholen durften, bald darauf verließ der Capitän das Schiff, um erst am zweiten Tag darauf zurückzukehren. Er brachte die Botschaft, die allen willkommen war, daß wir in den *Rio Chuelo* laufen sollten. /

Schattenseiten des Seemannslebens.
In Buenos Aires

Sonnabend den 13ten September

Heute morgen kam der Lotse an Bord, der Anker wurde gelichtet und langsam segelten wir zwischen den Schiffen durch nach der Innenrhede, wo wir den Anker kurze Zeit fallen ließen, um dann sofort das Schlepptau eines Dampfers festzumachen der uns in die *Boca* bringen sollte. Von allen andern freute ich mich am meisten, als die Nase d. Fahrzeugs gerade nach dem Land zu ging. Bald kamen Boten angeschwommen, die andeuteten, daß ich hier unter einem sonnigen Himmel war, es war nämlich die Flut bedeckt weithin mit Orangen, die vermutlich als schlecht weggethan waren. Nach einer Viertelstunde waren wir in der Mündung, ein relativ großes Becken that sich auf, an dessen Rechte Bollwerke lagen, mit daran verankerten Flußdampfer, über diese hinweg schweifte der Blick in ein offenes, gartenreiches flaches Land bis zu der Stadt *Buenos Aires*, die sich wegen ihrer glatten Dächer, der weißen Mauern und der zahllosen Türme und Kuppeln äußerst malerisch ausnahm. Zur linken trat der Wald bis an das Ufer, wo er eine Lichtung frei ließ, woran leichte von Holz gebaute Häuser, die hoch über dem Boden auf Pfählen standen, in ihrer Nähe grasten einzelne Pferde, die am Lasso / befestigt waren.

71 Auf dem Wasser herrschte ein riesiger Verkehr, da kamen Dampfer mit hohen Etagen, Segelschiffe im Schlepptau, zahllose Leichter, die gewand hinaus kreuzten, und uns manch lustig, aber unverständliches Begrüßungswort zuriefen, zwischen diesen fuhren kleine Barkassen mit schlanken dunklen Herren, auch eilige Boote, in denen feine Duennas (dueña, span. Herrin, Dame) saßen in eleganten Gewändern, mit dem Spitzenschal über dem reichen Haar und dem Fächer in der Hand.

Es gab viel zu sehen, aber mehr zu thun, denn das Fahrwasser war eng, so daß bald hier, bald da ein Schiff uns zu nahe kam, worauf der Junge dann mit dem „Kork Fender" d.i. ein Korkball mit Leder bekleidet und an einem langen Tau befestigt, laufen mußte und ihn da hinunter lassen, wo die Seiten sich berühren. Immer mehr mehrten sich diese Fälle, immer häufiger blieben wir in den Tauen anderer Schiffe hängen, denn trotzdem das Fahrwasser enger wurde und gewunden, ging es mit voller Kraft weiter, denn es war Ebbe, und wir sollten zum Liegeplatz dicht an der Brücke hinauf. Da, gerade neben einem gewaltigen Vollschiff[68] aus *Nova Scotia*[69] blieben wir stecken, das Wasser rauschte vorbei, der Dampfer riss die Trosse, und wir trieben etwas quer. Schnell den Anker hin, Taue an Land gebracht, dann gehivt und nach langer Mühe lagen wir an der Seite des Colosses, um die Nacht zu bleiben. /

Das war die erste Nacht in Amerika. Ich hatte Ankerwacht (Wache, Bewachung) von 11–12 Uhr Nachts, voller Gedanken wandelte ich an Deck, und schaute hinaus auf das ruhig fließende, mondbeschienene Wasser, auf die zahllosen Schiffe, die in tiefer Ruhe, als ob sie selbst schliefen, dalagen, dazu ertönte in kurzen Absätzen das Quaken der Frösche von dem anderen Ufer herüber. Um 12 Uhr schlugen dann von allen Schiffen die Glocken 8 Glas. 72

Sonntag d. 14. Sept.

Es war ein guter Tag, heute. Der Capitän hatte das Schiff morgens verlassen und uns Erlaubnis gegeben an Land zu gehen, dies bewirkte natürlich eitel Freude in uns. Die Leute, freilich ohne Geld, wollten in die Wirtschaften, Diedrich und ich aber in die Stadt, denn wir hatten etwas Geld noch bei uns. Ein jeder putzt sich, wie er kann, man zieht neue Hemden an, bindet sich das schönste Tuch um, putzt die Stiefel blank, und *Jan Maat* dünkt sich, ein Gentleman zu sein. Wir beiden Freunde legten unsere Vorhemden mit Schlipsen an, was übel vermerkt wurde. Diedrich wollte deshalb auch sein wollenes Sonntagshemd anziehen. Aber ich verhütete das, denn an Bord mußte ich die Schweinigel bedienen, an Land aber wollte ich gehen, wie es mir gefiel.

Endlich war der Mittag vorbei und das Geschirr gereinigt, dann / kletterten wir die Leiter auf über die Regeling des *Nova Scotia man* (Schiff aus Nova Scotia), um an die *Quais* zu gelangen. Ha! wie es wimmelte von Menschen. Herrliche Wagen mit schönen Spanierinnen, Cavaliere zu Pferd, lumpige Italiäner, Vaqueros (span. Rinderhirt) mit riesenhaften Sporen, und den *Poncho* um die Schultern, stolz blickende Spanier, zogen in abwechselndem Zuge vorbei. Dazwischen die vielen 73

Fremden, meist Seeleute, in ihren verschiedenen Costümen, zuweilen Neger, und überall Verkäufer von Südfrüchten „*Oranga, ranga!*" „*Oranga, limones, banana!*" „*Oranga, ranga!*" Es war heute gar viel zu sehen, denn auf dem Fluß war eine Regatta, am Nachmittage, hierhin wollten natürlich auch die Seeleute, wir beide aber hatten uns vorgenommen die Hauptstadt zu sehen, und dabei blieb es.

Der Weg war bald gefunden, denn der Ersparnis halber brauchten wir die *Tram*- und Eisenbahn nicht, sondern auf Schusters Rappen, einige Orangen in der Tasche, verließen wir die kleine Hafenstadt „*Boca y Barracas*" (La Boca und Barracas, zwei benachbarte Stadtviertel am Riachuelo), mit ihren Straßen voll buntem Gewimmel und kamen bald in die flache Landschaft hinaus. Die *Chaussee* war unbelebt, weil der Regen sie sehr schlecht gemacht hat, die Pferdebahn und Eisenbahn lief zur Rechten auf einem 2 Fuß hohen Pfahlrost. Nach dieser Seite zu sahen wir die See, vielmehr den Strom, zur linken breiteten sich Ebenen aus mit Weiden und Gärten, überragt von einzelnen Anhöhen, auf
74 denen / nur ein großes schönes Gebäude lag, das englische Krankenhaus

Nach mühseligem Waten durch den Sumpf, und Springen von Stein zu Stein, erreichten wir die Stadt. Vor den ersten Häusern lag auf einem Hügel ein *Campo Santo* (Friedhof), mit herrlichen Steinen und Capellen, die von üppigem Grün überwuchert waren, eine herrliche Palme nickte am Eingang weit über dem *Crucifix*. Die Vorstadt erschien nicht sehr schön, weil die Häuser viel zerfallen sind, keine Fenster besitzen, sondern nur große vergitterte Löcher mit Jalousien, durch welche oftmals Spanierinnen schauten. So zerfallen auch vieles war, so waren die Straßen alle schnurgerade und gleich breit. Ganz Buenos Aires ist nämlich so gebaut, daß vom Ufer senkrecht die Straßen = *(Calle)* fortgehen, und gekreuzt werden von den ebenfalls schnurgeraden Querstraßen. Wie wir in das Innere der Stadt gelangten, wurden die Häuser höher und schöner, aber letz(t)eres nicht durch viel Stuck und Putz, sondern durch reine tadellose Wände, durchbrochen von großen Fenstern mit schön nach außen geschwungenen Gittern, hinter denen meist schöne Vorhänge das Innere dem Auge verbargen. Die Häuser sehen also an und für sich, ziemlich gleich und einfach aus, aber welcher Luxus offenbarte sich, wie wir durch das große vergitterte Thor schauten, das uns den Einblick in den Hof gestattete. Diese sind sauber mit Kies bedeckt, herrliche Blattpflanzen
75 und / Palmen umgeben ihn, in der Mitte rauscht eine Fontäne, und

Der Schiffszimmermann begibt sich
an Land
(Aus W. v. Henk: Zur See, ca. 1895)

nach allen Seiten laufen die Zimmer nach dem Hof zu auf einen diesen umgebenden Balkon, dessen Säulen mit wundersamen Schlingpflanzen umrankt werden, über dies alle(s) strahlt der blaue Himmel,
aber teilweise verdeckt durch große Teppiche und Sonnensegel, die
den Hof vor den Gluten der Sonne schützten. Oftmals kamen auch
Häuser von europäischer Bauart vor, die dann Läden enthielten. Miserabel ist das Trottoir nach unseren Begriffen, denn bald geht es hoch,
bald niedrig, und hat viele Löcher. Für Beleuchtung scheint gut gesorgt zu sein, denn überall sieht man Gaslaternen.

Mitten in der Stadt, dicht am Meer liegt die *„Plaza Victoria"* (Siegesplatz), wohl einer der schönsten Plätze der Welt. Die Kathedrale, Paläste und Säulenhallen, unter denen *Cafés* sich befinden, umgeben den
Platz, dessen schönster Schmuck aber Palmen sind, die ersten die ich
sah. Nachdem wir hier gegessen hatten und uns lange die malerische
Schönheit der Passanten betrachtet hatten, spazierten wir zur Lan-

dungsbrücke, von der der Blick auf die Rhede schweift, wo alle Schiffe, zur Feier des Sabbaths bunt geflagt haben. Von da suchten wir die Pferdebahn nach *Boca y Barracas* indem wir unterwegs einen Blick in die *Salvator Kirche* warfen, die sich als ungeheuer groß und schön zeigte, aber zu sehr mit allem möglichen kostbaren Plunderkram ausge-
76 stattet war. Weiter hineinzugehen wagten wir nicht / als Fremde und unbekannt mit den Gebräuchen des katholischen *Cultus*.

Wir mußten uns so früh zur Heimfahrt anschicken, weil der Capitän es uns speziell befohlen hatte vor der Dunkelheit an Bord zu sein, es sei gefährlich, unbewaffnet länger an Land zu sein in diesem wilden Lande, bei der unruhigen Zeitlage und namentlich am Abend eines Festes, das so viel Tausende nach dem Hafen gezogen hatte. Um 7 Uhr waren wir am *Quai*, wo wir uns ein bissel aufhielten in einer großen *Pulperia* (eigentlich Limonadenausschank), in der es vorzüglichen Wein gab zu sehr billigen Preisen. Man trinkt hier nur leichtes Getränk neben *Sodawasser* und *Limonade*. Das Bier aber ist fast unbekannt und theuer. Die Speisen sind kräftig, aber einförmig, weil sie nur aus Fleisch und Makarroni bestehen, nebst ekelhaften in Öl gesottenen Sachen, wie es der hungrige Italiäner liebt. Dieser Volksstamm ist hier zum Übermaß vertreten, und ein jeder Dampfer von *Genua* vermehrt das *Proletariat* durch hunderte Neu angekommene.[70] Sie nehmen dem Spanier gegenüber eine verachtete Stellung ein, auch ich konnte sie nicht leiden, die Spanier, z.B. die Vaqueros sind auch ein wildes Volk, aber sie besitzen etwas vornehmes, cavaliermäßiges, das neben ihrer Schönheit ein(en) jeden für sie einnimmt. Der Haß kommt oft zum Ausbruch, wobei dann der Revolver und das Messer die Entscheidung herbeiführt.

Auch am heutigen Abend wurde es rege, heftige Schreie, ließen sich hören, dann Schüsse, darauf war alles still. Wir schliefen ruhig an unserm Bord. /

77 Am Morgen darauf mußte ich um 4 Uhr heraus und das Logis schruppen bei Lampenschein, was ich aber nicht sehr gründlich machte, sondern schnell, um mich dann auf die Kiste zu legen, bis der Koch um 5½ Uhr „Cafe" rief. Es ging weiter hinauf den Strom bis dicht vor die erste Eisenbahnbrücke, wo wir festmachten, längsseite eines deutschen Schiffes, der *Elsflether Bark* EMANUEL[71] *Capt. Münster-mann*, was uns natürlich große Freude machte, weil vielleicht Bekannte dort an Bord waren. Leider war dies nicht der Fall, die sämmtliche

Mannschaft, außer dem Koch war nämlich auf und davon, so daß einige Fremde als Tagelöhner an Bord arbeiteten.

Während beide Capitäne sich begrüßten, kam der Zolloffizier um das Schiff zu untersuchen und die Luken, die löschfertig waren zu versiegeln. Am folgenden Tage begann dann die Entlöschung, indem wir die großen Röhren aufhivten bis zur Höhe eines Steges, der von dem Lukenrand bis an Land über das Deck des EMANUELS fortlief, und auf dem italiänische Arbeiter die Röhren auf den Rücken nahmen und sie in das Magazin brachten. Schon am ersten Tage merkten wir, was uns bevorstand, denn bei dieser Löschart müssen Wochen verfließen, ehe wir an den Schienen angelangt sind, Wochen mühseliger Arbeit, ohne Zeit zu haben, sich selbst zu reinigen als am Sonntag Morgen. /

Dazu kommt das abscheuliche Essen, daß uns der Koch vorsetzt, frische Suppe, ungenießbar zu nennen, wegen des eklen schmierigen Fettes, gekocht aus dem schmutzigen schwarzen von Fliegen umschwärmten Fleisch wie es überall zu fabelhaft billigen Preisen in den Markthallen verkauft wird, die wir gesehen haben auf der Buenos-Aires Tour aber erschreckt vor dem Aasgeruch flohen. Jeden Tag giebt es dasselbe, nur Sonntags ein Gemüse, eine Kohlart, die vielleicht nicht schlecht ist, bei der Zubereitung aber unschmackhaft und unverdaulich wie Stroh ist. Ich fühle, daß ich bald krank werde, wenn ich in die Cambüse gehe, muß ich das Erbrechen mühsam zurückhalten. Auch die Butter ist scheußlich, rotbraun, halbflüssig und von Ölgeruch und Geschmack, dazu muß man Tags arbeiten, daß man halb verzagt, immer wieder heißt es „Hive up"!, daneben muß ich immer um 4 Uhr aufstehen, das Logis, die Privets (Abtritte) scheuern, dem Koch vorn aus der Tiefe des Schiffs Kohlen holen, und Abends nach dem Schaffen (Essen) die Teller, Tassen etc. waschen. Die Leute werden brummig, sie stecken stets die Köpfe zusammen, und haben Abends Unterredungen mit fremden Leuten an Land. 14 Tage nach Ankunft hierselbst kündigte sich ein Pampero an, um 8½ Uhr Abends, welcher uns aus den Kojen jagte, um das Fahrzeug zu sichern durch neue Trossen. /

Um 10 Uhr war der Sturm zu Ende, so daß wir zu Koje gehen konnten, zwei Mann thaten dies nicht, sondern kleideten sich warm an, so daß ich dachte, daß sie auf Wache müßten. Am andern Morgen fehlten sie, und hatten auch gar nichts vergessen von ihren Sachen. Der Capitän war wütend, aber sie blieben verschwunden. In der nächsten Nacht wurde ich geweckt. Julius, stand bei mir und gab mir die Hand, um

73

Abschied zu nehmen von mir, da wir uns wohl vertragen hatten, andere dunkle Gestalten schlüpften hin und her, ich hörte wie Kisten und Säcke über Bord gelassen wurden. Bald war alles still, und am nächsten Morgen fand der „Zweite" nur den Zimmermann, Karl, Fritz und mich vor.

Eine böse Zeit begann, die Weggelaufenen wurden ungenügend ersetzt, und die übrige Arbeit auf uns verteilt. Mich wunderte, daß Karl nicht weglief, aber der hatte andere Pläne vor, er hatte nämlich erfahren, daß der Koch Unterschlagungen gemacht hatte, diesen Umstand benutzte er, trotzdem er vorher der Intimus gewesen war, den Koch zu melden, wobei er den Alten in die Kambüse führte. Hier fand man dann Dinge, die kaum denkbar sind. Das ganze Lokal war ein Schweinestall, da war kein einziges Geschirr rein, ekelhafte Reste klebten überall, Hunderte Kakerlaken staken in diesen, tothe, alles alles war 80 nicht zum anfassen, am schlimmsten war der / große Fleischtopf, der seit der Abreise wohl kein einzig mal gereinigt war. Mit Schimpf und Schanden ward *Robert* davon gejagt, und *Carl* nahm seine Stelle ein, verließ das Logis und zog mit seinen Betten nach hinten, wo er mit Diedrich zusammen im „Land der Gabeln und Messer"[72] eine *Cabine* von da an bewohnte. Das Essen ward noch schlechter, denn anstatt eines schmutzigen, hatten wir einen falschen, speichelleckenden (Koch) bekommen.

Mein Befinden ward schlechter, und als einmal *Fritz* unsauber wie ein Schwein sich zu Tisch setzte brach die Krankheit mit heftigem Erbrechen los, das den ganzen Tag andauerte und mich zu Tod erschöpfte. Wie ich in der Koje lag, hörte ich den Großen in unfläthigen Worten über meine Krankheit und Faulheit losziehen. Das ist Seemannsloos, ausgenützt zu werden bis auf das Mark und dann weggeworfen zu werden. Böse Gedanken überkamen mich, ich hätte tot sein mögen, wie ich in meiner Koje lag, so einsam und verlassen, zwei lange Tage, ohne einen andern Menschen zu sehen, wie den Zimmermann und Fritz, die auch nichts für mich thun konnte(n). Das Erbrechen, oder vielmehr der Reiz dazu dauerte an, und erschien stets von neuen, wenn ich ein hartes Stück Brot hinabwürgen wollte. Endlich erfuhr der Capitän von mir, besuchte mich aber nicht, sondern ordnete nur an, mir 81 Milchreis zu / kochen. Den Reis bekam ich schon aber die Milch dazu nicht, der Koch genoß sie lieber selbst. Erst allmählich ward ich so weit wieder, daß ich nicht alles genossene wieder auswürgen mußte, hierbei

ist zu bemerken, daß schon der Anblick des ekelhaften Fritzen mich längere Zeit krank machen konnte und ein Stein fiel mir vom Herzen, als Fritz eines Morgens davon war und um sich ein gutes Angedenken zu sichern, mir und dem Zimmermann schöne Wollsachen gestohlen hatte.

Nach einer Woche ging ich dann an die Arbeit wieder, welche jetzt gelinder war, da die Röhren heraus waren. Der EMANUEL lag noch da, der Capitän davon wollte mich gerne haben und versprach mir 50 M. monatlich, leider überhörte der unsrige Alte dies, und ließ dann „meine" Kiste nach hinten bringen.[73] Leider sage ich deshalb, weil es höchst unangenehm ist, in einem fremden Hafen nichts verschließbares zu besitzen; daß ich fortlief, lag ganz und gar meiner Absicht fern. Bald darauf ging der EMANUEL mit neuer Mannschaft fort, wohin, wußte ich nicht, ist mir auch gleich.

Nunmehr legten wir an den *Quai*, wenn man dies elende Dings so nennen kann, um die Schienen zu löschen, bei welcher Arbeit es jetzt wieder an zu drehen ging, tagein, tagaus. Jetzt aber ließ ich mir jeden Tag Morgens eine Portion Milch und mehrere Eier vom Händler ge-

82 ben, wozu ich Mittags / meine Portion „*Vino de la frontiera*" trank. Dies hielt mich in Kräften.

Bis dahin war unsere Liegezeit programmmäßig verlaufen, aber eine gewaltige Störung nahte. Ein furchtbares Unwetter begann, es fing mit einem rasenden Orkan an, der draußen auf der Rhede viel Schaden anrichtete, und auch im *Chuelo* Schiffe von den Vertäuungen riß. Es wehte zwei Tage lang so, daß jede Arbeit beim Löschen unmöglich wurde, so daß wir in den Raum mußten, um das Verstauungs Heu zu entfernen und vorn aufzuthürmen, hierin wurden wir oft gestört durch den „Großen", wenn wir neue Trossen, neue Landfesten auslegen mußten, da hier ein Tau, dort eins nachließ. Am Ende des zweiten Tages fing es an zu gießen, wie es kaum denklich ist, tagelang strömte der Regen herab, die Straßen wurden Seen und Moräste, und der Verkehr stockte.

Nach langen, langen 4 Tagen ward es besser, der Wind legte sich der Regen hörte auf und die Sonne erschien flüchtig hinter den eilenden Wolken. Es kam die Nachricht, daß im obern Flußgebiet ein Wolkenbruch niedergegangen sei, der den Fluß riesig anschwelle, und das in einigen Tagen das Hochwasser herabkäme. Von Schiff zu Schiff eilte da der *Maitre du Port* (Hafenmeister), ein *Castilianer*, um alles in Bewegung zu setzen, die Schiffe zu sichern.

83 Auch wir trafen alle Maßregeln; beide Anker gingen / hinab, drei- und vierfache Landfesten liefen durch jede Klüse, alle Trossen wurden heraufgeholt und befestigt, gewaltige Spieren nach der Kaje geführt, um das Andrängen an die Mauer zu verhüten. Zu allem hatten wir einen großen Norweger, aus Arendal[74] neben uns liegen, der uns natürlich zum Festmachen benutzte. Vor uns lag die MAINE ET LOIRE[75] ein französischer Dampfer, der uns dicht am Bug lag und dem der Alte einen Reserve Anker lieh.

Wie alles fertig war, hatten wir nichts zu thun, wie zu warten. Höher und höher stieg das Wasser, der Strom ward rasend, es schwammen schon viele Gegenstände daher, die von Verwüstungen zeugten. Aber das schlimmste kam in der Nacht. Überall brannten Fackeln, der Strom raste, das Wasser schwoll und schlug die großen Colosse aneinander an den Ketten, die knackten, und knarrten. Um 5 Uhr stockte die Flut, die die Kaje überspülte etwas, aber mächtiger wie zu(vor) toste es bald heran, die große schöne Eisenbahnbrücke war zerstört. Als der Morgen dämmerte erscholl ein schreckliches Geschrei, ein Holzhaus war davongerissen und die Insassen ertranken, ohne daß an Hilfe gedacht werden konnte. Wie es hell war, zeigte sich die Gegend wie ein Meer, das brandete, wogte und bedeckt war mit Trümmern, totem Vieh, einzelnen Leichen, Tonnen, Hausgeräth u.s.w. /

Am Tag stieg das Wasser immermehr, der große *Nova Scotia man* fiel 84 über die Kaje, und am Land stürzten leichtere Häuser ein. Ein Bauer hatte auf einer Anhöhe sein Pferd angebunden, im Glauben, daß es sicher sei, aber er täuschte sich, und als der Tag zur Neige ging, war das arme Tier bis zu den Knien im Wasser. Am nächsten Morgen fanden wir es bis zum Bauch im Wasser stehend, die Hütte des Bauern unten vor der Höhe, verschwunden. Wir mußten immer nach dem armen Tier schauen, wie es so hilflos dastand, den Tode nahe, da befahl der *Capt.* vom Norweger ein Boot klar zu machen, um über den Strom zu setzen und das Tier zu befreien. Nach mehreren Versuchen gelang es, und wir sahen das Tier pfeilschnell dahinfahren, in der Möglichkeit, sich doch vielleicht retten zu können. Um Mittag kam ein heftig quiekendes Schwein in Sicht, es gelang einem Schoner, diesen guten Braten, durch eine gut gezielte Schlinge zu sichern.

Im Lauf des folgenden Tages blieb die Höhe des Wassers sich gleich, aber man gewöhnt sich an alles, so daß auch wir alle Furcht verloren. Viele wertvolle Schlangen, fremdartige Eidechsen, Schildkröten, fabelhaft große Frösche befanden sich zwischen den Schiffen, wo sich viel Buschwerk angestaut hatte. Auf diese machten wir Jagd, indem der Capitän sie in Spiritus stecken wollte, um sie / zu Haus an ein Museum 85 zu schenken. Wir erbeuteten auch viel davon, die in ein Faß geworfen wurden mit Spiritus und Wasser.

Als das Wasser am dritten Tage etwas ruhiger geworden war, gaben wir zwei Boote her, um Menschen zu retten, denn man konnte in allen Straßen segeln, sogar mit Dampfbarkassen fahren. Allmählich verliefen sich die Wasser, und das Land trat wieder hervor, aber welches Bild zeigte sich mir, wie ich am ersten Tage, an dem man passieren konnte, einem Sonntage, an Land ging. Die Kaje war weithin unterspült und eingefallen, riesige Löcher befanden sich an ihrer Stelle, totes Vieh bedeckte zu Schaaren die Plätze, Schiffe waren an Land getrieben, wo sie jetzt hoch und trocken saßen, und die schöne gewaltige Brücke, ein wüster Trümmerhaufen. Ein aashafter Geruch breitete sich über die Gegend aus, und es dauerte lange, ehe die Straßen gesäubert waren. Viel Schaden hatte das ganze Land erfahren, Hunderte von

Heerden waren ertrunken und auch wir hatten großen Schaden durch den Zeitverlust, da es 4 Wochen dauerte vom Beginn des Unwetters bis zu dem Zeitpuncte, wo wir wieder löschen konnten. Im Verlauf der Zeit war ich noch mehrmals in *Buenos Aires* und noch anderen kleinen Städten der nächsten Umgebung, sah aber wegen der Not nur ein klägliches Bild, das mich nicht lange verweilen ließ. /

86   Ein freudiges Wiedersehen feierten wir mit *A. Kückens* u. *S. Liebje*, welche an Bord der LORELEY[76] waren, die neben uns im *Princes Dock* gelegen hatte, wo wir sie oft besucht hatten, und nach 80 tägiger Reise, schon verschollen erklärt, ankam. Unter der Back saßen wir 4 Freunde und tranken Bowle, die wir mit Ananas gemacht hatten, die Zeit verging so schnell, daß wir noch dasaßen, wie es dunkel wurde, und dann machen mußten an Bord zu kommen. Zum ersten male im Leben angeheitert, zogen wir den Hafen entlang bis zu unserm Schiff, das jenseits des Stromes lag, so daß man uns abholen mußte mit einem Boot, an die PALLAS, wo man uns höhnisch und scheltend empfing.

Am andern Morgen ging es mit brummendem Schädel in den Raum um Platz zu machen für die Ballasteinnahme. Unser Fahrzeug hatte keine Ladung bekommen, weshalb er (der Alte), beschloß, nach der Insel *Mauritius* zu segeln, um dort vielleicht Zucker zu empfangen. Das war gute Nachricht, war doch schon vermutet worden, daß wir mit Maulthieren nach *Bourbon*[77], oder um das böse *Cap Horn* nach *Iquique*[78] segeln sollten. Die Ballasteinnahme, wurde sehr beschleunigt, da der Capitän auf das äußerste trieb, wegzukommen, und das verlorene nachzuholen. Bald war der Ballast, Seeschlick im Schiff, und ehe wir

87   uns versahen kamen Matrosen an / Bord, desgleichen Proviant und eines Nachmittags legte sich ein Schlepper vor das Schiffe, die Taue losgeworfen und hinaus ging es der Rhede zu.

Wie hoch lag das Fahrzeug jetzt aus dem Wasser, fast beängstigend und mehr als ein *Capitän*, auch *Biet* von der LORELEY rief uns zu, ob wir denn so nach See wollten mit 9 Fuß tiefgang und alle Stengen im Top. Unser Alter winkte hierauf blos, und schnell waren wir im Vorhafen, wo das letzte Fahrzeug lag, eine italiänische Bark, deren Namen ich wegen seines Passens zu unserer Ausfahrt behielt „VALE" (Lebewohl).[79] Gleich darauf passierten wir ein großes argentinisches Kriegsschiff, vor dem wir die Flagge strichen, was durch Senken und heben der seinigen gebührend beantwortet wurde. Ein steifer Wind empfing uns, die Stagsegel wurden gesetzt, aber da sah man, daß doch wenig Ballast im

Schiff sei, denn der Kasten legte so über, als wenn alles bis zum Royal gestanden hätte. Dieser Umstand wird von der Mannschaft bedenklich angesehen, und manche deuten darauf hin, daß die Ratten das Schiff verlassen hätten, was als böses Omen gedeutet wird. Daß bei einer Ladung von Röhren und Eisen Ratten Hungers sterben müssen, nehmen sie nicht in Betracht. Der ganze Abend ging hin, ohne daß von etwas anderem als zu geringem / Ballast geredet wurde.

88

Der nächste Tag sollte ein saurer für mich werden, da ich beordert wurde Wasser zu pumpen für die großen Tanks, die für 17. Mann 180 Tage Wasser enthielten, woraus man sich denken kann, daß ich den ganzen Tag pumpen mußte, bis mir der Arm lahm war und der Zimmermann mich ablösen mußte. Das Wasser des *La Plata* sieht hier sehr klar aus, soll sehr gesund sein, kostet nichts, und wird deshalb von Schiffen allgemein zum Proviantiren gebraucht.

Während ich für das Wasser sorgte, schlugen die Leute die Raasegel an und setzten den Klüverbaum aus, welche Arbeit nicht ganz vollendet wurde und auf den folgenden Tag verschoben wurde, da der Wind zum Auslaufen ungünstig war. Am folgenden Tage schlug der Wind um, und Mittags, als wir mit dem Schaffen fertig waren kam urplötzlich der Alte an Bord: Hivt Anker! erscholl es. Keiner glaubte, recht gehört zu haben, da kam aber schon der Zweite angelaufen, um uns zum Empfange von vielen Sack Kartoffeln, von einem geschlachteten Ochsen, Gemüse zu holen. Dies kam bald an Deck, wo es notdürftig verstaut wurde, zuletzt kam ein kleines hochbeiniges schreiendes, schwarzes Ferken (Ferkel) an Bord, das dann in den für dasselbe gemachten Stall befördert wurde.

„Hiv Anker!" Schnell die Handspaken (kleine hölzerne Speiche, die ein Mann handhaben kann) in das Gangspill und / klipp-klapp kam die Kette herauf. „Anker up und dal!" rief der Große, wie der Anker senkrecht unter dem Bug lag. „Sails los." rief der Alte. Hei wie ging es in die Masten, um die Topsegel und Fock loszuwerfen. Das Segel blieb aber auf der Raae, wo ein Junge blieb. Die andern eilten wieder an das Spill und beförderten den Anker aus seinem Schlick, bis er frei im Wasser hing, und es hieß „Los de Marssegel." Herunter fielen die schweren Tücher, alle Mann legten sich an die Schoten, darauf eine jede Wache an das Obermarssegelfall. Schnell flogen die Raaen hoch. „Makt fast". „*Allright sir*". „Backbord brassen". „Good so." „Luvbrassen fast." Die Segel standen, voraus ging es, der See zu. Der Anker

89

wurde aufgehivt, und gefischt. Dann kam die Fock dazu. So hatten wir Segel genug, da der Wind überaus heftig war, und das Schiff rasend schnell, (12 Meilen) dahinfuhr. Die Schiffe auf der Rhede lagen bald hinter uns, Buenos Aires versank unter dem Horizont, so daß wir wieder auf weiter Wasserwüste waren, aber nicht allein, denn ein Engländer lief neben uns her, blieb aber doch gegen Abend zurück.

So lange es Tag war, hatten wir nichts zu befürchten, aber als die Dämmerung hereinbrach dünkte es mir, ein Wagstück, in einer Nacht ohne Mondschein weiter zu segeln, zumal bei der heftigen Brise. /

90 Gleich uns stand aber auch der Engländer hinter uns her, denn auch er wollte den günstigen Wind benutzen, um möglichst weit aus dem Bereich der Untiefen (zu) kommen. Der Lotse stand vor dem Besahnmast, fest und ohne Bewegung, nur nach vorn den Blick gerichtet, in die Dunkelheit hinein. Endlich wurden die Vormarssegel, dann die Groß-Marssegel festgemacht, so daß nur noch die Fock stand. Um 8 Uhr Abends wurde endlich die Fock aufgegeit und vor Anker gegangen. Darnach wurde eine Wache angesetzt und die übrigen zu Koje geschickt, in der wir totmüde gearbeitet, bald fest schliefen.

Ein furchtbarer Donnerschlag weckte uns, zugleich kam auch der Steuermann im Nachtgewand angelaufen, um die Leute zu wecken und den zweiten Anker fallen zu lassen. Donnernd fiel dieser hin, dann folgte an beiden Ankern immer mehr Kette, bis 65 Faden aus waren, worauf gestoppt wurde. Mittlerweile heulte der *Pampero*, pfeifend durch die Wanten und peitschte die Fluten hoch auf, unablässig zuckten die Blitze, rollte der Donner, es goß in Strömen vom Himmel herab und ängstlich schaute ein jeder darauf, ob die Anker hielten. Nach einiger Zeit hörte das Unwetter auf und erlaubte uns wieder, zu Koje zu gehen.

Sturmfahrt durch die „Roaring Forties".
Vom La Plata nach Mauritius

Sonnabend den 7ten November /

Um 4 Uhr Morgens als der erste Dämmerschein graulich über den   91
Wassern lag, wurde alles an Deck gejagt, den Anker zu hiven. 2 Ketten,
65 Faden jede, einzuhiven, sind keine Kleinigkeit für die Besatzung
eines Kauffahrers, zumal wenn es so heftig weht. Nach vielem Quälen
war der eine Anker herauf, gefischt und an Bord gesetzt, und die andere Kette senkrecht stehend. Vor- und Großunter-Mar(s)segel wurden
gesetzt und hinaus ging es in die See.

Das letzte Feuerschiff kam um 10 Uhr in Sicht, in seiner Nähe
kreuzte der Lotsenschuner, der unsern Lotsen an Bord nahm. Gefährlich war es bei der hochgehenden See, an unser Fahrzeug zu kommen,
daß in ungesehnem Maße schlingerte, so daß das Wasser bei jedesmaligem Rollen über die Regeling brauste. Unser Schiff hat zu wenig Ballast, es müßte 2–3 Fuß tiefer liegen, da obendrein alle Raaen im Top
sind hat das Schiff ein erschrecklich kleines Gleichgewicht. Ihr könnt
Euch nicht denken, wie es aussieht, wenn man über die Regeling
schaut, und einen Augenblick das Meer mehrere Meter unter sich
sieht, und das Schiff immer mehr rollt, um dann erst langsam und
dann so schnell nach der andern Seite zu fallen, daß die Luft durch die
Wanten pfeift und saust und dann das Wasser hoch über die Regeling
steigt, und man sich kaum retten kann vor totaler Überspülung. /

In den letzten Stunden des Tages hatten wir die offene See erreicht,   92
die erschreckend hoch lief, und im ganzen Kreise kochte und brauste.
Dabei liefen wir wie ein Dampfer dahin, das Schiff flog vor den beiden
Marsegeln durch die Wogen, daß ich kaum Wasser aufholen konnte
zum Messen der Temperatur, was jede 2te Stunde geschah. Bei dieser
Arbeit mußte ich mich festbinden, da der Eimer vom Wasser erfaßt,
mit einem solchen Ruck dahinfuhr, der mich leicht hätte herabreißen
können.

Das Hinterdeck ist trocken, kein Tropfen spritzt herauf, das Hauptdeck wogt von fußhohen Wasser, das von einer Seite zur andern spült,

und stets vermehrt wird durch überschlagende Seen. Unter diesen Umständen mußten beide Logisthüren geschlossen bleiben, und trotzdem fanden die Fluten oft Eingang, und machen den Aufenthalt darin ungemütlich. Deshalb arbeitet niemand mehr, sondern legt sich sobald er darf in seine Koje, da diese allein trocken ist.

Am schlimmsten ist es in der Cambüse bestellt, wo der Koch ein trostloses Dasein inmitten des zerbrochenen Geschirrs, der umgekehrten Töpfe führt. Es ist ihm nicht möglich genügend Suppe zu kochen, da aus den Töpfen immer mehr ins Feuer läuft, dazu ist alles schmierig fettig, und die Thüren sind nicht dicht genug, dem Wasser den Eingang zu (wehren).[80] / Auf diese Art und Weise war unser Mittagessen sehr minimal, aber Fleisch und Brot halfen schon aus für heute, denn es kann doch nicht lange so dauern, sonst werde ich krank.

93

Am Ruder stehen nur die erfahrensten Leute, ich bin meines Turns enthoben, und muß dafür 2 Stunden Auskuck stehen. Eine dunkle stürmische Nacht folgte, die Seen liefen höher und höher und das Fahrzeug schlingerte stärker, und nahm mehr Wasser über, so daß jetzt der Gang von dem Logis nach hinten gefährlich wird. Man muß peinlich aufpassen, nur im Moment des Geradliegens zu laufen, um sofort sich an einen soliden Gegenstand zu halten. Das schlimmste war das Hin und her Schleudern des Schiffes vom Kurs ab nach allen Seiten. Um 12 Uhr Nachts hörte ich den Befehl erteilen, alles fertig zum Beidrehen[81] zu machen, das um 4 Uhr vor sich gehen sollte. Zum Glück legte der Sturm sich ein bischen, und der Capitän, bemüht, eine schnelle Reise zu machen, hielt seinen Curs an, auf dem wir jede Wache 40–50 Meilen zurücklegten.

Sonntag den 8. November[82]

Als ich um 7 Uhr erwachte, lag das Schiff stetig nach Backbord über und die Lampe schwebte ziemlich ruhig, woraus ich schloß daß der Wind seitlich sei. Beim Caffee holen sah ich dann / daß der Wind von Steuerbord raum[83] einkam und wir die gerefften Obermarssegel nebst Fock beigesetzt hatten, während die See hoch lief. Leegangweg lag fußtief unter Wasser. Die Wache zu Koje war heute gemütlicher, da das Logis trocken war und wir lesen, und flicken konnten.

94

Wir waren jetzt eine buntgemischte Mannschaft. Als Oberanführer spielte sich ein wiederlich aussehender Deutscher auf, „der alte Hein" gebürtig aus der Rheinprovinz, dazu kamen noch drei Deutsche, „*Fritz*" ein Hamburger Junge und „*Carl*" ein langbeiniger magerer Stettiner. auch ein Leichtmatrose war ein Deutscher, hinzu kamen drei Franzosen, ein ältlicher Mann, „*Isidore*", ein wildblickender „*Joseph*", und ein blonder, hübscher „*Eugène*". Dazu ein Rußfinne, der nicht schreiben kann *Hans Petersen*. Der abstoßendste ist der alte *Heyn* mit gemeinem Betragen, dann folgt der Rußfinn, vor dem ich etwas wie Furcht habe, indem ich ihm aus dem Wege gehe, wo ich kann. Am besten sind die Franzosen, vorzüglich ist es Isidore, mit dem ich gleich Freundschaft geschlossen habe. Ich bin auch der einzige, mit dem sie sich verständigen können.

Nachmittags saß ich eine halbe Stunde lang auf der Back, um eine Schaar Bonitos zu beobachten, die ihr munteres Spiel vor dem Buge ausübten und sich wie übermütig herumtollten. Es wundert mich, daß kein Mensch Anstrengungen macht, einige / zu fangen. Ich deute es mir so, daß es vielleicht nicht angebracht ist Sonntags zu fischen, denn die Seeleute stecken voll Aberglaubens, wie ich besonders darin sehe, daß unser Segeln am Freitag von der Mehrzahl als sträflich und nichts gutes bedeutend aufgefaßt wird. Auch der Rußfinne ist ein Gegenstand des Aberglaubens, denn alle Finnen sollen besondere Zaubermächte besitzen.

Montag den 9. November

Der Wind lief gegen Morgen nordwärts, so daß wir über den andern Bug liegen, zugleich wurde es wärmer wieder. Ein Segel nach dem andern konnte gesetzt werden, bis schließlich ein Passatähnlicher Wind blies, der es gestattete, sogar die Royals zu führen.

Wir werden beschäftigt mit Aufräumen des Raumes, indem wir alles Heu, das in riesigen Mengen im Schiff ist zu Bündeln machen, diese aufholen und über Bord werfen. Der Zimmermann schlägt unterdes gewaltige Schotten, d.i. massive Wände rund um und über den Ballast, damit das Übergehen des allmählich trocknenden Schlickes zu verhindern. Wie er fertig war, pflanzte der Koch (praktisch wie er stets ist) alles frische Gemüse, wie namentlich Suppengrün in den Ballast gerade

96 unter' der Groß Luke. Hier konnte es schön wachsen und der Capitän / meinte, daß wir Kartoffeln pflanzen würden, wenn der Ballast nicht in *Mauritius* aus dem Schiff käme.

Dienstag d. 10. November

Schönes Wetter. Ein schöner Seevogel lief plötzlich auf dem Deck, ohne daß ihn jemand hatte fallen sehen, er war so groß wie ein Huhn, und hatte riesige Flügel, mit denen er fortwährend fruchtlose Versuche machte, sich von Deck zu erheben, weil ein solcher Vogel stets gleichsam eines Anlaufes im Wasser dazu bedarf. Als wir ihn fangen wollten, kroch er hilflos mit den Flügeln schlagend in eine Ecke, wo wir seiner habhaft wurden. Er wog kaum so schwer wie eine Taube. Wir ließen ihn einstweilen an Deck laufen zur großen Freude unseres Hundes, der mit ihm spielen wollte, aber durch wohlgezielte Schnabelhiebe doch in respektvolle Entfernung gehalten wurde. Nachmittags gelang es ihm, durch eine Klüse zu entwischen.

Mittwoch den 12. November

Auch heute wehte eine frische Brise, die uns mit 8 Meilen in der Stunde auf unserm Curse weiterbrachte. Die Hauptbeschäftigung ist jetzt noch die Reinigung des Raumes von der Unmenge Heu, Stroh und Heide. Nach dem letzten Unwetter stehe ich regelmäßig am Steuer

97 wieder, zu meiner großen Freude, / da man dann doch eine Stunde von der Arbeit im schmutzigen Raum erlöst ist.

Wie ich heute am Steuer stand, den Blick voraus, zum Compaß gerichte(t) schrak ich plötzlich zusammen vor einem nahen heftig stöhnenden Laut, der aus dem Meer hinter mir kam. Hastig fuhr ich um, und sah, wie der Schwanz eines Walfisches gerade verschwand. Scharf schaute ich dann auf, um das nächste Auftauchen nicht zu übersehen, bald kam der riesige Fisch wieder an die Oberfläche mit dem Kopf zuerst halb hervorragend, wobei er wieder heftig ausatmete und dann kam der ganze Rücken, und ein Teil des Schwanzes zu Gesicht, bis das ganze Tier sichtbar war. Ruhig zog es neben mir her, mit derselben Schnelligkeit wie wir, und hinterließ ein Kielwasser wie ein großer

Dampfer. Es gelang mir, ohne das Tier zu verjagen den Steuermann auf dasselbe aufmerksam zu machen, damit er ihn besähe. Dieser war erstaunt über die Größe und schätzte ihn etwas über 20 M. lang. Eine Viertelstunde schwamm er daher, als ihn endlich das Anschlagen der Glasen an die Glocke verjagte.

In der Nacht drehte der Wind sich südlich, um nun mit heftiger Gewalt und eiskalt den folgenden Tag hindurchzublasen, bis es am **Freitag, den 13. November** vollständig still wurde. Das Meer legte sich desgleichen auffallend schnell, / und bot den Anblick einer leise auf und ab athmenden spiegelglatten Fläche. Seltsam sehen die zahllosen Heu Haufen aus, die das Meer weithin bedecken. Wir sind nämlich beim Heulöschen mit allen Leuten beschäftigt und das Schiff läuft, trotzdem kein Hauch zu spüren, mit vierkant[84] gestellten Raaen immer noch ein wenig durch das Wasser. 98

Als ich in der Nacht an Deck kam, herrschte die gleiche Stille, man hörte nur das Schlagen der Segel, das Knarren einiger Hölzer und weit aus der Ferne ein regelmäßig wiederkehrendes Geräusch, das von dem Ausathmen großer Fische kommt.

November 20.

In den letzten Tagen passierte nichts erwähnen(s)wertes. Der gute Wind hat aber aufgehört und höchst ungünstige Winde trieben uns hin und her und verzögerten unsere Reise so sehr, daß der Alte ungefähr verrückt wird, niemandem ein gutes Wort gönnt und an uns seine Unzufriedenheit ausläßt, indem er uns von einer Arbeit zur andern jagt und nichts für ihn gut und schnell genug gemacht wird. Er kriecht im Raum, den wir jetzt auswaschen, um dann Rost zu klopfen in alle Ekken und Winkel und schimpft auf die suddlige Arbeit. Wir fragen nichts danach, sondern freuen uns, daß wir im warmen Raum arbeiten können, da es an Deck jetzt eisig kalt geworden ist, / so daß man 99 Nachts die dicken Mäntel und Tücher nicht entbehren kann, wenn man auf Wache ist. Überdies giebt es an Deck, außer einigen Vögeln und Fischen gar nichts zu sehen, das Meer scheint von Schiffen ganz verlassen zu sein. Als etwas neues sah ich die *Albatrosse* die in den letzten Tagen sich häufiger zeigen und dicht an das Schiff herankommen, vor allem ist es höchst merkwürdig, wenn man selbst oben in den Masten zu thun hat und diese großen Vögel dann bis auf Armslänge um uns herum flattern.

Heute schien eine Änderung in der Witterung einzutreten, indem die Sonne durch dicke Nebel unsichtbar wurde, die das ganze Meer bedeckten und recht unheimlich und böses bedeutend anzusehen war, dazu fiel das Barometer auf einen höchst niedrigen Punct. Alles deutete auf einen herannahenden Sturm, den zu empfangen alle Vorbereitungen getroffen wurden. Die Mannschaft mußte an Deck bleiben, die Luken wurden alle wohl verwahrt und alle kleinen Segel fortgenommen bis auf das Großbramsegel. Um 4 Uhr Nachmittags wurde es auch still und fing dann von *Westsüdwest* an zu wehen. Da dies günstiger Wind ist, läßt der Alte alles stehen, und er hatte es nicht zu bereuen, denn der Nebel verzog sich und bei heranbrechender Dunkelheit flo-100 gen wir 12 Meilen schnell vor einem / steifen Westwind dahin. Der Himmel war klar, die Sterne schienen und das Barometer stieg langsam, so daß ein naher Sturm ausgeschlossen war. Dieser schöne Wind dauerte bis **Montag den 25 November**, ohne etwas flauer zu werden. Leider machte das heftige Schlingern, die Arbeit im Raume sehr lästig und auch gefährlich, da man leicht fallen konnte, wenn man nicht stetig sich an die Garnierung mit der Linken festklammerte.

Wir waren auch heute Morgen bei unserer gewöhnlichen Arbeit, als wir an den Bewegungen des Schiffes, die grenzenlos wild und unberechenbar waren, und an dem Segelklatschen merkten, daß der Wind aufgehört hatte. Während wir noch darüber sprachen und uns wunderten, wie das so schnell käme schrie auch schon der Steuermann, wahrhaft kreischend zum Luk hinein „Schnell, schnell, Segel bergen". Hinauf ging es an Deck, wo wir mit einem Schlage die Lage der Dinge überschauten. Das Schiff lag in einem ruhigen Kreis, umgeben von dichten Nebeln, von Backbord aber hörte man ein Brausen und Heulen, das Meer war hier verfinstert durch eine grau grüne Wolke, die auf uns zu trieb. Im Nu waren die Bramsegel herunter und fest, noch ehe ein Hauch wehte. jetzt kam das große Hauptsegel, an dessen Geitaue[85]
101 jetzt alle Leute mit größter Schnelligkeit / zogen, da das was noch ohne Mühe in zwei Minuten geschehen konnte, nach drei Minuten die Arbeit von Stunden sein konnte. Aber wie eine Furie war der Wind über uns. Heidi flog das Großsegel wieder von der Raae, der Steuermann schrie wie besessen von der Back her, der Capitän brüllte von hinten her und der Steuermann heulte nur noch wie eine Hyäne. „Gei up! Gei

up!" Das Schiff liegt halb auf der Seite, über die Regeling donnern die Seen an Deck, das in Lee schon bedeckt ist von Wasser, in[86] dem Tauenden wild durcheinanderfluten, dazu ist das Vorschiff im Schaum begraben. Taue und Fallen sind losgeworfen, Großstengen- Mittel- Stagsegel nebst Klüver schlagen, halb herunter, im Sturm einher und peitschen die Schoten und Blöcke (Kloben eines Flaschenzuges) gegen die Masten. Nach langer Mühe wurde das Großsegel festgemacht, schon dies nebst den fortgenommenen Stagsegeln erleichterte das Fahrzeug ein bedeutendes. Die Böe ließ gleichwohl nach und da der Curs gut gehalten wurde, ließ der Alte das Schiff unter einem furchtbaren Segeldruck weiterrasen. Unsere Wache konnte heruntergehen, mit der Weisung bereit zu sein.

Wir gingen zu Koje in Seestiefeln und Ölzeug, da wir gewiß waren bei der einbrechenden Dunkelheit gewiß, und auch bei der geringsten Zunahme des Sturmes an Deck zu müssen zum Reffen. Anfangs wachte ich etwas, schlief aber doch ein.

Erst nach drei Stunden tönte der Ruf „All Hands und de Kock!" ins Logis. Schnell heraus / an Deck. Kalter Gischt spritzte uns ins Gesicht, donnernd brachen die Seen über die *Luv*seiten, in furchtbarem Winkel lag das Schiff nach Steuerbord über, dazu heulte der Sturm, Hagelschlaken flogen durch die Luft und hoch oben drohten die Marssegel aus den Lieken (Saumtaue zum Einfassen der Segel) zu fliegen. „*Marsseils fast!*"

Von oben sah ich mir die Seen genau an, wie wir die Reffleinen[87] anzogen, da das Segel vor dem Festmachen gerefft wurde. Ringsum das Meer in wildem Aufruhr, bis in die unermeßliche Weite schwollen die weißen drohenden Kämme, das Schiff arbeitet sich mühsahm seinen Weg, und vom Deck war wenig zu sehen, so hoch brandete die salzige Flut. Wie die Marssegel fest waren, wurde die Fock gerefft. Das war eine Arbeit! Zum Glück hatte das Hagelwetter aufgehört, aber das ziemlich neue Segel war durch die Nässe unhandlich steifgeworden, so daß, was man mühsam mit wundgearbeiteten Händen hielt, oftmals vom Sturm entrissen wurde. Nach verzweifelten Anstrengungen gelang das Werk, worauf die Besahngaffel heruntergelassen und in den Besahn ein dreifaches Reff genommen wurde.

Aber auch jetzt arbeitete das Schiff immer schwerer, es stöhnte, ächzte in jedem Balken, die Luvwanten[88] waren zum Bersten gespannt, während die Leewanten schlotternd in weitem Bogen abwehten.

In den Fußpferden stehend,
bergen Matrosen die Segel
(Aus W. v. Henk: Zur See, ca. 1895)

Die See stieg immer höher und höher, das halbe Schiff war im Was-
103 ser und trotzdem machten wir wenig Fahrt. / Dies bewog den Capitän,
zu bestimmen, daß um 7 Uhr, wenn die Wache an Deck käme, beizudrehen. Gott sei Dank hatten wir es nicht nötig, denn eben vor 6 Uhr
holte der Sturm nach hinten hin. Hier konnte man sehen, wie ein Paar
Fuß auf den Luvbrassen eingeholt, Wunderdinge thun, indem der
Wind dann ein wenig von hinten kommt, und das Schiff gleich ein
dreifaches mehr Fahrt läuft während die Seen bei weitem nicht mehr
so überfluten. So geschah es auch hier, es wurde sogar noch günstiger.
Wir konnten immer mehr einbrassen, bis die Raaen fast vierkant standen. Hei wie der Sturm die Segel faßte, die Fock stand fast wagerecht
fort und drohte das Stag auszureißen, die Schoten waren doppelt verstärkt und das war nötig, denn einholen konnten wir von ihnen nur, indem wir das Ende um das Gangspill legten. Brausend ging es durch die
Wogen, bis zum Logis war das Schiff in Schaum begraben, während
hinten alles trocken war. Die Wellen liefen von hinten her, majestätisch rollten sie, wie Löwen im Zorn, zischend und brausend stiegen sie

hoch, hoch über uns empor, und drohten alles zu zerschmettern, aber wenn sie steigen, hebt das Schiff sich vorher und ohne Schaden rollen die Wogen unter dem Schiff weg, und nur etwas Wasser spült von Zeit zu Zeit über.

Noch immer mehr nahm der Sturm zu, die Fock war zu viel für das Schiff, das ächzte und stöhnte und vorn mit der Nase / wurde das Schiff zeitweise förmlich herausgerissen. Das Log lief ganz aus, ehe die Sanduhr ganz leer war, das bedeutete weit über 12 Meilen.[89] Das war ja günstig, aber was machten wir für Seitensprünge, wie gierte (wich vom Kurse ab) das Schiff, 20 Strich (1 Strich 32. Teil des Horizonts, 11$^{1}/4°$) nach jeder Seite, und wie schlingerte es dann, zuweilen berührten die Unterrahen fast die See, Tonnen Wassers brachen unaufhörlich über die Seiten. Die Wache mußte hinauf, um die Fock festzumachen. Mit 11−12 Mann war dies trotzdem die Fock doch gerefft war eine böse Arbeit. Der richtige Moment im Aufgeien des Segels ward natürlich benützt, indem an beiden Geitauen, den 4 Bauchringen[90] und den beiden *Nockringen*[91] alle Mann verteilt waren. Der Steuermann stand dabei und wachte auf den Moment, wo das Schiff in ein tiefes Thal schoß, und wo infolge der dort herrschenden Stille das Segel schlaff herabsank. „Nun". Im Moment ging es Hand über Hand, und als das Fahrzeug wieder emporschoß und der Sturm wieder offen einherbrauste, war das Segel unter der Raae und alle Taue fest belegt. Schnell hinauf auf die Raae, das Segel vor dem Zerreißen zu bergen. Die erfahrensten Leute blieben in der Mitte, um den Bauch festzumachen, die jüngsten mußten hinaus an die beiden Enden *(Nocken)* der Raae. Nie werde ich vergessen, wie wir droben im Fußtau standen, die eine Hand in der Schlinge, mit der andern das steife Segel Zoll für Zoll heranholend, das / wie ein Ballon aus Eisen vor uns aufblähte, dabei waren wir bald dicht am Meer, dann wirbelten wir empor hoch über die andere Seite. Nach langen Mühen war dies Segel fest. Hierauf standen nur noch beide Marssegel, welche als letzte Segel stehen bleiben und nicht so bald festgemacht werden, darum konnte die Wache zu Koje gehen, gewiß, das sie jetzt wohl nicht gepurrt (aus der Koje geweckt) wurde.

Sie wurde hierin nicht getäuscht, die ganze Nacht ward kein Tau gerührt. Wegen der Menge Wassers an Deck, steht jetzt der Ausguck auf dem Logis, neben dem Fockmast, angebunden am Großstag. Es war ein berauschendes Vergnügen da zu stehen, die Augen nach vorn in die Nacht gerichtet, wie das Schiff so in die Finsternis hineinbrach mit unwiderstehlicher Gewalt. Die übrige Wache kauerte hinten vor dem Halbdeck an dessen Vorderschott gedrückt, denn nun war keine Zeit zum Schlafen, und dies der einzige Ort, wo das Wasser nicht fußtief stand.

Donnerstag den 26. November

Mit gleicher Stärke heulte der Sturm, mit gleicher Schnelle liefen wir dahin, das Log lief immer zu früh aus, aber die See steigt immer höher und überschwemmt die Decks, daß es gefährlich ist, sich weiter zu begeben, umsomehr als die Planken durch die stete Überspülung ganz glatt geworden sind, und das Schiff dabei 45° schlingert. /

106 Unter diesen Umständen ist es natürlich unmöglich, zu arbeiten, ein jeder hat genug zu thun, um sich festzuhalten. Gar lächerliche Scenen spielen sich bei dem Essen ab, schon das Holen desselben ist gefährlich, da ich in dem Zeitpunct beide Hände nicht zum Festhalten benutzen kann, sondern nur durch gespreizte Stellung und folgendes Balanciren das Gleichgewicht halten und Fallen verhindern kann. So stand ich auch einmal, als es mir nicht gelang, mit einem Satz in das Logis zu kommen, und suchte den Stoß auszuhalten. Erst ging es auch, aber das Fahrzeug holte immer tiefer über, bis die Reeling unter Wasser lag und ich, meine Schlüssel im Arm ins Rutschen kam, anfangs langsam, dann schnell glitt ich hilflos hinab in das Wasser, fiel um und verlor die Back, so daß „*Plum und Klüt*" zum Teufel gingen. Ich raffte mich auf, suchte die Back wieder, wobei der Koch grinsend in der Thür lehnte und mich auslachte, das durfte mich nicht erbittern, denn so etwas gilt nur als Spaß, um so mehr als der Küchenchef noch Vorrath hatte, allerdings nicht so viel Klüt darin, sondern dünn. Auf diese Weise, bekam ich als letzter, da die Leute das Dicke aussuchten, nicht viel. Dafür schnitt ich dann ein um so größeres Stück Fleisch ab, um mich schadlos zu halten, trotz des giftigen Blickes des alten *Heinz*. Um solchen Vorfällen vorzubeugen, stellte der Zimmermann sich fest in

107 der Thür hin, um die Back, die mir der Koch im günstigen / Moment gegeben, und die ich schnell davon trug, früh genug zu empfangen, bevor ich, wie es noch öfter passierte ins Gleiten kam.

Gerade beim Abendessen, rief der alte *Heinz* plötzlich „Festhalten." Das bedeutete, daß das Schiff außergewöhnlich überholen würde. Schnell die Beine festgestemmt, das nächste Geschirr ergriffen, und mitlerweilte holte das Schiff gewaltig über, lag einen Moment still, schlug dann hinüber, immer, immer tiefer, daß das Deck fast senkrecht stand, grauenvoll war es, dabei dröhnten die Decks vor dem Ansturz der Wassermassen. Sekundenlang beharrte das Schiff in der für mich angstvollen Lage, da endlich nach athemlosen Warten richtete sich das gute Schiff wieder auf. Von der Cambüse erscholl Klappern, und Klirren von zerbrochenem Geschirr, der Herr Koch lag mitten in den Scherben bedeckt von Asche und Mehl, da die Herdthür offengeflogen und vom Regal der Mehlbehälter dem Smutje auf den Kopf gefallen war. Auch er brauchte für den Spott nicht zu sorgen.

In der Nacht wurde es schlimm, die Wasserfässer wurden los und rutschten bei jedem Schlingern hin und her, da galt es nun, bei einer Sturmlaterne die Fässer zu laschen d.i. festzubinden, eine beschwerliche Arbeit, wenn man selbst kaum stehen kann und bis zu den Knien im Salzwasser steht. Noch war dies nicht beendet, als der Schweinestall los kam, und mit / sammt seinem Bewohner davon geschwemmt wurde. Dies arme Tier saß nun tief im Wasser und mußte im Käfig herumschwimmen lange Zeit, ehe wir den Kasten in Gewalt bekamen und festbinden konnten.

Ein paar Stunden drauf wachten wir auf, durch ein unablässiges donnerähnliches Getöse, das von den großen Steinkohlblöcken (verursacht wurde), die verstaut gelegen hatten zwischen Groß-Luke und Logis, jetzt aber ihre Verzäunung durchbrochen hatten und von Bord zu Bord rollten, drohend, den Leuten die Beine zu zerschmettern. Auch sie wurden wieder, wenn auch nicht ohne Gefahr, wieder gesichert, ohne daß jemand eine Verletzung erlitten hatten.

Am frühen Morgen des folgenden Tages, **Freitag d. 27. November,** um 8 Uhr erreichte der Orkan seinen Höhepunct. Wir standen an den Vormarssegelschoten und Geitauen bereit, und bei den Besahnstagsegelfallen, um beizudrehen, da die Seen anfingen über das Heck zu brechen. Da ging plötzlich der Wind herunter, bis zu vollkommenster Stille. Nun lagen wir, steuerlos, wie ein Stück Holz in der wilden See und wurden herumgeworfen, daß die Masten aus den Decks zu fliegen drohten, während die beiden Segel gegen die Masten schlugen und das Deck vor Wasser nicht zu sehen war. Jetzt waren die oberen Raaen und Stengen, die bis dahin nur Schaden gethan hatten von einigem Nutzen, indem die Schwingungen durch das lange Pendel regelmäßiger und / langsamer wurden. Aber danach wurde alles los wieder an Deck, die

108

109

*Backen und Banken
bei schwerer See
(Aus W. v. Henk:
Zur See, ca. 1895)*

Anker wurden beweglich, desgl. die eine Spiere, und die Segel drohten zu zerschlagen, so daß es ein großes Glück war, als um 10. Uhr Morgens eine Brise aufsprang, die allmählig steifer wurde und uns, da sie seitwärts kam, stetig machte. Das Wetter sah noch immer sehr drohend aus, was den Capitän bewog noch keine Segel zu setzen.

Plötzlich um 5 Uhr Nachmittags kam ein Segel hinten auf, das uns schnell überholte. Es war ein sehr großes Vollschiff, von Eisen gebaut, mit Pforten (Stück-, Kanonenpforten) an den Seiten und hatte alle Mars- und Untersegel nebst Klüver gesetzt. Nie hatte ich bis dahin geglaubt, wie die See im Zorn mit einem solchen Coloss spielen kann. Nun stieg es hoch empor, die Segel zum Zerbersten gefüllt, den Vordersteven und den Kiel etwas über Wasser, während hinten die Seen überbrandeten, dann schoß es von der Höhe herab, wie ein Renner, vorwärts in tosendem Wasser vergraben bis zum Vormast, immer tiefer, bis von dem Schiff und seinen hohen Masten gar nichts zu sehen war, dann bäumte es (sich) wieder hoch und hob sich hoch über unser Schiff. Es lief uns schnell vorbei, auch als wir die gereFFTen Marssegel, gereffte Fock beisetzten und schließlich auch die Reffe aus diesen Segeln warfen, blieben wir langsam zurück.

Da faßte der Alte den Entschluß, das Großbramsegel zu setzen; dies half uns vorwärts, aber wie standen auch die Wanten, / wie bog sich die Stenge und wie zerrten die Schoten! Das Log lief wieder aus, noch vor dem Sand, also 12 ½ Meilen. Gespannt schauten wir jetzt nach dem großen Segler, der jetzt vor uns her segelte, und dessen Namen der Alte

110

als „KNIGHT TEMPLEMORE[92] *from Glasgow*", entziffert hatte, damit die Äußerung des Zimmermanns bestätigend, daß wir in *Liverpool* im selben Dock gelegen hatten. Wie wir nun nach vorn hin wachten, ob wir wieder aufkämen, flatterten einen Moment alle drei Unter und Oberbramsegel im Winde, um alsbald sich zu entfalten indem die Schoten der unteren zugleich mit den Fallen der oberen im nu gehandhabt wurden. Jetzt war der Ausgang der Jagd nicht mehr zweifelhaft, wir blieben zurück, und am Abend, war das oberste Segel des Schiffes wieder verschwunden unter dem Horizonte, trotzdem wir wegen Flauwerden des Windes jedes Stück Segel beigesetzt hatten.

Sonnabend den 28. November

Unsere Hoffnung, daß wir heute einen ruhigen Tag haben würden, wo das Wetter uns gestattete, die Decks in einen einigermaßen ordentlichen Zustand zu bringen, und unser Zeug trocknen zu können, wurde gründlich getäuscht. Wir waren nämlich alle im Logis beisammen, um unsern 5 Uhr Caffee zu trinken, als der Steuermann leise in die Thür trat und uns mit gedämpfter Stimme befahl, das Großsegel festzumachen und die Raaen / an den Wind zu holen. Wie wir darauf an Deck 111 kamen, fanden wir gänzliche Windstille vor, und von Backbord halb voraus eine dicke schwarze Bank (Wolkenbank), die das Meer beschattete und gefährlich aussah. Da unser Großsegel nicht sehr neu ist und leicht in Stücken gehen kann, wenn es zu lange stehen bleibt, muß dies gewaltige Tuch erst in Sicherheit gebracht werden. In diesem Fall mußte es unsere Wache, 5 Mann allein thun, da der Steuermann die andere Wache schonen wollte für die spätere Arbeit. Es war für uns ein schweres Geschäft, und es verging über eine halbe Stunde, ehe wir wieder hinunter gingen. Jetzt freuten wir uns, vor allem ich selbst, daß dies Segel bei Seite sei. Die Royals und kleinen Stagsegel wurden dann beschlagen und nun brach der Sturm los.

Zum Glück hatte der Steuermann das Schiff bedeutend abfallen (vom Winde abhalten) lassen, sonst wäre der Wind von vorn gekommen in die Segel und hätte die Masten aus dem Schiff gerissen. Pfeilschnell ging es durch die Flut, aber das konnte nicht anhalten, denn wir mußten anluven (an den Wind gehen), immer mehr und konnten bei dem Wind schließlich kaum Kurs halten. Ehe wir soweit kamen, waren (die) Bramsegel dicht, aber gleichwohl legte das Fahrzeug sich auf die Seite, als ob es nicht wieder aufstehen wollte. „*Reff in de Marsseils*". Eine jede Wache hinauf zu ihrem Segel, denn bei solcher Gelegenheit ist es der größte Ehrgeiz, daß jede Wache vor der andern fertig sein will. Die verwegensten Matrosen sind stets die ersten auf der

112 Raa, der erste davon läuft hinaus / zur Luv (Wind) *Nock* (Ende) und löst hier das Reffband, schiebt es durch das große Reffauge oftmals hindurch und macht es dann fest. Der zweite geht hinaus zur *Leenock*, und löst das Band, um dann auf den Schrei des ersten, wenn derselbe fertig ist „Hol auf too Leewert!", das Segel nach der Leeseite stramm zu ziehen und dann das Reffbändsel auf gleiche Weise zu befestigen. Die andern Leute stehen fest im Pferd und ziehen dabei an den Reffknoten energisch nach Leewärts. Ist hier an der Nock alles fest, so muß ein jeder die beiden kleinen Reffbänder in seiner Nähe so schnell nur möglich um die Raae herumknoten, dann heißt es „herunter und das Segel gehißt". Unsere Wache ist leider im Nachteil, indem der Große nie nach oben, der „Kleine" aber auf der anderen Wache alle Leute an Schnelligkeit übertrifft und oft das Luvband schon geknüpft hat, wenn der zweite Mann auf der Raae ankommt.

Schlimmer und schlimmer wurde der Sturm, und da das Schiff vergeblich angestrengt wurde, da wir nicht Curs halten konnten, wurden um 9 Uhr die Obermarssegel ganz fortgenommen. Desgleichen sollte die Fock mit einem Reff darin festgemacht werden, als der Sturm wieder räumte (raum wurde, für den Kurs des Schiffes günstiger; Gegenteil: schralen) und den Alten bewog, nicht wieder fortzusegeln. Um 12 (Uhr) Mittags liefen wir vor einer berghohen See, den Wind platt von hinten. Damit beginnt das Schlingern wieder. Regeling über Regeling geht es, Wasser fußhoch an Deck. Arbeiten im Raum ist wieder

113 unmöglich, wir haben nichts weiter / zu thun, wie (uns) festzuhalten. Unser Alte wird jetzt mit der Reise zufrieden, denn tausende Meilen haben wir jetzt durcheilt, 12 Meilen ist die Durchschnittsgeschwindigkeit an den meisten Tagen gewesen. Aber wer hat, der verlangt noch mehr. Um 8 Uhr Abends legte der Sturm sich ein bischen, und wir freuten uns, daß die Pallas jetzt etwas ruhiger lief und die Decks ein bißchen trockner wurden, so daß eine verhältnis(mäßig) ruhige Nacht zu erwarten stand, aber so ließ es der Alte nicht zu, er wollte alles benützen, um weiter zu kommen. Gerade um 8 Glas, wie die Wache zu Koje wollte, kam der „Zweite", der auch ein Segelpresser ist, nach vorn

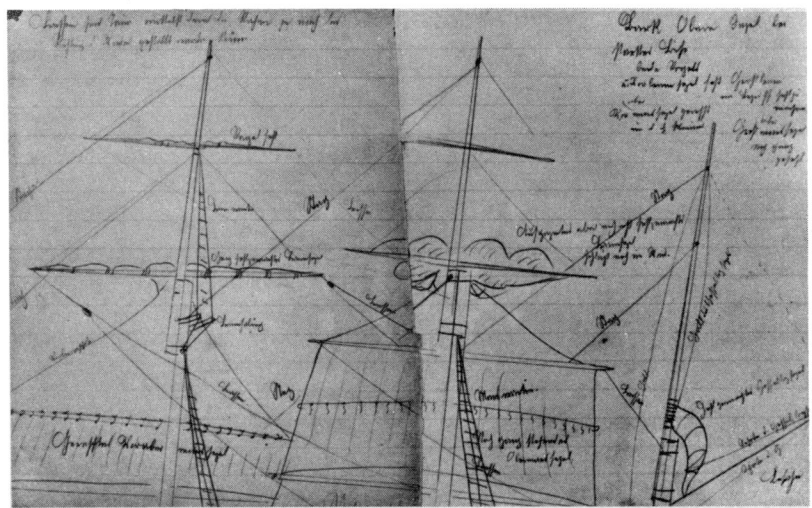

Aus dem Skizzenheft Franz von Wahldes

gelaufen mit dem Befehl das Bramsegel zu setzen. Sein hastiges Beneh-
men feuerte auch uns an, und so stand nach 5 Minuten das Segel wohl-
gebraßt da. Ein jeder, der jung ist, hat eine Freude daran, aus einem
Schiff das möglichste zu bekommen.

Sonntag den 29. November

Ein ungemütlicher Sonntag folgte, an dem von einer leichten Arbeit,
wie Waschen und Flicken, nicht die Rede sein kann, so notwendig dies
auch geschehen mußte, da der Mann beide Arme und beide Beine nötig hat, um einen festen Platz zu behalten. Unauflässig rollen wir von
einer Seite zur andern, die ganze Nacht, den ganzen Tag, so daß man
schließlich schwindlich wird und Kopfweh bekommt. Ebenso ging es
heute am **30.** November / und am folgenden T(ag), bis um Mittag, als   114
eine Änderung im Wetter eintrat. Wir waren zu Koje gegangen, gleich
nach Mittag, und schliefen ruhig, als ein gellender Ruf „Bramseils up!"
„Daal de Boben, Marsseils!" und der gleichzeitige *„All Händs an Deck!"*
uns an Deck jagte, ohne uns Zeit zu gewähren, einige Oberkleider
anzulegen. Schon hatte die Böe das Fahrzeug gepackt und bog es tief

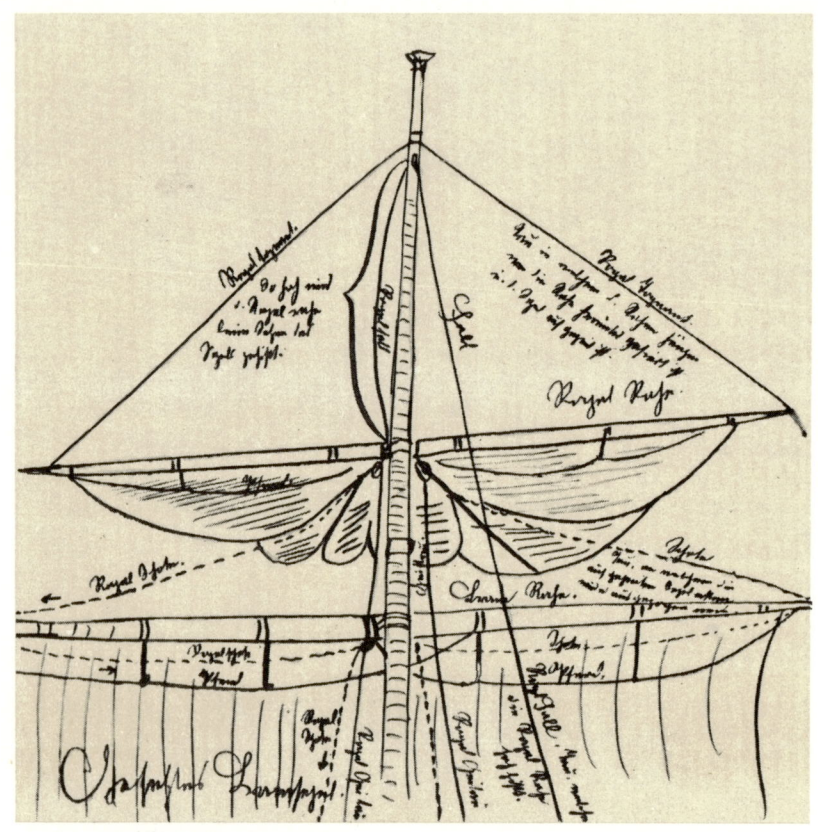

Aus dem Skizzenheft Franz von Wahldes

herab, daß wir nur an der Luvregeling entlang kletternd, die Taue ergreifen konnten. Die Leeregeling lag unter Wasser und die Leenocken der Fockraa tauchten zeitweise ins Wasser. Kaum hatten wir aber alles fest, als der Wind wieder nachließ. Anstatt nun direkt wieder zu Koje zu gehen, mußten wir die Marssegel wieder setzen.

Heute am **1. Dezember** war ein für uns etwas wichtiges bedeutender Tag. Um 10 (Uhr) Morgens passierten wir die Höhe des *Caps der guten Hoffnung*, dieses liegt aber viele viele Meilen im Nord, denn alle Segler, die vom *Atlantic* kommend nach Ostindien steuern, sind gezwungen, sich der heftigen östlichen Strömungen wegen, weit vom afrikanischen Festland entfernt zu halten. Sie suchen tiefe Breiten auf, da hier die

96

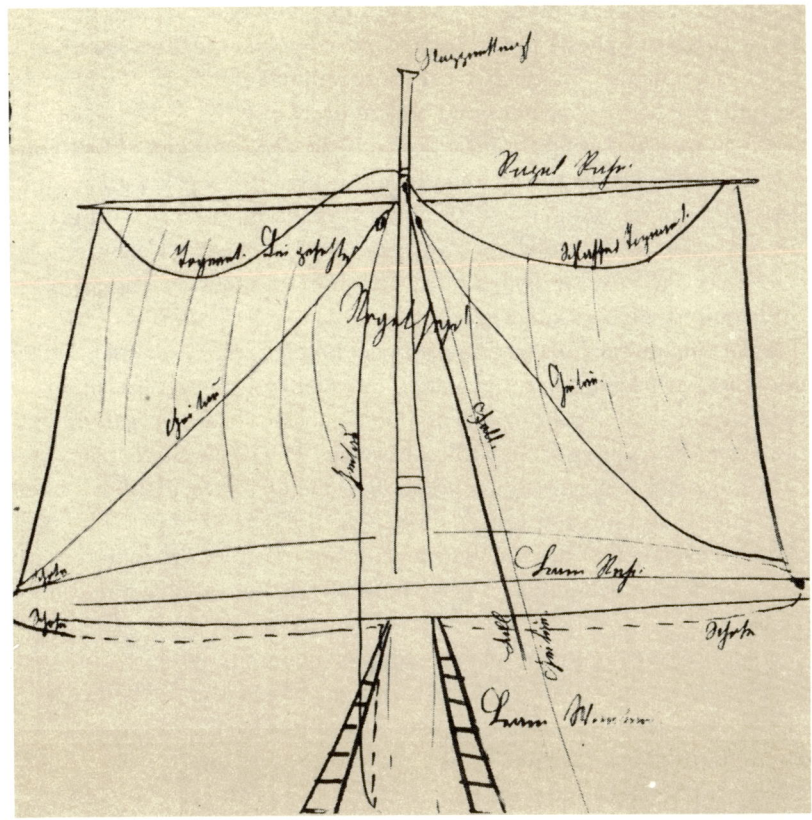

Aus dem Skizzenheft Franz von Wahldes

Region der süd- und nordwestlichen Winde sich befindet, welche letz(t)ere Jahr aus Jahr ein, zwar nicht mit / der Regelmäßigkeit der Passatwinde wehen, aber doch nie östlich laufen und dadurch jene gewaltigen Wogen erzeugt, die schon so manchen, auch mich, mit staunender ehrfürchtiger Bewunderung gefüllt haben. Diese majestätischen Seen rollen, so lang die Erde besteht, wie wir sie kennen, ostwärts, unaufhaltsam, und werden bleiben, so lange noch Winde wehen.

Hier, wo man nie einem Schiff begegnet, denn kein Segler, kein Dampfer kann je gegen diese Stürme, diese Wogen seine Reise machen, hier kreuzt auch der „Holländer"[93], *Vanderbeeken*, bis in die Ewigkeit. Viele Geschichten werden von ihm jetzt erzählt, namentlich die

Alten sind voller Historien, die sich auf Begegnungen mit ihm beziehen. Schade daß dieser bleiche schwarzbärtige Held nicht existiert, ich sähe gern sein abenteuerliches Fahrzeug an uns in dunkler Nacht vorbeiziehen. Aber dies bringt mich ab von der Reise.

Wir waren also auf 43° südlicher Breite in dem Indischen Ozean angelangt. Wir müssen zugleich in einen warmen Strom gekommen sein, da das Thermometer bei den stündlich vorgenommenen Messungen des Seewassers eine plötzliche Zunahme der Wärme um 4° zeigte.

Der schöne Wind blieb bis zum Mittwoch, an welchem Tage eine Stille eintrat, die uns lange gebannt hielt. Dabei hatten wir des drohenden Aussehens der Luft wegen alle Segel beschlagen. / So ging es jetzt alle Tage, Segel wurden festgemacht, um wieder sofort gerefft, und eine Stunde darauf ganz Weggenommen zu werden. Arbeit gab es bös, und *Jan Maat* schimpft über alles, über den Wind, die Stille, das Schiff, das Schlingern und vor allem über die Offiziere, die ihm keine Ruh lassen, und ihn von Mast zu Mast jagen. Dabei wird geflucht, daß man erschrickt, aber das Fluchen scheint die Arbeit zu erleichtern, denn wenn man wütend ist, legt man sich noch mal so schwer in die Taue.

Kaum bläst ein guter Wind, da heißt es wieder Hals über Kopf alles reffen, wegnehmen u.s.w. Eine der stärksten Bööen überfiel heute das Schiff, das aber wohl vorbereitet war, indem nur beide Untermarssegel standen. Am Abend lenzten[94] wir vor diesen Segeln und vor einer allmächtigen See, wir liefen zwar so etwas vom Curs ab nach Norden zu, aber auf diese Art gewannen wir unsere nötige Länge (die geographische Länge, Ort in Ost-West-Richtung) sehr schnell. Die Raaen stehen vollkommen vierkant dabei, Nottaljen sind um das Ruder gelegt, da (es) durch die einbrechenden Seen, die das Fahrzeug stets nach links oder rechts abwerfen, Stöße erhält, die nur auf diese Weise und dadurch, daß stets zwei Mann am Ruder stehen, aufzuhalten sind. Das Log läuft wieder ganz aus (12–13 Meilen).

Von hinten kann ein Schiff den meisten Wind ertragen, denn erstens läuft das Fahrzeug selbst 12–13 Meilen, um die dann schon / die Stärke des Windes abnimmt, dann aber füllt der Wind die Segel so, daß beide Wanten und Pardunen, nebst Brassen ganz gleichmäßig halten, also die Hälfte von dem Maste, wenn der Wind von der einen Seite kommt. Ein Fahrzeug ist in dieser Lage vollkommen sicher, wenn gut gesteuert wird, aber sowie die See schneller läuft wie das Schiff, kommt die Gefahr, von den Seen von hinten her überwaschen zu werden, diese brechen dann nicht, sondern laufen über Deck und nehmen oft alles mit, wie Treppen, Booten, Spieren, Fässer etc.

Bis gegen den Morgen des **5 Decembers** drohte von dieser Seite her nichts, aber allmählich fing die See an über Bord zu lecken, immer mehr, bis zuweilen der Steuermann fußhoch im Wasser stand, dabei schlugen die Seen mit furchtbarem Schlage an das Heck. Dies führte zu einer tragikomischen Scene. Der Kapitän lag nämlich auf dem das Heck umfassenden Quersopha und las, während sein Hund neben ihm schlief, als eine See das Schiff traf, die es bis nach vorn erbeben machte und eins der runden Fenster sprengte, worauf sich enorme Mengen des Meerwassers brausend in die Cajüte gossen und den Capitän nebst Hund vom Sopha herunterrissen. Es muß ein ungemein schreckliches Gefühl gewesen sein, so plötzlich von dem kalten Wasser überschüttet zu werden und dann herum geschwemmt (zu) werden. Von Wasser strömend lief er / an Deck um Hilfe zu holen. Mit allen Pützen beladen liefen wir, hinunter, voran der Zimmermann. Es sah bunt aus, auf der Treppe kam uns der Hund, dem das Wasser in Strömen vom Pelz lief, entgegen, am Fuß derselben klatschten schon Wellen und in der Cajüte wogte eine wahre See, die Stiefel, Zigarrenkisten, Bücher u.s.w. davontrug, dabei strömten unaufhaltsam neue Fluten ein, und es bedurfte der Aufbietung aller Kräfte und wir wurden total durchnäßt, bevor das Loch verstopft war. Nun ging es ans Auslöffeln des Wassers, das aber nicht schnell von statten ging, und manche, manche Pütze voll wanderte die Treppe hinauf, ehe alles einigermaßen trocken war. Dies Ereignis bildet natürlich einen Hauptspaß für die Mannschaft, die an allem Pech, was „die von hinten" (die Achtergäste, Offiziere) befällt, große Schadenfreude empfindet.

Heute Abend wurde mir die Nachricht, daß ich wegen Erkrankung des Koches, der ein böses Geschwür an der Hand hatte und nichts thun konnte, von morgen an in die Cambüse kommen sollte zum Kochen. Das war für mich eine Nachricht, die viel gutes versprach, indem der Koch nicht, oder selten an Deck braucht, er kann die ganze Nacht schlafen, geht nicht an das Ruder, steht nicht den Tag über in knietiefem Wasser u.s.w. /

Am folgenden Tage dem **6. December** übernahm ich den Kochlöffel. Um 4 Uhr stand ich auf, legte Feuer an, ein Kunst(st)ück mit Kohlen und nassem Holz, setzte Wasser auf und mahlte meine Bohnen durch,

118

119

worauf ich sie in das Wasser warf und kochen ließ. Wohlgemuth wartete ich solange bis dies erfolgt war und rief dann „*Café!* " Wie die Leute ihn geholt hatten, kamen sie gleich wieder und zeigten mir, eine Tasse voll schwarzen Wassers, ob das Kaffee sei! Ich schmeckte, es war greulich, bitter und schmeckte auch nach Thee. Ich hatte nicht ausgespült! Das war mein erstes Debüt. Mittags ging es besser, da die Graupen nicht angebrannt waren und ich ein gutes Stück Fleisch, Grünzeug, Gewürz und viele Kartoffeln in der Suppe gekocht hatte. Namentlich letz(t)ere bereitete den Leuten große Freude. Es wahr ganz angenehm, heute Morgen in der Cambüse zu sitzen, und hinaus zu schauen auf die wilde See, die immer gewaltiger aufsteigt. Das Schiff erbebt und erzittert durch und durch, die Marssegel drohen aus den Lieken zu fliegen aber weiter geht es in rasender Eile. Der Nachmittag verging schnell mit Scheuern und Handarbeiten. Abends stehle ich unter der Back eine Mulde voll Kartoffeln, um daraus einen Schmaus für das Logis zu machen.

Sonntag den 7ten December

120   Die Plum und Klüt gerieten gut am Mittag, ich habe auch nicht / die Hälfte der Pflaumen selbst aufgegessen wie der Koch. Abends gab es Labskaus für die Leute, die sich nicht schlecht über ein so seltenes Gericht freuten. Für hinten versuchte ich Frekandellen zu machen, sie schmeckten gut, hielten aber nicht zusammen.

Während des Tages ist die Stärke des Sturmes geringer geworden aber die See geht majestätisch. Ich werde nicht müde sie anzuschauen. Die folgenden Tage verliefen in ähnlicher Thätigkeit, ich sehe aber ein, daß auch das Kochsleben seine Schattenseiten hat, wozu namentlich gehört, daß der Boden nicht fest steht, und jedes Geräth unbedingt fest verstaut werden muß, wenn man es auch nur einen Moment aus der Hand läßt, dann läuft an allen Ecken etwas über, so daß alles beschmutzt ist, auch wandern die Töpfe ruhelos auf dem Herde hin und her, wenn man sie nicht kunstvoll mit Bändern festmacht. Am schlimmsten ist das Kochen von Bohnen und Reis, da dies so leicht anbrennt, was dann sorgfältiges Ausschrapen des Topfes erfordert. Mein Zeug ist schon alles fettig und schmierig, an den Wänden der Cambüse sieht man überall die Spuren meiner Hände. Gott sei Dank kam

Der Koch vor seiner Kombüse
beim Kartoffelschälen
(Aus W. v. Henk: Zur See, ca. 1895)

weder Capitän noch Koch und ich fand am Dienstag den 9. December[95], als Windstille war, Zeit, alles in Ordnung (zu) setzen.

Das war gut, denn tags drauf am 10. Dec.[95] fing es schlimmer an zu / stürmen, als ich es je gesehen. Von Bramstagsegeln kamen wir auf Untermarssegel innerhalb 2. Stunden. Leider war der Wind zu nördlich um das Lenzen zu erlauben, weshalb auch die beiden Segel beschlagen wurden. Zugleich drehten wir bei, d. i. das Schiff liegt dicht am Wind, den Bug den Wellen entgegen und treibt unter den niedrigen Sturmsegeln leewärts zu. Auf hoher See ist es dann gemütlich. Ein gutes trockenes Schiff liegt dann schön auf den Seen, nur wenig Wasser fliegt über, außer dem was beim Rollen überläuft. Dazu giebt es nichts zu thun, da alles sicher ist, die Segel fest sind und sogar das Ruder festgebunden werden kann, da ein Schiff in dieser Lage ruhig verharrt, und das Steuer, weil absolut keine Fahrt nach vorwärts gemacht wird unwirksam ist. Dann geht sogar die Wache in das Logis, um zu rauchen und Harmonika zu spielen, auch der Offizier geht zeitweise herunter. Es giebt nichts zu thun, als sich vom Wind dahin führen zu lassen. Dies geschieht natürlich alles nur auf hoher See, wo kein Legerwall[96], keine

121

Collision zu fürchten ist. Das Unangenehmste ist nur das Schlingern, rollt nämlich eine See unter dem Boden her, so schlägt das Schiff natürlich nach der Seite, wobei dann die Masten durch die Luft sausen, daß der Sturm nur so durch die Taue pfeift und heult, im nächsten Moment geht es nach der / andern Seite, und da der Wind hilft, noch viel tiefer, sodaß fußhohe Seen einbrechen.

122

Zum großen Glück sind die Royalrahen jetzt herunter und liegen sicher an Deck, sie waren eben nichts nütze, schafften nur Arbeit, und keiner sah die kleinen Dinger so gern an Deck kommen (wie ich), denn so wie der Wind flau war, wurden die Royals doch gesetzt, damit nach einer Stunde ich hinaufspringen konnte, um sie wieder fortzunehmen. Wir treiben sehr viel vor dem Winde ab, was man deutlich an dem Kielwasser sieht, welches stark nach der Seite, dem Winde zu, sich fortzieht. Es ist dies die Folge des zu geringen Ballastes und dadurch bewirkten gleich geringem Tiefgang.

Donnerstag, den 12. December

Derselbe Sturm, dasselbe Rollen, dasselbe Abtreiben nach Lee.

Freitag den 13. December

An diesem Tage wäre um eines Haares Breite, das Schicksal des Schiffes besiegelt worden und niemand hätte etwas von der PALLAS gehört, die südlich des *Caps* begraben lag. Es standen nämlich zwei Leute am Ruder, da der Sturm ein wenig günstiger blies und der Alte die Luvbrassen hatte einholen lassen, um das Abtreiben zu vermindern, als plötzlich / die Rudertalje (Talje zum Bewegen des Ruders) riß. Das Steuerrad flog herum und warf die beiden Leute an Deck. Das Schiff drehte gegen den Wind auf, und wäre in einigen Sekunden im Wind gewesen, wenn nicht der Große herbeigesprungen wäre und mit eisernem Griff das wirbelnde Rad aufgehalten hätte, bis ein Mann sich aufgerafft und beide mit vereinten Kräften das Ruder herumwarfen. Das Schiff steuert wie ein Boot, und fiel wieder ab.

123

Wir lagen in der Koje in tiefem Schlaf, als lebhaftes Geschrei uns weckte, zugleich schlugen die Segel mit Kanonendonner ähnlichen Getöse gegen die Masten. „Herut an Deck! Dat Schip ist in den Wind kamen." Zum Tode erschrocken liefen wir hinaus und sahen wie die Segel im Winde schlugen während hinten an Deck mit verzweifelten Mienen die beiden am Ruder drehten. Athemlos sahen wir zu, nur der Zimmermann lief nach der Axt, um die Schoten des Besahnstagsegels, das uns gegen den Wind trieb zu durchhauen. Wie eine Ewigkeit erschien uns die Spanne Zeit, die verlief ehe der Bug langsam abfiel. „He fallt af!" Einen Blick nach oben warfen die Leute, (die Segel standen noch unversehrt) worauf sie wieder hinein gingen und weiter schliefen als ob nichts passiert sei. Und doch waren wir vom Tode errettet, da, falls der Wind uns ganz von vorn bekommen hätte, derselbe uns / im 124 nächsten Moment die Masten herausgerissen hätte, wonach wir hilflos getrieben und bald, noch ehe wir uns befreien konnten, von den Masten Löcher in der Seite bekommen hätten, die uns in wenig Zeit hätten untersinken lassen.

Sonnabend 14. December

Es sieht gar traurig in der Cambüse aus, da alles beschmutzt ist von übergelaufenen und umgefallenen Sachen. Es ist ein Kunststück zu kochen, wenn man sich selbst kaum festhalten kann. Abends ließ ich den angerührten Puddingteig über dem Herde stehen, anstatt ihn, wie befohlen hoch oben aufzuhängen, so fand ich denn tags drauf des Morgens einen ungleich gar gebackenen Kloß anstatt des aufgegangenen Teiges. Erschreckt lief ich zum Koch, damit er mir aus der Not helfe, was er dann auch besorgte.

Allmählich wird das Wetter besser, am Montag wurden zum ersten Male die Fock und das Großsegel, (dies gerefft) gesetzt, zugleich der Curs wieder verfolgt.

Dienstag d. 16. December

Heute steuerten wir nördlich unter allen Segeln. Mittags bemerkte ein Mann von oben ein Segel in der Ferne. „Sail ho" rief er, der lange nicht gehörte Ruf lockte einen jeden an Deck. Da aber / von hier 125 nichts zu sehen war, stiegen mehrere etwas in die Wanten, ich natürlich auch mit. Wir sahen dann ein nordwärts steuerndes Schiff mit deutlich erkennbaren 4 Masten. Mit welchem Interesse sahen wir auf das winzige Flöckchen, hatten wir doch so lange nur allein im wilden Sturm geschwebt und auf der ganzen Reise nur das eine oben erwähnte Vollschiff gesehen.

Von jetzt an ward die Luft allmählich milder, und jeden Tag näherten wir uns mit nördlichem Kurse dem Wendekreis des Steinbocks, der Wind blies warm und lau durch das Takelwerk. Es ist gerade umgekehrt wie zu Hause, wo die Tage gen Weihnacht kürzer werden, und der Winter mit Eis und Schnee kommt. Wir aber können jetzt Nachts wieder ein bischen schlafen, und die Sonne scheint so warm auf den Pelz am Tage, daß ein Stück Wintergarderobe nach dem anderen abgeworfen wird.

Von großem Vorteil ist es, daß ich mit *Isidore*, meinem Freund auf der Wache bin, denn manche Stunde eilt Nachts so schnell hinweg im eifrigen Gespräch, das sich über alles mögliche erstreckte. Er erzählte mir von Frankreich, seinen Häfen und Städten, der Jugendzeit, den

Aus dem Skizzenheft Franz von Wahldes

Reisen die er gemacht, wobei er in allem höchst interessant war; er hatte früher eine Lateinschule besucht und hatte schon als Capitän gefahren. Als Beleg hierzu zeigte er mir sein Schifferpatent und andere Papiere, aus denen hervorging, daß er der Führer des am *La Plata* verunglückten Schiffes CLIO[97] / gewesen war. Gänzliche Mittellosigkeit (wie ich glaube, als Folge des Trinkens) zwang ihn dann, eine Heuer auf einem Segler als Matrose anzunehmen. Hierbei lernte ich die französische Sprache ziemlich schnell, einigermaßen verstehen und sprechen, was von großem Werte war, da *Mauritius*[98] noch ganz und gar französisch ist, wenn es auch schon lange unter britischer Oberhoheit steht. Die Insel muß den Beschreibungen der Franzosen nach, deren Hauptkolonie sie lange war unter dem Namen *„Ile de France"*, eine Perle an Schönheit sein, und ich bin deshalb begierig, sie zu sehen.

126

Das Land der Sehnsucht vor Augen –
und nicht von Bord.
Vor Port Louis, Mauritius

Bis zum Dienstag, den **23. December** verlief die Segelfahrt ohne mer-
kenswerte Ereignisse, wenn nicht hierher das Sehen des ersten Haies
dahin gehört. Am heutigen Tage aber hörte ich zu meinem Erstaunen,
als ich am Ruder stand, eine Äußerung des Capitäns, die sich darauf
bezog, daß er Nachmittags Land zu sehen hoffte. Ohne daß ich nur daran gedacht hatte, daß wir in der Nähe der Insel seien, waren wir also
schon in Sichtweite gekommen. Nachmittags nahm dann in der That
der Alte das große Fernrohr, mit dem er zu beiden Seiten des Bugs den
Horizont sorgsam absuchte, aber es nach längerer Zeit wieder fortlegte,
ohne das Resultat erlangt zu haben, nach dem er verlangte. Wiederholt
untersuchte er nebst den Steuerleuten im Lauf des Tages den Horizont, ohne daß Land in / Sicht kam. Da plötzlich, um 5 Uhr rief der
Rudersmann „*Land voruut!*" "„an Backbord Boog!" Alle, die den Ruf
hörten, wiederholten ihn laut und liefen nach der Regeling, um nach
der bezeichneten Stelle auszuschauen. Die Bewegung an Deck weckte
mich auch, und rasch lief ich an Deck, da sah ich dann hoch über
einen Dunstschleier, der das Meer bedeckte, riesige Berghäupter über
den Wolken hervorragen. Das waren die *Südfesten* der Insel *Mauritius*.

Vor uns lief ein gewaltig großes Vollschiff unter einem Preß von Segeln her, das aber schon die Landbrise gefaßt hatte, während wir zu
weit draußen waren, und kaum 5 Meilen i.d. St. liefen. So lief der
plumpe Ostindienfahrer uns vor der Nase weg. Wie es dunkel wurde,
hatten wir *Cap. malheureux*[99] noch nicht erreicht, deshalb drehten wir
bei, zumal der Alte nicht gerne zwischen den Inseln, die das Nordende
von *Mauritius* umgeben, des Nachts nicht hindurchsegeln mochte. So
trieben wir, die Feuer (Leuchtfeuer) hell und stet herüberblinkend, am
Weihnachtsabend auf den Wassern. Da gab es keine Bescherung, da
passierte nichts, was an den schönen Festtag erinnerte, ein jeder
schmierte seine halbranzige Butter auf seinen Biskit, schnitt sich ein
Stück Pökelfleisch ab, so viel noch etwa da war und / konnte sich ja
dann in Gedanken nach Haus versetzen, wo die Angehörigen unter

dem Baum saßen und gewiß oft fragten, wo der Seemann jetzt wohl auf dem Meere schwämme.

Das Träumen hatte aber bald sein Ende, indem der Steuermann alle Hände an Deck holte, um die Anker an den Ketten einzuschäkeln und die Anker von der Back über Bord zu setzen und darauf Ketten (60 Faden jede) an Deck zu schleppen. Da hatten wir ja wieder dasselbe Vergnügen wie neulich vor dem *La Plata*, auch damals fiel es unserer Wache zu von 8–12 Uhr die Ketten heraufzudrehen. Daß Flüche nicht gespart wurden, kann man sich denken, auch ich leistete mir dergleichen, denn es war diese Arbeit, stets unangenehm, in der Dunkelheit doppelt so, indem man bald die Finger quetschte, bald aber etliche Anzahl von Pfunden auf die Füße bekam. Dazu rollten die Kettenbuchten (Schlinge einer aufgeschossenen Kette) stets übereinander, da das Schiff heftig überholte und schlingerte.

Für die Seeleute war es aber das allerärgerlichste, daß während und nach der beschwerlichen Arbeit kein Schnaps geboten wurde, wie sie es erwartet hatten. Brummend ging es um 12 (Uhr) Nachts zu Bett, und brummig um 4. *a.m.* wieder an Deck. Wie dann der Tag dämmerte, und Segel wieder angebraßt wurden, geschah alle Arbeit langsam / und schleppend, so daß jede Arbeit das doppelte Zeitmaß erforderte wie früher.

Eine frische Brise füllte die Segel und längs der *Nordost*küste ging es auf die Passage zwischen *Gunners Coin*[100] und *Flat Island* zu, die nördlich vor uns aufstiegen mit ihren großartigen Felsengruppen von rosigem Licht übergossen. Vorzüglich *Flat Island*, so genannt wegen der tafelförmigen Oberfläche, bot einen schönen Anblick, da es bewaldet ist und aus dem grünen Laube die weißen Mauern der Fischerhäuser und des Feuerturmes sich herrlich abhoben. Links aber lag die Insel (Mauritius) mit ihren zahlreichen Gipfeln und Höhen, überall sah man Dörfer, kleine Hafenplätze und einzelne Fabriken und Zuckersiedereien. Bald waren wir in der Passage zwischen den obenerwähnten Inseln, links *Gunner Coin*, rechts in unmittelbarer Nähe *Flat Island*, etwas weiter, umspült von den blauen Wogen des Weltmeeres, *Round I.* (Insel) und *Serpent I.* Diese letzten Inseln sind unzugängliche, steil aufsteigende Felsblöcke, und sind von einer an der Oberfläche blendend weiße Farbe, wie ich es noch nie gesehen. Dies rührt von der Unmenge Guano her, den die Seevögel im Lauf der Jahrhunderte dort geschichtet haben. Schnell wechselte jetzt das Panorama, der Südost passat

129

130 blies wie ein Zugwind zwischen den steilen Inselmauern / durch und führte uns im Fluge an *Gunners Coin* vorbei.

Nunmehr mußten wir an den Wind brassen, da *Port Louis*[101] südlich von uns liegt. Schon sieht man im Dunste am Horizont Schiffsmasten, die den Ort der Rhede anzeigen. *Port Louis* selbst aber ist in leichtem Nebel gehüllt, so daß wir nichts von der Stadt sehen können. Aber welch ein Bild paradiesischer Schönheit bietet die Insel. Das tief azurblaue Meer dehnt sich vor uns aus, bis an die Küste, wo dann ein hellgrüner Saum die weißen Sandufer umzieht. Dann kommt der tiefgrüne Wald, der alle Höhen bekleidet. Landhäuser, Villen lugen hervor, bunte Fahnen flattern hier und da; dicke Rauchwolken steigen aus einigen Tählern auf, die Lage einer Siederei bezeichnend, kühne Viadukte überspannen Schluchten, und schließlich treten die weißen Gebäude von *Port Louis* aus dem Nebel, hoch überragt von 1 000 m. hohen Gebirge und vorzüglich von dem *Mont des Signaux*[102] auf dem der *Semaphore* (optischer Telegraph) spielt, der schon langst unsere Ankunft nach der Stadt signalisirt hat. Mehrmals mußten wir leider umlegen, da der Wind aus dem Hafen gerade herausbläst, ehe wir auf der

131 Rhede unsere Buganker fallen lassen / konnten.

Außer uns liegen noch etwa 10 Segelschiffe auf der Rhede, die von vielen kleinen Booten belebt ist, welche, deren Insassen Korallen, Früchte, Schnaps, Zeug etc. verkaufen; unser Schiff durfte von keinem betreten werden, da noch die gelbe *Quarantän*(flagge) darauf wehte, die nicht eher herabgeholt werden kann, ehe der Docter das Fahrzeug und die Mannschaft untersucht und für gesund erklärt hat. Dies geschah um 4 Uhr Nachmittags, bald darauf kam ein Kutter, der uns die Post, und mir 5 Briefe von Haus brachte.

Da nunmehr die Boote Erlaubnis bekamen anlegen zu dürfen, war das Deck bald voll einer bunten Gesellschaft. Da waren einige Chinesen, welche auf dem Deck saßen, umgeben von ihren Verkaufsobjekten, sie verstanden kaum englisch nur den Preis, der unverschämt hoch war konnten sie sagen, auf alle andern Fragen bekam man nur die Antwort *„Me no sari!"* *„No got"*. *„Very good"*[103] u. ähnl., dann waren mehrere Mädchen, die herrliche Früchte zu verkaufen hatten, da ich von England her noch etwas Geld habe, konnte ich mir einige *Orangen* und *Bananen* leisten, darauf hin zog ich mich mit diesen und den erhaltenen Schreiben auf die Back zurück, die einen herrlichen Aufenthalt ge-

132 währte, einmal wegen ihrer erhöhten Lage, die / mir einen freien Aus-

blick gewährte nach allen Seiten, dann aber hatte der Alte uns erlaubt, das Sonnensegel aufzuspannen, (Unser Schiff kann ganz geschützt werden) das für die Back bestimmt ist. Die Sonne brennt heiß hernieder, aber unter dem Zelte weht ein kühler Zug, und es ist ein Genuß auf dem Krahnbalken[104] zu sitzen indem man die Briefe liest und Südfrüchte dazu speist; ab und zu aber schweift der Blick bald zur linken auf das unermeßliche Meer, bald aber zu dem herrlichen Lande herüber, an dem jeder Blick etwas neues findet. Zur linken und rechten, weit in das Meer ragend, steigen die Mauern zweier Forts auf, auf denen die britische Fahne weht, und zwischen denen hindurch man den Einblick in den Hafen gewinnt, der erfüllt scheint von Fahrzeugen jeder Art, die aber alle lustig geflaggt haben. Darüber hinweg steigen die Häuser der Stadt mit ihren glatten Dächern amphiteatralisch auf, der großen Entfernung wegen kann man etwas näheres davon leider nicht sehen.

Das Wetter ist herrlich, der Himmel ohne eine Wolke, und ein sanfter Passat weht durch die Taue, der das Wasser nur leise kräuseln macht. Es sieht so aus, als ob tiefer Friede herrscht, aber die stetig auf und ab / wandelnde Wache auf dem Großdeck deutet auf eine Gefahr   133

Verschnaufpause
auf dem Vorschiff
(Aus W. v. Henk:
Zur See, ca. 1895)

hin, die zu dieser Zeit die Insel bedroht. Wir sind nämlich in der Zeit angekommen, in der die *Cyclone* diese Breiten heimsuchen. Dank der zahllosen Beobachtungen ist man dahin gelangt, genau die Monate bis zu einem bestimmten Tage zu erkunden, in denen die Insel von *Cyclonen* verheert werden kann, dann ist man in der Lage das jedesmalige Auftreten dieser schrecklichen Wirbelwinde um eine Anzahl Stunden vorherzubestimmen. So wie letz(t)eres der Fall ist wird ein Kanonenschuß gefeuert und ein Blaufeuer[105] (bei Nacht) gezeigt. Auf dieses Kommando hin müssen alle Schiffe auf der Rhede, die Ankerketten an Deck losschäkeln und den Anker mit dem Ende der Kette fallen lassen und unter allen Segeln die hohe See zu erreichen suchen. Für die Schiffe im Hafen bestehen Vorschriften die dahingehen, daß bei dem Alarmschusse alle Stengen und Raaen, selbst die Unterrahen an Deck gebracht werden, um dem Orkan möglichst wenig Wiederstand zu bieten. Hat der Orkan ausgerast, so kehrt das Schiff aus See zurück und holt seinen Anker wieder ein. /

134 Am Tage vor unserer Ankunft war ein *Cyclon* an der Nordspitze der Insel vorbeigegangen, hatte aber diese selbst gar nicht berührt.

Donnerstag den 25 Dezember

Nachdem ich heute Morgen um 4. Uhr das Logis gescheuert hatte, legte ich mich nicht wie gewöhnlich auf ein Stündchen in die Koje, sondern hockte an der Regeling, um das Erwachen des Tages, und die Beleuchtung zu sehen, die dabei die Insel zeigte. Selten habe ich ein solch herrliches Schauspiel genossen wie dies Dämmern des Tages, die bleiche Färbung des Wassers, das rosige Glühen der Berge, den wallenden Morgennebel und das Entschleiern der Stadt. Heute war ein Feiertag, wie ihn noch (nie) mein Seemannsleben gezeigt hat. Schönes Wetter, nichts zu thun, außer Hacken von Fleisch für Beefsteaks und Aussuchen von Rosinen, wir sollten nämlich ausnahmsweise solche Luxusdinger im Pudding haben. Die Freude war groß, aber verfrüht, denn die kleinen Dinger taugten nichts mehr, welches denn auch gewiß der Grund davon war, daß wir damit spendirt wurden.

Der Nachmittag begann recht angenehm. Die ganze Mannschaft lag auf der Back, schlief hier, oder nähte, las und trieb sonstige Sachen,

135 hinten spielte der / Alte mit seinem Hunde, während der Große einge-

nickt war und der Zweite Strümpfe stopfte. Mit dieser Arbeit beschäftigte ich mich auch, ohne dabei zu unterlassen, Blicke nach allen Seiten zu werfen. Da sah ich dann den Sermaphor beim Spielen und als ich seewärts schaute, segelte eine Bark um ein Cap herum. Nach einigen Stunden war sie dicht an uns gelangt und wir dachten, sie wolle noch vorbei, um weiter landwärts zu kommen, als sie plötzlich ihre Segel aufgeite, in den Wind schoß und den Anker fallen ließ. Wie sie dann dem Winde nach abtrieb zeigte es sich, daß sie uns sehr nahe war und immer mehr auf uns zutrieb, obgleich man an Bord stets neue Ketten ausschießen ließ. Ihr Anker mußte offenbar keinen genügenden Halt gefunden haben. Sie trieb in gefahrdrohende Nähe und schnell mußten wir selbst Kette auslaufen lassen, um aus dem Bereich des Nachbarn zu kommen. Ängstlich beobachteten wir den Engländer, und es dauerte lange, ehe dieser festlag, aber jetzt berührte sein Besahnbaum doch fast unser Vorgeschirr. Es war ein ärgerliches Ereignis, daß uns unsere Festfreude erheblich störte, da wir neue Ketten heraufholen mußten, um nötigenfalls noch mehr davon auslaufen lassen zu können. Dieser Fall trat nicht ein, denn das Wetter / blieb gleich, und ein Schlepper kam bald heraus, der die Bark hineinbugsirte. Unsere Capitän und die Steuerleute hatten vorher ihrem Herzen ordentlich Luft gemacht, den Führern der Bark gegenüber, die aber nicht minder kräftig antworteten.

136

Freitag den 26. Dezemb.

Saure Tage, frohe Feste.[106]
Am andern Morgen begann die Schiffsarbeit wieder. Der Alte war in aller Frühe schon an Land gefahren, um sich um Frachten zu bekümmern, die aber leider schlecht, und kaum erhältlich sein sollen. Wir nahmen unsere Rosthammer und Schraper her, um den Rennstein (Rinnstein für das aus den Speigatten kommende Wasser) auszuklopfen, damit er gemalt werden konnte, es war eine scheußliche Arbeit, preisgegeben den senkrechten Sonnenstrahlen in dem heiß strahlenden Rennstein zu hocken und unablässig Rost zu klopfen. Ich bekam heftiges Kopfschmerzen von der übergroßen Temperatur, und mußte oft meinen Kopf kühlen. Barfuß zu laufen ist unmöglich, da die Sohlen die Hitze der Decksplanken und des halbflüssigen Peches nicht vertragen können. Die Haut des linken Armes ist schmerzhaft gerötet, da ich

vergessen hatte, rechtzeitig den Ärmel herabzuschieben. Während die
Hitze uns so böse mitspielt, machen zu Hause die Kinder Schneemän-
137   ner / oder laufen Schlittschuh. Um 9 Uhr Morgens steht hier die
Sonne viel höher wie um diese Jahreszeit zu Haus am Mittag.

Tantalusqualen stehen wir aus, indem wir in der glühendensten
Hitze, arbeiten müssen, umgeben von Wärme ausstrahlenden eisernen
Wänden, abgeschnitten von dem kühlenden Passat durch die hohe Regeling. Stecken wir dann den Kopf über letz(t)ere oder schauen wir
durch die Klüsen, so liegt, getrennt durch kühles wogendes Wasser, die
Insel gleich einem Märchen vor uns mit ihren schattigen grünen Wäldern, so nahe und doch so fern. Ganz allein der Alte kommt an Land,
und er denkt nicht an die Schönheit, sondern daran, ob noch Zucker-
frachten zu haben sind, oder ob wir fortmüssen, um weiter Ladung zu
suchen. Wir möchten gerne hier bleiben, namentlich gern die Franzosen, da sie auf dieser Insel viele Bekannte treffen würden, darum erwarten wir die Rückkunft des Alten ungeduldig. Endlich, in der Dämmerung, langte er an, aber ohne irgend etwas erfahren zu haben.

Sonnabend den 27. December

Dieselbe schauderhafte Arbeit, wie gestern. Abends lief ein Gerücht
von der Cajüte zu uns, daß wir wahrscheinlich nach *New-Jork* befrachtet seien, es wurde aber Abends dementirt seitens des Koches, der jetzt
138   ungemein bestürmt wird, zu sagen, was er bei dem Servieren / von den
Gesprächen zwischen den Offizieren überhört hat.

Sonntg. d. 28. Dezemb.

Der heutige Sonntag war ein ungestörter Feiertag. Nach dem Deckwaschen wurden die Sonnensegel gespannt und in deren kühlem Schatten
entwickelte sich dann das übliche Treiben, wie es Sonntags bei gutem
Wetter gesehen wird. Auch heute kamen viele Boote an Bord, aber die
Verkäufer machten kein großes Geschäft, indem der Alte es für nicht
notwendig gehalten hatte, uns Geld zu geben, somit hatten wir nur geringe Kupfermünzen, die eben hinreichten, einige Südfrüchte zu kaufen.

Der **Montag** verlief wieder wie die vorhergehenden Werktage. Dieselbe Arbeit, dieselbe Hitze, und dieselbe Erwartung, wohin wir schließlich bestimmt würden.

Etwas Aufregung verursachte am folgenden Tage das plötzliche Anlegen eines Schleppkahnes mit frischem Wasser. Nunmehr hatten wir die Sicherheit, daß wir nicht in den Hafen kamen, sondern abermals in Ballast, frachtsuchend versegeln mußten. Aber wohin? Alles Ausfragen des Koches, des Cajütenjungen, leise Andeutungen an den Steuermann, alles half nichts, wir mußten in völliger Ungewißheit zu Koje gehen. Nach welchem Teil der Erde mußten wir jetzt? /

Mittwoch den 31. Decemb.

Anstatt daß wie erwartet, uns befohlen wurde d. Schiff seeklar zu machen, und dann zu erfahren, wohin es ging, wurden wir ruhig an das Rostklopfen geschickt, aber es wurde nicht viel daraus, denn kein Mann spürte Arbeitstrieb in sich, und das Schimpfen der Steuerleute konnte nichts daran ändern. Zu unserm Erstaunen ging dann der Alte um 8 Uhr an Land, woraus zu sehen war, daß heute nicht mehr gesegelt wurde.

Langsam verlief der Tag, so langsam, wie mir noch nie (einer) vorgekommen ist, erst um 8. Uhr Abends kam der Alte an Bord und ließ uns sagen, daß morgen in der Frühe Anker gehivt würde für „*Calcutta*". Das war eine Neuigkeit, die nicht gern gehört wurde, da die Reise nicht nach Calcutta selbst, sondern nach einem Negerplatz ging, wo es nichts zu kaufen und zu trinken gab. Ein solcher Hafen, ist für *Jan Maat*, der für die Monate lange Absperrung sich im Hafen durch ein tolles Leben entschädigen will, ein Jammerding, vor dem ihm ekelt. Mir hingegen aber macht dies viele Freude, da ich jedenfalls in *False Point*[107] erste veritable Neger hausen sehe, Die großen Plätze, aber zeigen durchweg dasselbe Bild, Docks, Restaurants, Theater, die Menschen nach der neuesten Mode gekleidet, u.s.w. /

Flautenschieberei unter
glutheißer Sonne.
Von Mauritius nach False Point

Neujahrstag 18(85)

Heute morgen ging es in See. Sonderbarer Weise haben wir wieder das
Glück, einen Feiertag zu verlieren, aber daran sind wir gewöhnt worden, und auf See haben wir jetzt nicht viel Ungemach zu befürchten,
wie man ersehen kann, daß der Alte befahl, die große Ankergiere
(Talje, Flaschenzug) oben zu lassen, des gleichen die Ketten nicht von
den Ankern zu schäkeln und diese selbst am Katzenkopf[108] zu belassen,
außen Bord. Nachdem wir die übliche Arbeit, die mit dem in See gehen verknüpft ist, beendet hatten, die heuer verringert ist durch das
Unterlassen des Anker und Ketten Verstauen, hatten wir noch einen
netten Nachmittag. Der Wind blies, sowie wir das Land einigermaßen
hinter uns hatten, frisch genug, und auch die See lief hoch genug, da
wir aber etwas die Leebrassen (Backbord) eingeholt hatten, liefen wir
vor dem Passat, der stetig von Südost wehte, ziemlich ruhig und schnell
hin, so daß das Land sich schnell senkte und gegen Abend völlig verschwunden war. Das regelmäßige Seeleben begann wieder mit seinen
Wachen, Ruder- und Auskuckturn. /

.   Freitag d. 2t. Januar

Da wir auf unserer Reise wahrscheinlich eher zu wenig Wind, wie zu
viel erwarten konnten, vernahm ich zu meinem großen Leidwesen, daß
die beiden Royals wieder gesetzt werden sollten. Zu dem guten Anblick
des Schiffes mochten diese Segel viel beitragen, aber ich hätte lieber
die Bramstengen nackt gesehen oberhalb der Bramrah, denn da wir so
wenig Ballast haben, befürchte ich, daß ich sehr oft nach oben laufen
muß, um bei der kleinsten Böe den Royal festzumachen. Doch der Capitän kümmert sich mehr um eine schnelle Reise, wie um den Schiffsjungen, deshalb mußte ich selbst kräftig mit ziehen, und drehen, um
die Rae hinaufzubringen. Nach einer Stunde schwellten dann die bei-

den Segel und halfen kräftig mit, um die PALLAS gehen zu machen.
Die übliche Beschäftigung ist für diese Reise das Rostklopfen an
Deck, da dies nebst nachherigem Malen ermöglich(t) wird durch das
gute Wetter, und die Höhe des Verdecks, die sobald kein Wasser über-
spritzen läßt.

Heute Morgen ein Dampfer gesehen, ein Franzose, zur „*Messagerie
maritime*"[109] gehörig, von *Marseille* nach *Sidney*. (Auf dieser Route, wird
Mauritius angelaufen). /

Sonnabend den 3. Januar

Der heutige Tag wurde für mich speziell zu einem sehr bedeutungsvol-   142
len. Es wehte eine laue Brise, und das Schiff lief kaum 4 ½ Meilen
schnell, dabei war die See sehr ruhig. Der Alte lehnte Nachmittags
über das Heck gegen 3 *p. m.*, um nach dem unter Wasser befindlichen
Teil des Steuer zu schauen, an dem ein Mann das Losspringen eines
Nietenringes gesehen haben wollte, er fand aber nichts davon, und
wollte gerade wieder aufstehen, als er einen dickmäuligen etwa 1 Fuß
langen Fisch sah, den ich schon lange beobachtet hatte, ohne ihn besonders zu beachten. Der Capitän wußte aber, was von dem zu halten
sei und sagte mir dann, daß daß der „Lotsenfisch" (Pilotfisch) sei, d. h.
ein Saugfisch, der an Haien schmarotzt, und deshalb stets in der Nähe
des Fisches zu finden ist. Die Seeleute wissen aber nicht, daß der kleine
den großen quält und von dessen Blut lebt, sondern sie glauben, daß
der Lotsenfisch dem Haie voranschwimme und ihm Beute auswittere,
wofür er dann von dem Gewaltigen beschützt würde. Wie dem auch
ist, das Sichtbarwerden des Saugfisches läßt stets mit Sicherheit darauf
schließen, daß der Schrecken des Meeres nicht weit ist. So war es auch
jetzt. Der Alte suchte die Nähe mit dem Auge ab, und war sogleich in
der Lage, mir ein spitzes dreieckiges Ding zu / zeigen, daß etwas über   143
das Wasser schaute und langsam hinter uns herschwamm, es war die
Rückenflosse des Haies.

Ein solches Ereignis belebt das ganze Schiff, ich weiß nicht, wie dies
so schnell ein jeder erfährt, aber in wenigen Minuten war Angel, Leine
und Köder bereit. Es war ein Stück Speck an einer einen Fuß langen
Angel, die mit einer kurzen Kette an der dicken Leine befestigt ist, damit die Zähne des Haies nicht sogleich das Tau durchschneiden kön-

nen. Langsam wurde der Köder herabgelassen in das Wasser, bis auf eine gewisse Tiefe, deutlich den Augen sichtbar, die ihn mit begreiflicher Spannung beschauten. Die Flosse war verschwunden, das Überbord werfen der Angel und das Lärmen an Deck hatten den Beherrscher der Fluten in die Tiefe gejagt. Aber ein großer Hunger mußte ihn peinigen denn schon nach einigen Minuten gewahrten wir seinen Leib unter dem Köder sich herumwerfen, gleichzeitig bekam die Leine einen heftigen Ruck. Hah! er saß fest! Wie hurtig sprang ein jeder jetzt heran, um zu helfen, denn für den Seemann ist es eine Lust, dem bösen Gesellen den Garaus zu machen. Trotz allen Zappelns stieg der Hai bis über das Wasser empor mit seinem Kopfe. Jetzt wurde eine dicke Schlinge um den Leib, hinter den ersten Flossen geworfen, diese zugezogen, und jetzt ward der Hai nach vorn an der Seite des Schiffes

144 entlang / gelotst, damit man ihm hier an einer Tallje aufhißen konnte, die an der Großen Rah befestigt war. Langsam stieg der Fisch höher, indem er an die Schiffsseiten auf eine fürchterliche Art donnerte, aber das half ihm nichts. Bald war er über die Regeling und herein geholt. In dem Moment seines Niederfallens, lief ein jeder, so schnell er konnte davon, aus Furcht vor dem Fische, der sich blitzschnell herumwarf und seines Maules und des Schwanzes wegen ein böser Gesell war.

Erst war es unmöglich, dem Hai ungefährdet so nahe zu kommen, daß man ihm den Schwanz abhacken konnte, sondern wir mußten warten, bis er ein wenig ruhiger geworden war. Da sprang dann der Koch mit der Axt herbei und hieb ihm das Rückgrat durch, darauf sprang das Tier wild umher, und besudelte Deck und Regeling mit seinem Blut. Erst nachdem ein wohlgezielter Hieb vor den Kopf ihm das Gehirn zerschmettert hatte, konnte man sich ihm nähern, trotzdem er auch jetzt noch einhersprang. Zuerst ward er ausgeweidet und sein Magen geöffnet, wie die Seeleute es zu thun pflegen aus Neugirde. Der Magen war leer, woraus zu schließen, daß der Fisch wohl längere Zeit nichts zu fressen hatte, weshalb er sich auch so gierig über den Köder stürzte. Da es jetzt läutete (5. Glas) (2^{30} *p. m.*) so verließen wir einstweilen das Cadaver, um Kaffee zu trinken.

Nachdem dies geschehen kehrten einige zurück, um das Rückgrat

145 für den Capitän / heraus zu schneiden, welch letz(t)erer daraus einen Stock sich machen lassen will, sowie aber die Messer angesetzt waren, fängt das Tier an zu springen und schleudert dabei, den Hund der das

Hai an der Angel
(Aus W. v. Henk:
Zur See, ca. 1895)

Blut ableckte an die Regeling mit einer Gewalt, daß derselbe längere
Zeit betäubt dalag, ehe er sich erholte und davonschlich. Nach Vollen-
dung der Aufgabe wurde das Cadaver in das Wasser geworfen, ohne
daß auch nur ein einziger daran gedacht hätte, das Fleisch zurückzube-
halten, um es zu essen.

In der Nacht darauf entstand ein großer Tumult, so daß die Wache
aus ihrem Schlaf geweckt wurde und einige ärgerlich an Deck gingen,
um zu sehen, was los war. *„Swienfische" „Swienfische vor de Bog."* ward
ihnen zu Antwort. Darauf sprang ein jeder in seine Kleider und auf die
Back gings, wo die andere Wache sich vollzählig befand und nach vorn
schaute. Eine große Herde Delphine trieb ihr munteres Spiel in den
Wellen, ihre leuchtenden Leiber schossen hin und her, in übermütiger
Lust und gewährten einen eigenartig schönen Anblick.

Unten am Stampfstock[110] mit einer Schlinge befestigt, stand der Alte
auf den Stagen, die Harpune in der Rechten, und den passenden
Augenblick erwartend, um die Waffe in den dunklen Leib eines Fisches zu werfen. Sausend flog die Lanze, sie saß, der Fisch schnellte
sich empor, alle Mann zogen an der Leine, einen Augenblick / wurde   146
das Tier über Wasser gehoben, dann aber fiel es plötzlich wieder zurück und floh davon, wir fielen dabei heftig auf den Rücken. Nunmehr
ging *„Joseph"* hinab, er hatte mehr Glück, indem er einen zweiten

Fisch so tief traf, daß es uns gelang, dem Gefangenen eine Schlinge umzuwerfen, an der wir ihn aufholen konnten. Jetzt kam uns die Ankergiere gut zu passen, indem wir leicht mit ihrer Hilfe den Delphin bis an die Back brachten, wo er erst hängen blieb, damit das Blut, als man ihn jetzt regelrecht schlachtete, ablaufen konnte, ohne das Deck zu beschmutzen. Nach einer Stunde ward er hereingeholt, und nun sehen wir, daß es ein Riese war, fast so groß wie der Hai.

Der Koch trennte die zwei Finger dicke Specklage, die rings um das Fleisch läuft los, und schnitt die besten Stücke heraus, groß genug, um zwei Tage für die ganze Mannschaft auszureichen, das Übrige ward, weil das Fleisch sich nicht länger halten würde, über Bord geworfen. Der Speck aber ward in eine Tonne geworfen, damit ich nebst dem Leichtmatrosen am Montag ihn zerschneiden konnte zum Aussieden. Schon jetzt graut mich davor, denn wie wird das Zeug nach zwei Tagen stinken.

Sonntag d. 4. Januar.

147 Heute ist kein Sonntagswetter, keine volle Stunde vergeht, ohne daß eine Regenböe uns nicht an die Taue, und mich speziell / nach oben expedirt hätte. Wohl 6 mal fiel es mir zu, heute den Groß-Royal festzumachen, und zu setzen. Der Regen thut freilich gut, da er unser ausgedörrtes Holz an Deck und an den Masten wieder durchfeuchtet, und die Mannschaft in die Lage versetzt, ihr gesammtes schmutziges Zeug in frischem Wasser zu reinigen und das Salz daraus fortzuspülen. Mittags gab es dann eine gute Suppe und Fleisch vom Fisch, gehackt und mit Speckwürfeln vermischt, und darauf gebraten. Es mundete allen gut, auch mir, da jede Spur von Thrangeschmack fehlte. An Land, zu Haus, würde uns das trockene, dunkel schwarze Fleisch nicht munden, augenblicklich aber ist es als eine angenehme Unterbrechung im Genuß von Pökelfleisch zu begrüßen.

Montag d. 5. Januar.

Der heutige Morgen bleibt mir lange unvergeßlich, denn er brachte für mich den Befehl zum Speckschneiden. Ein aashafter Geruch der dem in Zersetzung befindlichen Stücken anhing, trieb mich immer wieder von der Arbeit ab, und ich konnte Übelsein nur durch die größte Willenskraft unterdrücken. Daß ich hie(r)über von einem jeden gehänselt wurde, trug nicht zu den Annehmlichkeiten dieser Arbeit bei, aber darauf darf keiner reagiren, weil man sonst alle Spötter gegen sich hat, und dadurch sich sehr lächerlich macht. /

Nach einigen Stunden war ich endlich in der Lage, die geschnittenen Speckstücke in den großen ausrangirten Topf zu werfen, in dem der Koch sie ausbraten soll zu Thran, den der Alte dann mit anderen Ölen zusammen(ge)goßen zum Schmieren des Großdecks benutzen will. Bald darauf verbreitete sich von der Cambüse aus ein schrecklicher Geruch, der das ganze Deck von vorn bis zu dem Steuer erfüllt, so daß es scheint, als ob die glühenden Sonnenstrahlen das Aufsteigen des aasigen Thrangestankes verhinderten. Wenn das Deck später ähnlich riecht, dann kann der Alte ruhig sein, davor daß es jemandem einfiele, sich darauf hinzulegen und zu schlafen.

Wie eben erwähnt, herrschte heute eine furchtbare Hitze, die es unmöglich machte, die Tagwache zu Koje zum Schlafen zu benützen, dabei sind die Segel wenig geschwellt, fast nur die oberen ziehen etwas, die unteren hängen schlaff herab, und flattern lose gegen die Masten, und bieten dadurch kaum Schatten. Der Himmel ist bleifarbig, bei seinem Beschauen schmerzen die Augen, man sieht den Horizont nur undeutlich, denn Himmel und Wasser verschwimmen. Dazu läßt die Brise nach, das Wasser wird glasig, und spiegelt den Himmel so scharf wieder, daß auch auf dessen Oberfläche die Augen nicht lange blicken können. Es scheint, als ob die glühenden Strahlen der Sonne langsam jeden Windhauch aufsaugen. Bei all dieser Glut, / hocken wir an der weißen Regeling, die die Wärme zurückstrahlt, über unserm Kopf die Sonne, schonungslos und durchbohrend. Es ist kaum zum Aushalten. Sucht man halbverschmachtet etwas Labung in einem Trunk Wasser, so findet man in der Tonne ein lauwarmes Wasser, das unfähig ist, uns zu erquicken.

Gegen Abend begann der Wind, leise hinter uns her zu wehen, so daß d. PALLAS wieder durch das Wasser zog, und am Bug die Wellen leise zu rauschen anfangen, was uns ein angenehmer Ton zu sein scheint. Dabei zeigten sich in der Nacht mehrfach Herden von großen Fischen, die zuweilen nicht zu sehen, sondern nur zu hören waren, wie sie auftauchten und stöhnend Athem schöpften, mehrfach aber schossen sie im Schaum vor dem Bug einher, kenntlich durch das von ihren Leibern ausgehende bläuliche Licht. Wir machten mehrfach Versuche, einige zu harpunieren, aber vergeblich, denn die Harpunen verfehlten ihr Ziel.

Dinstag den 6. Januar

Im Lauf des heutigen Tages ward die Windstille durch nichts unterbrochen, keine Katzenpfote, kein Hauch trieb uns auch nur um eine Elle weit voraus, woran der Kapitän natürlich nicht viel Freude haben 150 konnte. Er lief zahllos aus der Cajüte an Deck und / suchte am Himmel eine Spur von einer Wolke, die etwas Brise bringen könnte, aber erbarmungslos schienen die Sonnenstrahlen herab, und schmolzen die obere Schicht des Peches in den Deckfugen.

Eine kleine Unterbrechung bringt das Erscheinen von Fischen in der Nähe des Fahrzeuges, wie es oft vorkam, und jedesmal eine allgemeine Aufregung hervorrief, sowohl bei den Offizieren, wie bei mir. Leider gelang es nicht, eines Tieres habhaft zu werden.

In der Nacht war es heute eine Aufgabe, die Augen am Ruder und auf dem Ausguck offen zu halten, denn kein Hauch schwellte die Segel, leise rollte das Schiff uns langsam von einer Seite zur andern, indem die Segel ab und zu aufschlugen, dazu war die Luft so milde, und wir selbst so müde, da wir tags über keinen Schlaf fanden.

So lag das Schiff in tiefem Schlummer, als ich aufgeschreckt wurde, durch Kommando Rufe des Capitäns, und durch die rasselnde(n) Töne des losgeworfenen Royalfalles. Erschreckt sprang ich auf, ringsum tiefe Dunkelheit, schwarzes Gewölk umzog den ganzen Himmel, und Regentropfen fielen klatschend, hier und da auf die Planken. Eine Gewitterböe nahte, da unsere Wache zu Koje hatte, suchte ich meine Bettsachen auf, und verfügte mich in das Logis, indem eine kannibalische Glutwelle uns entgegen schlug. Gleichwohl mußten wir 151 drin / bleiben und legten uns in die Koje. Da hörten wir dann das Aussingen der Wache, wie sie die kleinen Segel fortnahm, während der Regen wolkenbruchartig hernieder fiel. Wider Erwarten schlief ich bald ein, beim Auspurren fanden wir dann alles durchnäßt an Deck und feucht glänzend, aber dieselbe Ruhe lag auf der Tiefe und von weit her hörte man das Schnaufen der Bewohner des Meeres.

Dieselbe Stille, aber mehrfache Regengüsse erfolgten, wie sie in dem Grade nur in den Tropen möglich sind. Dieser Segen an frischem Wasser kam uns sehr genehm, da wir doch alle Behälter bis an den Rand füllen konnten, aber lieber wäre einem jedem doch gewesen, wenn die Böen Wind gebracht hätten.

Nachmittags gelang es uns, einen Fisch zu fangen, einen 5 Fuß langen Delphin, der uns sehr mundete, aber leider auch wieder die unangenehme stinkende Beschäftigung wieder brachte.

Am **folgenden Tage** war das Wetter nicht anders, so daß ich mich jetzt daran gewöhne, tags über 6 Mal zum Royal zu rennen.

Endlich, **am Freitag**, brachte ein weißes Gewölk etwas Wind, der dazu noch gut ist, und uns 5 Meilen schnell dahintreibt, für jetzige Verhältnisse eine bemerkenswerte Geschwindigkeit. /

Schaaren von fliegenden Fischen beleben die See, da aber das Schiff jetzt sehr hoch, ungefähr 18 Fuß über Wasser, liegt, bekommen wir keine an Deck, trotzdem der Koch öfters ein Licht zeigt, um die Fische anzulocken. Uns ist das egal, denn was geht es uns an, wenn der Alte frische gebackene Fische ist, wir riechen blos den schönen Dunst, der bei solchen Gelegenheiten aus der Cambüse strömt, und mich schon öfters verleitet hat, nachzusehen, ob man nicht etwas heimlich erwischen kann. Einmal gelang es mir. Was sind das für Zeiten, wo der Geruch eines gebackenen Fisches, der nichts beser ist wie ein Stint, zum Mausen verleiten kann.

Bei diesem guten Wetter wird die Arbeit des Anstreichens der Regeling schnell vollendet, alle Mann sind ununterbrochen dabei thätig, und es würde für die Angehörigen ein seltsames Bild sein, Diedrich und mich, nebeneinander sitzend, ernst und emsig den Weißpinsel führen zu sehen. Der Große kriecht dann von einem Malenden zum andern, und fühlt und sieht in alle Ecken. Wehe, wenn er dann einen Fleck findet, der übergangen wurde, der betreffende bekommt dann gut was zu hören, aber es schadet nichts, da ein jeder ihn doch innerlich auslacht. /

Am **Montag d. 11.Januar** hatten wir das Glück, den Fisch zu fangen, welchen wir Seeleute Delphin nennen[111], dessen eigentlichen Namen ich nicht sagen kann. Es ist dies wohl der schönste aller Fische und auch der schnellste, er ist keineswegs von bedeutender Größe, sondern

152

153

ang und schmal, seine Farbe ist kaum zu benennen, da er in allen Farben schillert. Zu Hunderten jagt ein, oder zwei dieser Fische die fliegenden Fische vor sich her in die Luft hinein, indem er deutlich sichtbar, dicht unter der Oberfläche hinter den fliehenden Fischen herschießt. Wir bekamen ihn lebendig an Deck, so daß ich Gelegenheit hatte, den so vielfach von Matrosen erwähnten Farbenwechsel bei seinem Tode zu sehen. Anfangs war er bleich mit himmelblauen Farbenanfluge und schillerte von gewissen Seiten gesehen bronzeartig, dann aber verging die blaue Färbung zusehens, desgleichen der bronzeartige Glanz, dafür ward der ganze Fisch weiß mit Silber Glanz. Es war dies ein Anblick, der nicht so schön war, wie ich es mir gedacht hatte, denn dazu waren die sehr schönen Farben nicht ausgeprägt genug, aber doch eigenartig war. Der Große bezeichnete den ganzen Vorgang damit, daß der Delphin sich „verklärte".

154   Man fängt ihn, wie auch wir, mittelst einer von weißem / Zeug umwickelten Angel, die an langer Leine vom Bugspriet herabhängt, und bei dem Schwanken des Schiffes wie ein fliegender Fisch bald durch das Wasser, bald durch die Luft geführt wird.

Von seinem Fleisch, das sehr gerühmt wird, bekamen wir nichts zu sehen, es wurde in der Cajüte verzehrt. So ist es immer, *Jan Maat* fängt mit eigener Angel Fische, um dem Capitän damit einen guten Tag zu machen. Fürderhin hängt aber niemand eine Angel mehr aus nach solchen Erfahrungen, trotzdem wir anscheinend auf einer Bank und zu der Leichzeit uns befinden, denn das Meer ist belebt von allen Fischarten.

So haben wir am **Mittwoch d. 13. Januar**, wieder das Glück, einen großen Buttskopf[112] zu fangen, es ist dies ein Fisch, größer wie der „Schweinfisch", aber mit einer stumpfen Schnauze. Sein Fleisch schmeckt gerade so, und auch er hat ein mächtiges Specklager unter seiner Haut, so daß mir wieder das Glück des Speckschneidens blüht. Auffallend ist es, daß sowohl bei diesem wie bei den früher gefangenen der Speck durchsetzt ist mit unzähligen erbsen großen runden Knoten, die ich für Finnen halte.

Eine Stunde nach dem Fange stand ich am Ruder, während ich jetzt mich umschaute, was ich ruhig thun durfte, da völlige Windstille

155   herrschte, sah ich die große Rückenflosse eines Haies / sich dem Schiff nähern, dies teilte ich dem Koch mit, der dann sofort Angel und Speck holte. Mittlerweile war der betreffende Hai an das Schiff gekommen,

begleitet von einem jungen und den bekannten Lotsen. Er mußte sehr großen Hunger haben, denn sowie der Köder das Wasser berührte, schoß er gierig darauf zu, wie er sich aber herumgeworfen hatte, war die Angel wieder hoch in der Luft. Unser Koch wollte ihn ärgern, das gelang ihm auch durch mehrmaliges Hochziehen des Speckes so gut, daß das Tier furchtbar wütend wurde, in das Ruder biß und mit dem Schweife wild das Wasser peitschte. Endlich ließ der Koch ihn anbeißen, ha! da war er geliefert, mit „Hurrah" ward er heraufgezogen, aber da es sich herausstellte, daß das Tier so groß und schwer war, daß es Talljen bedurft hätte, um ihn an Deck zu schaffen, er war über 3 *Meter* lang, warfen wir ihm eine Schlinge über, und ließen ihn halb im Wasser hängen. Was machte er jetzt für einen Lärm, aber es half ihm nichts, er mußte sterben, denn er ist des Matrosen Feind, und oftmals kamen die Leute her, um sich an dem Todeszappeln des teuflischen Tieres zu erfreuen. Der kleine Hai war verschwunden, jedenfalls durch das Lärmen erschreckt. Nach einer Stunde wurde der Tote losgeworfen, damit er den anderen Tieren zum Fraß diente. /

Wie ich abgelöst wurde und darauf mich noch einmal über die Regeling beugte, fand ich nicht weniger wie 4. der ekelhaften Fische vor, die langsam um das Steuer herumschwammen und gierig nach mir heraufschauten. Kalter Schauer überlief mich, als ich dachte, wie ich im Augenblick zerrissen sein würde, wenn ich über Bord fiele. Ich mochte nicht lange diesen Wesen zuschauen, sondern ging nach vorn und meldete es dem Koch, der sofort eine Angel überwarf, aber vergebens, indem keiner der Haie Notiz davon nahm. Sie hatten gewiß schon gespeist, vermutlich ihren Bruder und verschmähten jetzt Pökelfleisch, zumal sie an Bord so viele Menschen waren, die ihre grünen Augen gierig betrachteten. Gegen Abend biß einer an, nach kurzem Kampf gelang es ihm aber, sich wieder loszureißen, trotzdem blieb er beim Schiff.

156

Donnerstag den 14. Januar

Ein leiser Hauch schwellte ab und zu die oberen Segel, aber nur für Augenblicke teilten sie dem Schiff eine Bewegung mit, denn nach wenigen Minuten erstarb die Kühlte (gelinder Wind) und langsam schlugen Royal und Bramsegel wieder zurück. Die See ist spiegelblank, nur

*Auf dem Klüverbaum
(Aus W. v. Henk:
Zur See, ca. 1895)*

kaum sichtbar schwillt sie an und fällt, sie athmet ruhig wie mit tiefem
Schlaf umfangen. Dann kommt wieder leise Bewegung, wie ein dunkler
157   Schatten läuft es über die / Wasser. Der Capitän oder Steuermann
steht von seiner Arbeit (Segelnähen) auf, tritt an die Regeling, schaut
nach der betreffenden Gegend hin, beobachtet den Windflegel[113] am
Großmast, wirft dann Taue an Deck. „Backbord Grot Brassen." Langsam holen die Rahen herum, die Segel steigen erst, fallen zurück, öfters, Royal steht voll, das Schiff bekommt wieder Steuerfähigkeit, luvt
an, oder fällt ab, und kaum hörbares Rieseln zeigt an, daß wir wieder
einige Ellen weiter segeln. Die Leute gehen an die Arbeit, schweißüber-
strömt, der Große schaut noch einmal nach oben und setzt sich wieder
an die Arbeit. Bald klappert der Royal wieder, noch einigemal schwellen die Tücher aus, dann wird es still, totenstill, und das Schiff dreht
sich steuerlos langsam herum.

So ging es auch heute, am **Freitag den 15. Jan.**
am folgenden Tage, den **16. Jan.**, veränderte sich für einige Stunden
das Bild, indem eine Böe ziemliche Brise brachte, so daß das Fahrzeug
7 ½ Meilen schnell dahinsauste. Alles war froh darob, vom Capitän,
der zum ersten mal wieder ein vergnügtes Gesicht machte, bis zu dem
Schiffsjungen, denn es ist so ängstlich, auf unbewegtem Meer dazulie-
gen, ohne Wind, unter wolkenlosen Himmel, der die Augen thränen
macht, es überkommt einen jeden das Gefühl, als ob es nimmer wieder
158   Wind gäbe für uns, als ob wir hier / liegen müßten bis in die Ewigkeit.
Kommt dann aber Wind, so ist alle Befürchtung vergessen, die bösen

Gedanken vergehen vor der Brise, der Anblick der bewegten Flut, der geschwellten Segel, das Rauschen des Wassers vor dem Bug, das Pfeifen des Windes giebt neuen Mut. Es war auch gut, daß wir erlöst wurden, denn das Schiff beginnt, schmutzig zu werden am Boden. Langhalsen siedeln sich an, und lange grüne Algen wuchern an den Seiten. Ein Paar Tage Stille bewirken, daß ein Schiff einige Meilen in der Stunde weniger macht. Am Nachmittag sang ein Matrose aus, daß voraus Takelwerk aus dem Wasser schaute, eilends liefen wir alle auf die Back und betrachteten die Spiere, die, zerbrochen, aus dem Wasser hervorschaute. Es war ein Mast, mit Saling und Raaen, einem großen Fahrzeug angehörig. Eilend schossen wir an diesen letzten Spuren eines Schiffes vorbei, und bald war das Wrack verschwunden. Wem mochte der Mast angehören? „Waren Menschen gerettet?" Waren diese vielleicht noch im Boot? oder waren sie auf einem Riff? Gleichsam als Antwort darauf sahen wir einige Stunden später eine versiegelte Flasche hart am Schiff vorbeischwimmen. Der Capitän sah sie auch, aber unbekümmert darum setzte das Schiff den Weg fort, der Alte wollte sich nicht aufhalten lassen. Ich war der Meinung, daß dies eine böse Unterlassung Sünde / war, denn es hätte kaum einer $\frac{1}{4}$ Stunde bedurft, das Schiff beizudrehen und die Flasche zu holen, zumal die Gig (leichtes Beiboot, Kommandantenboot) in den Davits (starke gekrümmte Träger für das Beiboot) hing, fertig, sofort in das Wasser gelassen zu werden. Das Wetter war dabei sehr schön. Diese Flasche, mitten im indischen Meer, war gewiß von großer Bedeutung, und hätte Aufschluß geben können, über eine Catastrophe, die vielleicht so ein ungelöstes Rätsel blieb. Sogar der Gedanke an die vor kurzem hier in diesen Strichen verschwundene Corvette AUGUSTA[114] kam mir in den Sinn.

159

Es mag alles dies sein, wie es will, als gerechte Strafe däuchte es mir, als bald darauf die PALLAS unfreiwillig zum Stillstand kam, indem die Brise plötzlich nachließ und um 6. Uhr Abends Stille herrschte. Da aber die See noch lief, lagen wir nicht so ruhig wie zuvor, sondern wurden auf wilde Art umhergeschleudert, wobei die Segel schlugen, als ob sie zerreißen wollten. Der Capitän hoffte, auf ein baldiges Einsetzen des Windes von einer andern Seite, aber am nächsten Morgen,

Sonntg. den 17. Jan. fanden wir, als wir um 7 Uhr an Deck kamen, die See spiegelglatt vor, und die Segel regungslos schlaff von den Raaen hängend. Der Rauch aus der Cambüse stieg kerzengrade in die Luft, zwischen den beiden Masten hindurch.

Ein schrecklich heißer Tag kündete sich an, schon zu so früher Stunde, wo die Sonne erst eine Stunde hoch war, verursachte die ge-

160 ringste / Arbeit, wie das Tassen waschen, Schweißausbruch. Als ich mich zu diesem Behufe über die Regeling lehnte um Wasser aufzuziehen, sah ich, wie bei dem kaum merklichen Rollen das Gras weit ab flutete in langen Strähnen. Die gnadenlos scheinende Sonne, der eherne Himmel, das tote Meer, alles deutete an, daß die Stille total war und uns lange gefangen halten konnte. Tagsüber war heute, als am Feiertage, an dem sich jeder vor der Sonne schützen konnte, nicht viel Bewegung zu sehen, denn ein jeder suchte die dunkelsten Winkel auf, um hier zu schlafen, oder Schiffe zu schnitzen. Der Alte hat seine Cajüte durch ein darauf gelegtes Segel, daß über Bord hängt und beständig feucht erhalten wird, geschützt, und wurde nur einmal sichtbar, um einen Hai zu schießen, der sich als unser Bekannter auswies durch eine von der Angel gerissene Wunde. Auch heute entkam er den Schüssen.

Montag, d. 18.Januar.

Totenstille. Kein Hauch! Die Hitze wird unerträglich, das Barfuß gehen ist unmöglich geworden, versuchen einige es dennoch, so machen sie es wie Bären, denen man auf heißen Platten das Tanzen beibringt, da die Planken, die den ganzen Tag der Sonne preis gegeben sind so heiß sind, daß das Wasser, das etwa hinaufgegossen, gleich verflüchtigt wird zu Dampf. 38° im Schatten, 25° Wasserwärme. /

161 Das Trinkwasser ist ungenießbar durch seine Wärme, es beginnt, leise an zu stinken. Im Brod zeigen sich dicke Maden, die mich jetzt anwidern, aber an die ich mich gewöhnen muß. Die Seeleute lachen darum, und werfen das Brod in heißen Caffee, die von unten kommende Hitze zwingt dann die holden Geschöpfe nach oben zu kriechen, aus den Löchern heraus, wo sie dann abgeschöpft werden. Die niedere Tierwelt gedeiht vorzüglich bei solch heißer Witterung, das sieht man an den Kakerlaken, die uns aus dem Logis vertreiben. Trotzdem ich fast täglich das Ölzeug ausschütte, finden sich jedesmal hunderte davon im Zeuge verborgen, und es ist schade, daß wir keine Hühner haben, die sie mit Gier verschlingen würden. In den Kisten sind vollends Myriaden dieser braunen niedlichen Tiere, viele sind totge-

drückt zwischen den Hemden u.s.w., ihr Schmutz ist ekelhaft und es würde bös sein, wenn man nicht jeden Sonntag die ganze Kiste ausleerte, umschüttete und jedes Hemd, jeden Strumpf auseinander faltete, um sie von ihren Bewohnern zu befreien.

Dienstag d. 19. Jan.

Noch immer stille Luft und dieselbe Hitze. Wir müssen jeden Abend längere Zeit Wassermassen an Deck schleudern, damit die Planken sich vollsaugen, thäte man dies nicht, so würde jedes Stück Holz ausdörren sich zusammenziehen, Risse würden einspringen, und die Nähte (Fugen zwischen zwei Plankengängen)/aufgehen, so daß beim nächsten Wetterumschlag, bei Regen oder Über Bord kommen von Wasser, letz(t)eres in Strömen durch das Deck laufen würde.

162

Wir hängen jetzt Tagsüber außen Bord auf Stellagen, um von vorn bis hinten, von der Regeling bis an das Wasser den Rost zu entfernen und dann das Schiff zu malen. Dies Hämmern verursacht einen solchen Lärm, daß man sich zurückversetzt an eine Weser Werft, wo rastlose Hämmer den ganzen Tag daraufloschlagen. Die unbewegte Stellung des Schiffes erlaubt uns, bis an die Wasserlinie zu hämmern, so daß zeitweise die Beine unter Wasser sind.[115] Dies ist so überaus klar, daß die Seiten des Schiffes und namentlich der Steven klar und deutlich vor uns liegen, man kann jede Niete sehen, jeden Krebs, der zwischen den Muscheln durch die Algen einherschleicht. Einmal fiel ein Hammer aus der Hand, lange, lange, lange konnte man ihn herabsteigen sehen, bis er winzig klein wurde. Wie er dann verschwand und ich mir vorstellte, wie er jetzt noch lange, lange fiel ehe er den tiefen Grund erreichte, überlief mich ein Grausen vor diesem Abgrunde, über dem wir schwebten auf schwankem Brette. Während wir arbeiteten, ging der Alte mit einem Gewehr auf und ab, um möglicher Weise kommende Haie zu verscheuchen, da wir mitunter in Stellungen längere Zeit verharrten, in denen wir eine Beute derselben hätten leicht werden können. /

Daß bei der unerträglichen Hitze die Arbeit nicht allzu schnell ging, ist erklärlich, ganz durfte sie aber nie stocken, denn dann steckte sofort der Große sein Gesicht über die Regeling, was in der Regel genügte, um alle Hämmer in Bewegung zu setzen.

163

Heute am **20.t.Januar** hatten wir uns eines seltenen Genusses zu erfreuen. Es kamen nämlich Schaaren kleiner Fische an das Schiff, die in lustigem Spiele sich ergingen, aber nie an die Oberfläche kamen, sondern sich tief hielten. Wir warfen probeweise eine Angel aus, ohne allen Köder. Sofort saß ein Fisch dran, wie er aufgeholt wurde zeigte er sich wie ein Hering etwa. Der Versuch ward wiederholt, er glückte wieder, und in einigen Stunden hatten wir soviel, daß die ganze Mannschaft sich sattessen konnte. Wenn auch bei der Zubereitung des Fisches die Butter fehlte, so war es doch eine angenehme Unterbrechung in dem ewigen Pökelfleisch.

Nachts ist es herrlich. Alles schläft an Deck, und es gewährt einen merkwürdigen Anblick, wie in allen Ecken, an der Regeling, zwischen den Ankern, auf dem Luk, die Schlafenden liegen, die Wache habenden auf nackten Planken, die andern auf den herausgeschafften Betten. Ringsum herrscht tiefe Ruhe, kein Laut stört sie, auf dem weiten Meere schweigt es und ruhig glänzen die Sterne herab. /

164   **Donnerstag 21.Januar**

Vergebens schaut der Capitän jeden Morgen nach Wind aus, wie ein Spiegel liegt das Meer unermeßlich dar. Eine böse Stille hat uns gefaßt, wer weiß, wann wir erlöst werden, und werden wir es überhaupt. Gott sei Dank brauchen wir uns für das erste noch keine Sorge zu machen, denn wir haben Proviant für ein Jahr und Wasser für 170 Tage in den Tanks. Diese sind noch nicht berührt, da wir 5 Fässer voll bei unserm Absegeln an Deck liegen hatten.

Die Arbeit des Rostklopfens schreitet gut vorwärts, da alle Mann ununterbrochen dabei sind. Wenn wir auf der Stellage sitzen, schauen wir oft in das Wasser, denn eine Menge eigentümlicher Gestalten bewegt sich in der Tiefe, leider aber läßt sich ihre Gestalt nicht genau erkennen, da diese Fische nur Nachts herauf kommen, dann sieht man sie leuchtend einherschwimmen. Ab und zu umschwimmen Haie das Fahrzeug, indem sie mit ihrer Rückenflosse die Oberfläche des Wassers durchfurchen, wie gerne möchten sie uns die Beine wegschnappen, aber der Alte versteht es, sie durch einige Schüsse in respektvoller Entfernung zu halten.

Es ist ganz eigenartig, wenn man bemerkt, wie das Fahrzeug aus irgend einem Grunde langsam herumschwojet, sodaß vielleicht das Schiff an einem halben Tag 160° abfällt und sich wieder herumdreht. /

Auch am folgenden Tage tiefe Stille. Um keines Fußes Breite sind wir seit 8 Tagen vorgerückt. Mittags konstatirt der Alte stets, daß wir wie vor 8 Tagen noch immer unter der Linie schweben. Eine Folge der Thatsache ist es, daß die PALLAS anwächst, in einem Grade, die nicht viel Schnelligkeit im Segeln verspricht, wenn es uns gelingen sollte, je wieder los zu kommen aus unsern Fesseln. Wir „vor dem Mast"[116] empfinden ja nur die Hitze und das Unangenehme, des Totdaliegens, aber wie muß der Capitän ärgerlich sein, wenn er berechnet, was er verliert durch die längere Reise, durch die täglichen Kosten des Fahrzeuges, durch zu spätes Ankommen auf dem Markt, durch die von dem Anwachsen herrührende Langsamkeit im Segeln u. s. w.

165

Am Sonnabend den 23. Januar., dieselbe Stille. Der Alte geht in seine Cajüte und zeigt sich nicht mehr. Es war dann Nachmittags um $3\frac{1}{2}$ Uhr als ich am Ruder stand und während des träumerischen Lehnens am Rade plötzlich einen kühleren Hauch fühlte. Ich dachte, es sei dies eine Strömung die durch das Schlagen des Besahns verursacht sei, aber ich hörte ein Knarren, das mich veranlaßte, nach oben zu schauen, da sah ich dann, wie der Besahnbaum hinüberschwang und der Wind das Segel füllte. Alles war back, d. i. von vorn gefüllt, und die PALLAS trieb langsam herum. „All Back" rief ich! /

Wohl selten hatte je ein Ruf so plötzliches Erscheinen aller Leute zu Folge, im Nu war der Alte an Deck, blitzschnell schaute er nach oben, auf das Meer und den Compaß, dann warf er die Brassen an Deck und an Steuerbord ganz los. *„Backbord Grotbrassen!"* Hei, wie schnell flogen die Rahen herum, und boten der Brise die Leinwand, daß diese sich schwellend hob, ein erfreulicher Anblick. „Fock dal! Grotseil dal! Heiß up de *Stagseils!"* Immer mehr Tuch ward gesetzt, bis wir von dem Flaggenknopfe bis an Deck alle Lappen bei hatten, und lustig ging es mit dem Wind einige Striche frei an dem stärker werdenden Winde hin. Gegen Abend wurde die Kühlte zu einer derben Brise, die uns gehörig auf die Seite legte, aber da ward kein Royal, kein Außenklüver heruntergenommen, jeder Hauch ist Gold wert, der uns aus der Region der Stillen, den *Calmen* bringt.

166

Die ganze Nacht blies der Wind mit gleicher Stärke, auch am andern Morgen flog der Schaum über die Schanzen, als wir um 7. Uhr an Deck kamen. Das ist doch ein ganz anderes Gefühl, wie das tote, regun(g)slose Daliegen auf einem Meere, das beginnt zu stagnieren und sich mit niederer Vegetation zu erfüllen. Leider ist aber die Zeit genügend gewesen, um die Langhalsen in solcher Zahl sich ansiedeln zu lassen, daß wir einige Meilen / in der Stunde weniger laufen, wie früher.

167

In aller Frühe sah ein Mann plötzlich voraus die von der Sonne beschienenen Segel eines Schiffes. Wir sahen bald, daß es ein Mitsegler sei, und waren sehr gespannt, ob wir ihn aufsegeln würden. Am heutigen Tage aber kamen wir nichts näher, sondern blieben in gleicher Entfernung. Kommt nach langer Pause endlich ein Schiff in Sicht, so ist ein jeder gespannt, was für ein Fahrzeug das ist, ist es dazu ein Mitsegler, so ist man es doppelt namentlich in Bezug auf die Schnelligkeit, die es zeigen wird. Bei hereinbrechender Finsternis waren dieselben Segel sichtbar, ohne daß die Untersegel aufgetaucht waren.

Am andern Morgen betraten wir natürlich voll Erwartung das Deck, aber da fanden wir, daß Stille herrschte, das Meer glatt und unbewegt dalag und kein Segel sich rührte. Der Mitsegler war in gleicher Entfernung, da das Schiff jetzt sich bald hierhin bald dahin drehte, lag er einmal hinter uns, dann querab.

Unsere alte liebe Beschäftigung begann von neuem, die Stellings (leichte Holzgerüste, Arbeitsplattformen) über Bord gehangen, ein jeder bewaffnete sich mit einem Rosthammer und das Schiff dröhnte von den fortwährenden Schlägen. Ich glaube wir können uns abermals auf eine längere Zeit von Stille gefaßt machen, es schaut alles so aus, als ob es in Wochen nicht blasen würde. /

168

Dienstag den 26. Januar.

Die gleiche Stille

Mittwoch den 27. Januar.

Immer noch still.

Wir sind jetzt seit etwa 14. Tagen auf einem Fleck gebannt. Die Geister des Windes, die der Tiefe steigen auf. Abenteuerliche Gestalten zeigen sich im Meer, einige riesengroß. Haie lauern umher. Das Wasser trübt sich durch glasige Stückchen, die dicht einherschwimmen. Bimsteinstücke bedecken die See, manche klein, manche riesengroß, aber alle ragen nicht viel mehr aus dem Wasser empor, sie sind bewachsen mit allen möglichen Muscheln und Krebse kriechen daran herum, in ihrer Nähe halten sich seltsame kleine Fische auf, „Altweiber"[117] nennt sie der Seemann, wegen ihrer Gestalt und namentlich ihres dicken Kopfes, der mit einem häßlichen Weibe Ähnlichkeit besitzt. Es gelang mir, mittelst eines aus meinem Strumpfnetze verfertigten Hamens (langstieliges Handfischnetz, Kescher) viele Bimsteinstücke und auch einige Fische zu fangen. Letz(t)ere bekam der Capitän, der sie in Spiritus versetzte, dieser war den Tieren wohl zu stark, denn sie machten ein drolliges Gesicht, indem ihr Kopf riesig anschwoll und die Augen weit hervortraten. Die Bimsteinstücken aber wurden abgekratzt und die so gereinigten in den Vorratsraum gebracht, da sie bei Deckscheuern Verwendung finden sollen. /

Donnerstag **den 28. Januar.**

Keinen Wind brachte uns der heutige Tag.

169

Wir waren daher wie gewöhnlich beschäftigt und arbeiteten an der Backbord seite in der Nähe des Fockmastes, als wir um 3 Uhr Nachmittags plötzlich etwas Bewegung an Deck hörten, dessen Grund wir nicht errieten, weshalb einer hinaufging. Er kam bald wieder mit der großen Neuigkeit daß ein Dampfer uns nahte. Wohl keiner an Land kann ermessen, welch Aufregung das hervorbrachte, die namentlich deshalb so groß war, weil wir an der entgegengesetzten Schiffsseite hingen, und nichts sehen konnten. Wir durften ja nicht den Platz verlassen, aber schließlich versuchte es einer nach dem andern vorsichtig auf Deck zu kommen. Es gelang allen, da die Offiziere selbst gespannt den Nahenden beobachteten, nur der Alte war nirgends zu sehen. Der Große holte die Flagge, aber nicht um zu signalisieren, denn das war unmöglich, weil die Flaggen lose herabhingen, ohne ihre Bedeutung erkennen zu lassen. Es schien ein großes Schiff zu sein, das so unwiderstehlich auf uns her kam, so unbewegt und doch so schnell. Vor seinem Bug erhob sich das aufgeworfene Wasser glänzend und stetig, es schien fest zu sein, so gleich blieb es sich, eine dicke Rauchwolke zog sich hinter ihm her. /

Aus dem Skizzenheft Franz von Wahldes

170   Immer näher kam er, bald hielt er einige Strich näher auf uns zu, seine Brücke ward sichtbar, die besetzt mit Menschen war. 4 Boote hingen an jeder Seite, ein langer Mittelbau zog sich über die Hälfte des Schiffes, Sonnenzelte bedeckten das ganze Verdeck und die Sonne spiegelte sich in zahllosen runden Fensterchen an seiner Langseite. Es war also ein Passagierdampfer, und richtig zeigten sich bald an allen Plätzen Menschen, die in gleicher Weise, wie wir zu ihnen, herüberschauten, denn unser Schiff mußte in seiner Regungslosigkeit ebenfalls einen interessanten Anblick bieten. Wie es dicht an uns vorbeizog, stieg an seiner Gaffel die zusammengebundene Fahne auf, um oben angelangt, sich zu entfalten und stolz die deutschen Farbe(n) zu zeigen. „Ein Deutscher." Schnell stieg auch unsere Trikolore[118] auf und wie fing da das Winken und Grüßen an. Es war der FIDELIO aus Hamburg.[119] Zu schnell zog er vorbei, die Umrisse der Personen verschwammen, sie wurden zu kleinen Pünktchen, um unkenntbar zu werden. Tiefer senkte sich sein Rumpf, jetzt ragte noch der Schlot, jetzt nur die Masten hervor, bis auch diese langsam untertauchten. Aber noch lange bezeichnete eine Wolke den Punkt wo der Steamer verschwunden.

Unser Alte hatte sich nicht blicken lassen, jedenfalls war / es ihm zu 171 ärgerlich, anzusehen, wie jener so pfeilgeschwind dahineilte, seinem Hafen (zu), während die PALLAS mit unbelebten Schwingen ruhig liegen mußte, außer Stande, auch nur einen Schritt mit zu machen.

Freitag d. 29. Jan.

Noch immer tiefe Stille.

Sonnab. 30. Jan.

„Holt de Raaen an den Wind!" Dieser Ruf holte uns vom Mittagessen fort. Es war eine leise Brise gekommen, die uns gestattete Kurs zu laufen. Wir gehen wirklich voraus.

Sonntg. 31. Jan.

Die Brise ist geblieben, das Log giebt uns nur 4 Meilen in der Stunde, aber eine jede bringt uns etwas näher an die Grenze der *Calmenzone*, und damit näher dem Passat, oder Monsun, wie er hier heißt.

Es blieb jetzt für die nächsten Tage leichter Wind, dann kamen ab und zu Wolken hoch, die kleine Schauer mit sich brachten. Am Dinstag setzte sogar eine heftige Bööe ein, die uns zwang, ein Segel nach dem andern fortzunehmen, was uns nach den letzten Wochen voll Stillen, eine ganz neue ungewohnte Arbeit war. Wären wir nur tiefer beladen / so könnten wir mehr Segel führen und das Verlorene an Zeit etwas wieder einholen, aber unter Marssegeln trug die PALLAS fast mehr, 172 wie rätlich ward. So lief uns denn eine Bark vorbei, als ob wir still gelegen hätten. Das sieht bös aus für unsere Rückreise, auf der wir 18 Fuß tief liegen werden, hoffentlich gibt es dann nicht so viel Stille, sonst kommen wir nimmer an.

Ein fürchterlicher Regen dauerte fast den ganzen 3. Februar, der die ganze Aussicht versperrte, da der Capitän aber die See frei weiß auf unserm Kurs von Inseln, hält er unter einem Segelpreß gerade aus.

Bis zum 7ten blieb der Wind leicht, da aber fanden wir eines Morgens das Schiff hart überliegend, und hörten es überall knacken im Holzwerk, während das Wasser in den Leegängen wusch. Wie wir die

Thür öffneten sahen wir das Wasser pfeilschnell an uns vorbeischießen und gewaltige Seen nach Leewärts rollen. Eine Lust ist es jetzt, an Deck zu stehen, denn bei diesem Wetter kann man nicht Rostklopfen, sondern nur geringe Arbeit verrichten. Der Fang eines schönen Delphins rief den Alten zu uns her, der diesmal nur einen Teil für sich in Beschlag nahm, und das andere / uns überließ. Das Log gab nur 9. Meilen. Wie leicht hatten wir auf der Ausreise, wenn beladen, so viel gelaufen, und welcher Brise bedurfte es jetzt, wo wir halb so tief gingen.

173

Eine Bark kommt in Sicht, voraus.

Am nächsten Tage, gerade wie wir zu unsrer Freude die Bark aufgelaufen hatten, wurde es still, aber in der nächsten Nacht konnten wir unsern Weg wieder fortsetzen, da ein leichter Wind aufsprang. Am Morgen war die Bark rechts ab, aber hinter uns zurückgeblieben.

Ein zweiter Mitsegler kam Mittwoch in Sicht, der uns bis Abend auflief, so daß wir seinen Rumpf etwas sehen konnten, er zeigte sich als vollgetakelter Schuner und der Alte hält ihn für einen Blankeneser Schuner, der Tags nach uns von *Port Louis* segeln sollte, ebenfalls nach „*False-Point*" bestimmt. Es war etwas tröstliches, zu wissen, daß ein Schiff, welches nicht anwachsen konnte, weil es von Holz, und gekupfert[120] war, bis jetzt uns erst so wenig aufgeholt hatte.

In der Frühe des **11. Februar** fiel der Wind langsam ab, zugleich befand sich der Schuner in sehr großer Nähe, die Bark dagegen war noch mehr gesunken (hinter die Kimm gesunken). / Nunmehr zeigten die Formen des Schuners an, daß es jedenfalls der Blankeneser war; um sicher zu sein, ließ der Alte unsre Nummer im Winde wehen. Sofort that der andere dasselbe und obwohl bei der lauen Brise kaum die Flaggen auswehten, konnte man ersehen, daß unsre Vermutung die richtige war.

174

Bald nach dem Signal schlief der letzte Hauch ein, spiegelglatt dehnte sich die See, diesmal aber nicht so schaurig an zu sehen, denn die beiden Segel nahmen dem Weiten etwas von der Leere. Man glaubte nicht mehr an eine unendliche Stille, sondern sah schon die Segel gefüllt und alle drei ihren Weg gen Nord verfolgen. Um 4. Uhr Abends geiten beide Mitsegler ihre Segel auf, um sie zu schonen, der unsrige Capitän ließ die Rahen vierkant holen und drauf los schlagen. Er behauptete, daß eine leise südliche Wind Strömung vorhanden sei, die das Fahrzeug doch etwas vorwärts bringen würde. Keiner konnte dies fühlen, und doch blieben die Fremden hinter uns und sanken langsam ihren Rumpf, dann ein Segel auf das andere. Der Capitän freut sich sehr, ob dieses Beweises seiner Behauptung. /

Eine leichte Brise sprang in der Frühe des **12. Februars** auf, dauerte aber leider nur 24 Stunden, denn am 13ten ward es still. 175

Erst am Montag den 15ten begann es leise zu wehen. Mit welcher Freude gewahrt man das Herannahen einer solchen Katzenpfote, treibt sie uns doch von der Stelle! Heute war kein Mitsegler zu sehen, wir hatten Bark und Schoner hinter uns gelassen. Viele Fische, Haie und alte Weiber umschwärmen die Bark, dabei frißt der Hai keinen der letz(t)eren Art, da er jedenfalls die großen Stacheln kennt, die der Fisch senkrecht von sich fortstreckt, wenn man ihn reizt. Auch zwei ungeheure Fische zeigten sich in der Tiefe, kamen aber leider nicht hoch genug, um ihre Gestalt erkennen zu lassen.

Am Dinstag tauchte die Bark wieder hinter uns auf und holte uns am **17ten Febr.** wieder ein. An diesem Tage scheinen wir in den Nordostmousson[121] gelangt zu sein, es bläst nämlich stetig eine derbe Brise aus dieser Richtung, die unser Schiff stark auf die Seite legt. Das Wasser beginnt über die Luvreeling zu spritzen, ab und zu stampften wir energisch ein. Royal und Vorbramsegel müssen festgemacht werden, damit auch Gaffeltopsegel, Stagsegel und Außenklüver. Das ist sehr schade drum, denn jetzt kommt die Bark, welche alles stehen hat und auch Marsleesegel führt, Hand über Hand auf. / Wie sie längs seit ab 176 war hißten wir die Signale, damit der Fremde, der doch eher einen Hafen erreicht wie wir, uns meldete. Er antwortet und erweist sich als ein Franzose nach *Calcutta* bestimmt.

Die Luft ist seit einigen Tagen ganz trüb und nebelig geworden; der Horizont ist unseren Blicken verschwunden, es deutet dies auf relativ nahe Lage von Land, wahrscheinlich die *Andamen*[122], die in der Mitte des Bengalischen Meerbusens liegen und auf denen schon manch gutes Schiff bei trüber Luft gescheitert ist.

Dic folgenden Tage bieten nichts erwähnenswertes, indem es derb brist und wir 5 Meilen schnell segeln, Stunde zu Stunde. Zu unserm großen Erstaunen kommt am 20ten die Bark wieder in Sicht, und bleibt sogar zurück. Ein zweimastiger Dampfer mit allen Segeln steuert uns im Nebel vorbei.

Am **23.ten** hatten wir die Freude, ein großes Dampfschiff direkt unter unserm Heck passieren zu sehen, es war ein Frachtschiff und wenig darauf zu sehen, aber schon die Möglichkeit ein Schiff in dieser Nähe, voll von Menschen, in solcher Nähe passieren zu sehen, hat einen wunderbaren Reiz, man sieht alles genau an, die Bauart, die Takelage, vorzüglich aber die neugierigen Gesichter, die zu uns herüber schauen.

177 Die Offiziere auf der Brücke, die Maschinisten / und Heizer, die mit übergeschlagenen Armen vor ihrer Treppe standen, die Matrosen bei ihrer Arbeit und der Koch, der in seiner Thür lehnt. Der Rauch der aus der Cambüse kommt, alles dies macht einen seltsamen Eindruck. Man sieht Menschen an sich vorbeiziehen, so schnell, daß es nur Sekunden dauert, aber gerade diese Kürze macht es gerade so fest in unserm Geist, daß man es nie vergißt. Ein großer Hund sprang auf dem Deck umher, bald schaute er hier, bald dort über die Regeling und bellte mordsmäßig dabei. Unser Hund machte es natürlich gerade so, man konnte ihn kaum wieder beruhigen.

Einige Aufregung brachte die Nachricht eines Matrosen, daß er Schlangen sähe, die im Wasser spielten. Ungläubig wandte ich mich dahin, von wo man sie sehen könnte, und sah nunmehr mehrere 2 Fuß lange, gelbschwarz gefleckte Schlangen im Wasser schwimmen, die

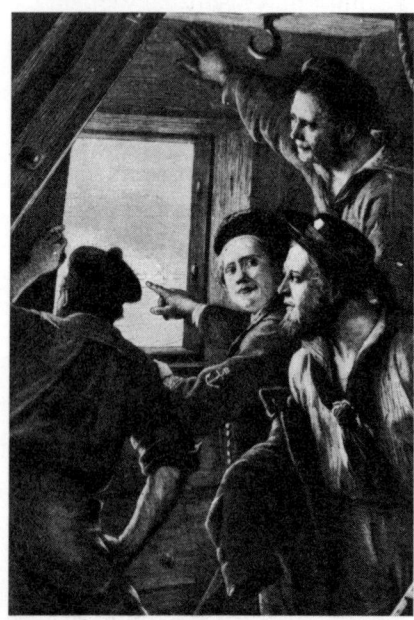

Land in Sicht
(zeitgen. Darstellung)

136

eine trieb hart am Schiff vorbei und ward mit der Welle zur Seite geworfen, nach diesen trieb noch ab und zu ein Exemplar vorbei. Es ist eine Wasserschlange, die sich im Bengalischen Busen häufig findet, und von großer Giftigkeit ist, so daß die Bewohner der Küsten dieses Busens sehr großen Respekt vor ihnen haben. /

Das gute Wetter dauerte an; kam einmal eine Windstille, so dauerte 178 sie nie sehr lange. Am 26.ten ward es still, da der Mousson bis in die Nähe des Landes, in der wir segeln solten bläst und die See in Bewegung hält, genügten einige Stunden Stille, um die Oberfläche des Wassers ganz eben werden zu lassen.

Auf dieser spiegelnden Fläche tauchten große schwarze Gestalten auf, die sich langsam for(t)bewegten und bald regungslos dalagen. Ich hätte nie daran gedacht, daß dies Schildkröten seien, die dort schliefen und sich sonnten. So sagte der Große, und erteilte dann den Befehl, das Boot langsam und ohne Geräusch herauszuschwingen und in die See zu lassen. Hurtige Hände mühten sich im Nu und es gelang in kurzer Zeit das Boot ohne Knarren und Plätschern hinunter zu fieren (und) von den Talljen los zu machen. Man hatte beschlossen einen Versuch zu machen, die großen Schildkröten zu fangen, dazu bedurfte es 4 kräftiger Leute. Leider durfte ich selbst nicht mit, da durch diese 4 Leute und den Steuermann schon die Gig angefüllt war, und ein Überflüssiger die Fänger in ihren Bewegungen gestört hätte. Das Boot stieß ab, vorsichtig auf die nächste (Schildkröte) zu rudernd.

Unendlich leise brachte der Steuermann das Boot jetzt an den Saurier, dabei lehnten die Matrosen greifbereit auf dem Bord, und / sowie 179 sie über dem Tier sich befanden schnellten 8 Hände über das Opfer, ergriffen es hurtig, und ehe die Kröte völlig erwacht war und sich hätte wehren können, war sie im Grund des Bootes auf dem Rücken liegend. Von da an fuhren die Leute weiter hinaus zu einer zweiten, auch diese ward gefangen.

Mit reicher Beute beladen, kehrten die Fänger zurück, wie sie Langseits kamen, sah man deutlich, daß die Tiere Riesen ihrer Art waren. Mit frohem Mut wurden beide an Bord gehißt, wo sie auf den Rücken gelegt wurden und an einem am Bein befestigten Tau nach vorn geschleift wurden. Dabei stöhnten sie seltsam und führten mit ihrem Maul schreckliche Hiebe nach allen Seiten, denen auszuweichen ein jeder Grund hat, da ein Biß mit dem zahnlosen Maul einen dünnen Besenstiel zerbeißen kann. Die größte ward gleich geschlachtet, gerade wie ein Schwein, in dem der Koch die Halsgefäße öffnete. Es dauerte aber sehr lange, ehe das Tier tot war. Dann ward die Unterschale losgelöst, worauf man die Einsicht in das Tier bekam, das durchaus nicht so viel Fleisch jetzt aufwies wie es versprochen hatte. Es war Mittags kaum genug für alle Mann. /

180 Heute Abend ward die Botschaft verkündet, daß morgen früh die Ankerketten heraufgeholt werden sollten, da wir nahe unter Land waren. So spät wie dieser Zeitpunkt auch war, hatten wir doch 60 Tage Reise, kam die Nachricht doch allen unerwartet, da wir nicht gedacht hatten, daß wir bei aller Stille so viel Fahrt machten.

Im tropischen Paradies an Indiens Ostküste.
Hooki Tolla / False Point

Wie ich heute an Deck kam, flog der erste Blick natürlich nach Backbord hinüber; um zu sehen, ob vielleicht schon was zu sehen war. Zu meiner großen Freude sah ich Land! *Vorderindiens Küste*, breitete sich vor den Augen aus, als ein langer Streifen niedrigen Vorlandes mit Wald bedeckt, dessen Wipfel ein wenig über dem Horizonte schwebten. Das war also der Saum jenes indischen Kaiserreiches[123], das waren die sumpfigen Dschungeln und Wälder, in denen der bengalische Tiger haust, wo die Parias[124] ihr ärmliches Leben führen. Was vermag der Anblick eines aller Reize baren Landstriches für Gedanken hervorrufen in der jungen Brust! wie schlägt das Herz! wenn man die fremde Erde zuerst erschaut.

Bei strammer Brise liefen wir längs der Küste schnell hin und kamen bald in Sicht des Leucht(t)hurmes der am Ende / einer Landzunge liegt, die sich vor dem Hafen von *False Point* hinzieht. Da ein Lootse nicht existirt, mußte der Kapitain allein sich in den Eingang wagen. 8 Schiffe lagen im Hafen, ein großes eisernes schönes Vollschiff, 6. englische Barken und ganz am Ausgang ein Schoner: mit deutscher Flagge. Zu unser(er) größten Überraschung war es derselbe, der in unserer Nähe gewesen war und jetzt vor uns gekommen war und emsig beschäftigt war, Reis ein zu nehmen. Zum Glück war dessen Schiffer so freundlich, zu uns zu kommen, da bei dem Einsegeln der Wind ungünstig ward und der Strom uns stark versetzte bis hart an die Untiefen hinan. Im rechten Augenblick noch ließ dieser die Anker fallen, und rettete uns so vor dem Auffahren auf eine böse Sandbank, die auf den Karten des Kapitain nicht verzeichnet stand. Nun lagen wir sicher, den Anker tief in Asiatischem Schlamm, Mittag wars! auf dem Tisch dampfte die große Schüssel mit Schildkrötensuppe, und dazu eine mächtige Pfanne voll Fleisch. Dazu gab es, unerhört in unseren Annalen, preservirte *Kartoffeln*, so viel ein jeder wollte. Das gab ein Mahl, wie wir es lange lange Monate nicht gehabt. /

181

182   Vor einem Jahre freilich, als ich zu Haus war, hätte mir das zähe Fleisch, das erst gehörig ausgekocht war bevor es in die Pfanne kam, nicht so sehr gemundet, wahrscheinlich hätte ich dasselbe verschmäht, Aber „*tempora mutantur et nos mutamur in illis*".[125] Nach dem Essen hatten wir etwas Zeit uns die „schöne Gegend" mit Muße zu betrachten. Grünes Wasser weithin, dicht an uns eine sandige mit Gras und Gestrüpp bewachsene Landzunge, die hier auslief und herkam von der fernen Insel die vor der Küste liegt und im Delta des (Mahanadi)[126] eine Schutzwand bietet für die hinter ihr ankernden Schiffe. Hohe Kokospalmen rauschen über den Dächern der winzigen Hütten des Hauptortes „*Huki Tolla*". Das Festland selbst, d.i. das Delta des Stromes der von der Stadt *Katak*[127] herkommt, entschwindet fast den Augen. Einige Segel der Eingeborenen tauchen am Strande auf, während die See über der Insel weithin zu sehen ist, ohne irgend ein Schiff. Nur ganz hart am Strand ragen über den Kokospalmen hinweg zwei nackte schief liegende Masten, wie wir hören einem Dampfer gehörend, der vor mehr als Jahresfrist dort auflief und nimmer herunter kam. /

183   Es werden einsame Tage werden, die wir zu bringen müssen, denn das Land, d.i. das Dorf liegt weit ab, und die Schiffe selbst liegen weit von einander, so werden wir also nicht viel Abwechselung bekommen. *Jan Maat* ist ganz resignirt geworden, denn seine Aussicht auf Bier-Weinhäuser und andere Vergnügungen ist dahin, es fragt sich, ob alle Mann an Land kommen werden. Es würde niemand verdriessen, wenn er nicht von Bord käme, da harte Arbeit, 2–3 Stunden Rudern, als Lohn nur die Möglichkeit gewähren wird, in einem elenden Dorf von Indiern herum zu streichen und vielleicht vergebens nach einem Trunk frischen Wassers zu fragen. Mein Herz dagegen ist schon voll Entzükken, die Wunder dieser wilden Insel zu sehen, unter rauschenden Kokospalmen zu gehen die Neger[128] in ihrer ursprünglichsten Einfachheit zu sehen.

    Aber ach! an die Arbeit ruft es wieder! „Hivt Anker! Los de Marsseils!" Der Hafenmeister ist an Bord gekommen, ein sonnengebrannter Engländer in weißen leichtem Anzug, und zeigt den Platz an, wo wir uns fest vermauern (vermuren, Schiff vor zwei Anker legen) sollen. Die Sonne brennt erbarmungslos auf unsere Köpfe nieder, Capitän und Hafenmeister spazieren an Deck hin und her, und schimpfen und fluchen auf uns, als die „faulen Hunde", „elenden Hurenkinder" usw., /

184   da es langsam geht, indem der Anker tief in den Morast versunken ist.

Endlich reist er sich los, die Raaen werden angebraßt und gemächlich treiben wir auf unsern Platz nieder, den wir bei der leichten Brise erst erreichen, wie die Sonne untergegangen ist. Jetzt wurde erst 40 Faden ausgesteckt, dann der andere Anker geworfen, von dessen Kette 20 Faden gesteckt und zugleich etwa 20 Faden der erst geworfenen wieder eingehivt. Damit ist das Schiff vertäut, es bleibt jetzt beim Schwingen nach Ebbe und Flut, stets auf einem Platz liegen, und bedarf auf diese Weise nur die Hälfte des Raumes den es sonst bedürfen würde, um von den Nachbarn frei zu schwingen.

Als wir endlich festlagen war die Nacht herangebrochen, dicht(e) Finsternis hüllte uns ein, und nur die Ankerlichter zeigten an, wo die andern Fahrzeuge lagen. Musik und Gesang schallte von einigen herüber. Wir aber lagen auf den Raaen und beschlugen die Segel. Daß uns besonders zu Mut war, kann ich nicht sagen. Die Leute schimpften fürchterlich, da sie mit gutem Recht, nach so harter Arbeit, in dem Augenblicke wo das Schiff sicher vor Anker lag, einen Schnaps erwartet hatten, vergebens! Es gab nichts zu sehen. /

Wie wir endlich ins Logis kamen und da das Hartbrod vorfanden 185 mit dem Thee, dessen Bestandteile nach der Matrosensage schon an Land einmal gebraucht waren, waren alle Mann schlecht aufgelegt, mich tröstete bei meinem trockenen Brot das Bewußtsein, in einem fremden Land zu sein, wo ich alle Tage neue Dinge schauen würde. Nach dem Essen ward die Ankerwache gesetzt, die ich nicht gehen brauchte, da mir die Reinigung des Logis zufiel, von 4 Uhr Morgens bis $5\frac{1}{2}$ Uhr.

Den 30. März

Die ersten Tage unseres Hierseins wurden die gewöhnlichen Arbeiten nach der Ankunft verrichtet, um das Schiff zum Empfang der Ladung zuzurichten. Nur wurden die Segel nicht abgeschlagen, da wir hier alle Augenblicke bereit sein müssen, die Segel zu setzen, wenn einmal die Anker Ketten springen, oder wir genötigt sind von den Ankern zu slippen (durch Abschäkeln der Kette fahren lassen). Hiermit habe ich oft das Vergnügen erlangt, nach vollendeter Ladearbeit den Royal und andere Tücher festzumachen, denn bei längerem Liegen ist es sehr nötig, oft die Leinwand zu lüften. /

186 Das Schiff wurde ordentlich elegant hergerichtet. Sonnensegelstützen wurden von vorn bis hinten gesetzt, und die Zelte dann gespannt. Leinwandfalten hingen quer vor dem Quarterdeck, das dadurch vor allem Staub geschützt wurde, die große Schiffstreppe mit der Platform unten über Bord gesetzt, und die Gig mit allem Zubehör, Segel u. Sonnenzelt hinter das Schiff gehängt. Alles Messing und Kupfer war stets sauber geputzt, dazu das Teak- und Mahagoniholz lakirt, so daß das Fahrzeug jenen Anschein bekam, der ein Schiff so stattlich macht.

Bald kam die Ladung an Bord. Die Kaufleute, waren Muselmänner, mit Namen *„Hajai Sabu Siddih"*, *Harun al Raschid*, *Elias* u. s. w. Sie wohnten in *Katak* und ließen den Reis mit Leichtern herabbringen. Das Anlangen des ersten mit seiner schwarzen Besatzung war ein Ereignis, denn ein(e) eigenartige Leistung des indischen Schiffbaues kam damit uns zum ersten Mal unter die Augen. Es hatte die Form eines Bockschiffes[129], aber tiefer und nicht so lang. Ein einziges mächtiges Raasegel war an einem Mast gehißt, der keinerlei Pardunen *etc* hatte. Das Wunderbarste war aber das Material, aus dem es zusammengesetzt war. Da waren keine Planken, sondern lange und kurze Enden, gerade

187 und krumme Hölzer bildeten, durch Holspflöcke / verbunden Seiten und Deck. Aber dennoch war alles mit höchster Kunst gemacht, indem das Deck schön eben und die Seiten Rundung schön glatt waren. Die Wohnung war an Deck, hinten, in dem hier stehenden Häuschen oder vielmehr Zeltes aus Palmblättern und Bambus. Vor dem Zelte waren Steine fest eingelassen, die eine Höhlung bildeten, in der das Feuer brannte. Eine alter Indierin saß davor und kochte in den urnenförmigen Topfe den Mittags Reis.

Es waren alle fast hübsch zu nennende Gestalten, tief braun mit schwarzem Haar und gut gekleidet mit faltiger Bluse und einem Schurz. Auf dem Kopfe trug ein jeder den Turban, was ihnen ein eigenartig malerisches Aussehen gewährte, indem keiner ihn ganz dem des andern gleich drapirt hatte, und auch die Farben ganz verschieden waren.

Sehr geschickt machten sie alle Manöver bei dem Anlegen mit Tau und Segel. So wie das Fahrzeug fest lag, kletterten alle bis auf die Weiber an Deck, das ging schnell, aber ebenso schnell fuhren sie wieder von der Regeling herab, als sie das Schwein sahen, unsern harmlosen *„Kurt"* oder *„Peter"*, er hörte auf beide Namen nicht. Mochte es nun sein, daß die Größe dieses schwarzen Tieres sie erschreckt hatte, oder (war wie ich glaube) das Schwein ihnen von ihrer Religion her verabscheut, keiner getraute sich / an Deck zu springen, ehe das Tier in seinen Stall gebracht und eingeschlossen war. Auch dann noch zeigten sie große Erregtheit und Furcht, wenn sie am Kofen vorbeigingen oder das Tier grunzen hörten. *„No good, no good"* („Nicht gut, nicht gut"), sagten sie dann. Gelungen war es, mit diesen Menschen sich zu unterhalten, wenn man es so nennen kann, da keiner auch nur eine Ahnung von *Pidjen English*[130] hatte, Nur einige Worte kannten sie und brachten sie stets wieder vor, wie *„No good"*, *Inglese no good, Alemanno good, giv me butella, gif me canif.* *„You savi?"* *Me no got*"[131]. u.d.gl. Dies wenige hatten sie aufgeschnappt im Verkehr mit den Schiffern.

Wenn erst mehr Schiffe nach *False Point* gelangt sein werden, wer-

Auf einem Segelschiff (zeitgen. Darstellung)

den die Eingeborenen wohl mehr sprechen lernen, aber wie lange Jahre vergehen, bis die Sitte und Ehrlichkeit dahin ist!

Im Verkehr mit den Weißen werden die guten *Parias* alle Fehler der ersteren hinnehmen. Jetzt denkt keiner an das Stehlen. Mit freudigem Staunen beschauen alle die Taschenuhren oder Messer, und ihre bittenden Geberden zeigen an, wie gerne sie dergleichen besäßen, aber wenn man es verweigert stehen sie dann bescheiden von allem Drängen ab. Ganz ohne Sorgen lassen wir die Leute im Logis sitzen / und die Uhr *etc* beschauen, denn es fällt keinem ein, zu stehlen. Aber eines kennen sie schon den „*Schnaps*". „*Butello you savi?*" war eines ihrer häufigsten Worte. Anfangs meinte ich, daß sie damit nur eine Flasche selbst meinten, die zu besitzen allerdings auch ihr Wunsch war, aber der Inhalt war doch das worauf man abzielte.

Daß bei diesem Mangel an Sprachkenntnis der Leichterführer nicht viel verhandeln konnte ist gewiß, ihr Verkehr beschränkte sich darauf, daß der Braune seine Papiere mit passenden Gebärden dem Alten überreichte. Daraufhin wurden alle Mann zusammengerufen, da das Laden begann.

Der Vertrag lautete, daß der Reis bis auf die Regeling geliefert wurde, das besorgten die Neger, indem sie eine Stellage errichteten, auf der sie die Säcke tragend emporgingen zur Höhe unserer Schanzen, wo sie der Steuer- und Zimmermann in Empfang nahmen und sie dann auf einer schiefen Ebene hinabrutschen ließen, so weit wie es ging nach vorn. Hier ward jed. Sack von einem Mann auf den Puckel genommen und ganz in die Vorpik[132] getragen, wo dann der Zweite und ich als Stauer jed. Sack seine richtige Lage gaben. Unheimlich war es aber, daran zu denken, wie lange es dauern würde, wie viel Schweiß fließen würde, ehe der große Raum gefüllt sein würde. /

Des Abends ward nimmer gesungen, wie sonst, denn dazu war ein jeder zu müde, und pünktlich ward die Koje aufgesucht, aus der ich dann um 4 Uhr heraus mußte, um bei dem Schein der Thranleuchte das schmierige Logis zu schruppen und die Mucken zu waschen. Ekelhaft war es mir, wenn ich bei dem Hinunterlangen unter die Kojen die ausgespuckten Priemtjen (Priem, ausgekauter Kautabak) fand. Oberflächlich ward gearbeitet, damit ich noch ein halbes Stündchen schlummern konnte, ehe der Koch zum *Café* rief.

Dann ward gefrühstückt und die Ladearbeit begann von neuem, indem bei der Nacht zwei Leichter herabgekommen waren. Auf dem größeren davon befehligte der stattlichste aller Eingeborenen, den ich je gesehen, wie ein Fürst aus „Tausend u. eine Nacht" sah er aus, stolz und männlich, ein herrlicher Bart zierte sein Gesicht, und ein kostbarer Turban bedeckte sein Haupt. Auch sein Schiff war groß und schön, hoch auf dem Mast blinkte ein großer Halbmond.

Vergessen habe ich, zu erwähnen, daß diese Wilden in einer Hinsicht mehr Scham besitzen als die Europäer in manchen Gegenden, es hatte nämlich ein jedes Schiff eine Art Überbau an der Seite des Steuers, in dem sich durch Matten verdeckt, der Abort befand, während so mancher Schuner, ja größers Fahrzeug keinen besitzt.[133] /

Tag für Tag lief nun die Lade Arbeit weiter, manchmal waren mehrere Leichter da, so daß vom ersten Morgengrauen gearbeitet werden mußte bis Abends 6 Uhr, und man nicht Zeit noch Lust mehr hatte, stark auf eigene Reinlichkeit des Zeuges und des Logis zu sehen, dann ereignete es sich aber auch, daß widrige Winde und Stillen die Fahrt verzögerten und daher ein halber Tag verlief, auch wohl ein ganzer, ohne daß Leichter anlangten, auch dies brachte wenig Ruhe für uns, denn dann war es ja die beste Zeit, den Sandballast, der mittschiffs lagerte, zu werfen.

Gesetz war es wie überall, daß der Ballast nicht in das Wasser geworfen, sondern auf Leichter gebracht wurde, die ihn an Land bringen sollten. Da aber in solch kleinen Häfen keine Aufsicht ist, wurde der Sand in das Wasser geworfen[134], und nur dann in den Leichter, wenn irgend ein Beamter an Bord war. Zu diesen gehörte aber nicht der *Custom house officer* (engl. Zollbeamter), der bei Beginn des Ladens gekommen war, um genau jeden Sack zu zählen, und des Abends die Luken zu versiegeln, damit nichts an Bord kam, das nicht Zoll entrichtet hätte, und auch nichts vom Schiff geschmuggelt werden konnte. Aber dieser Herr war nur zum Scheine da, indem er seines Amtes schlecht waltete, und sich kaum sehen ließ, sondern lieber im Schatten des Segels oder in der Cajüte sich mit Trinken und Essen unterhielt. / Zu seinem Frühstück gehörten stets geröstete Bananen, die der Koch sehr gut zu bereiten verstand, auf die aber der *English man* öfter vergebens warten mußte, da ich und der andere Leichtmatrose jede Gelegenheit benützten, um die leckere Speise zu nehmen. Wir konnten uns auch leicht Bananen verschaffen, durch Geld oder Tauschobjekte, aber für uns röstete sie niemand. Man ahnte wohl, wer es gewesen, konnte uns aber nicht ertappen.

Währenddessen führte die Schildkröte ein einsames Leben unter der Back, in deren Schatten sie angebunden war, und welchen Ort sie unbetretbar machte, da sie wütend biß, und man auf der Hut sein mußte, in ihre Nähe zu kommen, denn ein Pfund Fleisch hätte sie losgehackt. Den Tag mußte ich sie öfters begießen, was ihr sehr angenehm war, wie sie durch verdoppeltes Stöhnen verriet.

Bis dahin hatte sich der Capitän noch nicht oft an Land begeben, so daß ich vergebens gehofft hatte, einen Tag schwerer Stauarbeit mit Rudern und Aufenthalt an Land zu vertauschen. Eines guten Tages aber, als gerade kein Leichter da war, ward Diedrich und ich ins Boot gerufen, um unter Leitung des Steuermanns das Rudern zu lernen. Das war vielverheißende Botschaft, die sich auch gut bewährte. Wohl lief der Schweiß herunter bei der ungewohnten Arbeit, aber lustig war es, in der reinen Luft zu arbeiten auf / dem schönen kühlen Wasser. Am Schluß der Lektion landeten wir am Strande, an der Landzunge. Schneeweiß war der Sand, das Wasser klar und durchsichtig, und zeigte schöne Muscheln am Boden liegend, Fische von wunderbaren Formen und Farben schossen blitzschnell hin und her. Schnell warfen wir die Kleider ab und erfrischten uns durch ein Bad in den kühlen Fluten.

Nachher strichen wir ein wenig auf dem Land umher, dies bot nicht viel sehenswertes, nur Heide und kurzes Gestrüpp boten sich dem Auge. Aber schön war der Blick von der Mitte der Landenge, von hier schweifte der Blick gen Osten über das unermeßliche Meer, das blau und blitzend wogte, und sich dann zu uns her wälzte in gewaltigen Wellen, die brausend am Strand zerschellten. Kein Segel belebte die Fläche. Gen Westen aber lag die Lagune friedlich, mit ih(re)m grünen Scheine, am Horizont lagen die Wälder des Festlandes, vor uns aber lag das Dorf unter den hohen Palmen, die sich leicht hin und her bewegten. Zwischen Dorf und uns lagen in langer Reihe die Schiffe.

Zu bald mußten wir an Bord zurück, wo die alte Quälerei unserer harrte, wie Fegen, Waschen u.s.w. Man wird glauben, daß ich jetzt mit allen Arbeiten des Schiffsjungen vertraut bin, und endlich zu anderen Arbeiten hinzugezogen würde, aber ich werde auf diesem Schiffe nichts lernen wie Rostklopfen, / u.s.w. Vor dieser Arbeit steht die eines Matrosen zurück, und ich bin doch nicht an Bord gekommen, um Geld zu verdienen, sondern um was zu lernen, damit ich weiter komme und bald Matrose werde. Damit ist es aber nichts, ich werde nicht eher

Leichtmatrose, als ich von Bord gehe, denn sonst müßten die Rheder auch den Lohn erhöhen und dazu sind die Elsflether viel zu gierig.

Ich tröste mich damit, daß ich in der nächsten Zeit öfters an Land komme und wirklich was sehe. Von der Mannschaft sind auch mehrere unzufrieden, da auch diese nicht Lust haben, immer mit dem Rost-klopfer zu arbeiten, namentlich sind es die Franzosen, welche unzufrie-den sind, leider auch *Isidor* mein Freund, der mir zum Andenken ein Schiff schnitzt. *Eugène* schimpft auch den ganzen Tag, und es ist gelun-gen, seine Ausdrucksweise zu beobachten. *„Me go away, run away, as you suppose, me no want to be blacksmith".*[135] In *Mauritius* gedenken die Miß-vergnügten zu gehen. Gott sei Dank geht der unausstehlichste aller Matrosen auch davon.

Eines Tages ward nebst 2 anderen auch ich in das Boot beordert und den Alten an Land zu bringen, das hörte ich mit freudigen Herzen, umso mehr als gewiß war, daß wir so lange an Land bleiben konnten, bis der Capitän wieder an Bord gin(g), also Zeit hatten, / uns an Land um zu schauen. Schnell ward ein besseres Hemd angezogen, das Haar geordnet und Geld beigesteckt, dann holte ich das Boot herauf unter die Treppe. Bald kam der *„Lord paramount"*[136] und nahm Platz auf dem Sammtkissen, darauf gab er das Zeichen zum abstoßen und nun ging es unbekannten Regionen zu, als die Zurückgebliebenen begannen, die ersten Säcke aus dem angelangten Leichter zu verstauen.

Nach ¾ Stunden, die doch schließlich lang wurden und wobei das Ruder doch schwer ward, lief das Boot auf weichem Sand auf, noch 20 Meter von dem trockenen Sand entfernt. Der stärkste von uns, *„Hans"* d.Finne, mußte diese Strecke den Alten auf dem Rücken durch das seichte Wasser tragen, bis auf das Land wo er ihn dann nieder-setzte.

Während der Capitän nun zum Hafenmeister ging, nachdem er ge-sagt, daß er in 5 Stunden wieder da sein würde, hatten wir Muße uns umzuschauen. Einer mußte am Boot bleiben als Wache, um es stets flott zu halten, und schon dachte ich, daß der Jüngste dieses Amt über-nehmen müsse, als sich *Eugène* freiwillig hierzu meldete. Er meinte, es seien doch keine Kneipen da und auch keine Sirenen, deshalb ver-zichte er dies elende Loch zu besehen. Somit durfte ich fort und mit Spannung betrat ich das Dorf, durch eine Art Thor, auf dem der Name „Hooki Tolla" stand, /

Es war genau das Bild von einem Eingeborenen Dorf, wie es mir seit

Jahren vorgeschwebt hatte, niedrige Hütten, aus Bambus, Hängematten darin, das Dach von Palmblättern, vor dem Hause eine offene Feuerstätte, an der alte Weiber, doch anständig bekleidet hockten, während eine Menge Kinder herumspielten, die völlig nackt waren. An einem Brunnen war ein Platz zum Waschen, auf dem mehrere Frauen beschäftigt waren, das Zeug auf große, schräg ablaufende Steinplatten zu schlagen. Seife sah ich nicht, an Stelle dessen brauchen sie die Spähne eines Holzes. Diese Methode mag gründlich sein, aber das Zeug muß nicht oft eine solche Procedur vertragen können. Gewaltig wunderte ich mir, als ich neugierig in eine Hütte schaute und darin große Stände voller Bücher sah, eine Bibliothek wie man sie nur im Besitz eines Gelehrten erwarten kann, aber nicht in der niedrigen dunklen Hütte, die gerade so schmucklos wie die übrigen im Dorfe waren. Noch mehr erstaunte ich, als ich an der Seite der Hütte, die gen See sah, unter einer Art Verandah eine Dame sitzen sah, europäisch, in feinem schwarzen Kleide und mit Malen beschäftigt. Ich fragte mehrere Indier, aber es mangelte beiden, mir wir ihnen, daran, die Sprache des andern zu verstehen. Später erfuhr ich, daß es die Frau und das Haus des Geistlichen war, der zur Zeit auf einer Missionsreise abwesend war.

197 Das schönste aber war der Hain von Kokospalmen, deren schlanke / Stämme leise im Winde wiegten. Ihnen verdankten die Indier ihre Wohnung, ihren Lebensbedarf, ihr Getränk, ihnen verdankte das Dorf seine Existenz. Es giebt kaum eine schönere Palme wie die Cokos, ihr Stamm ist wie ein Säule, ihre Blätter sind riesengroß und schön.

Am Ende des Dorfes, unbeschützt durch die Palmen, lag auf einer Anhöhe ein kleiner Gottesacker, auf dem einige Gräber sich befanden, einfach, und schmucklos. Ein Kreuz ragte in der Mitte des Platzes auf, von hier aus sah man die ganze Küste, die Strandung und das blaue ewige Meer. Um uns her aber rauschten die Palmen. Ich war ergriffen von der einfachen Schönheit des Orts.

Wie ich wieder ins Dorf zurück kam, fand ich viel Leben vor, alle europäischen Bewohner und auch die Capitäne, nebst den sonstigen Handeltreibenden waren in einer gewissen Erregung. Es war nämlich Posttag, d.h. der Dampfer, von *Calcutta* nach *Koconado*[137] war heute fällig und man hatte gemeldet, daß ein Dampfer in Sicht gekommen sei. Ein jeder Capitän rief nach seinem Boote, Hafenmeister *etc* ließen ihre Gig fertig machen, und es schien eine Wettfahrt nach dem *Steamer* werden zu wollen, aber wir brauchten nicht mit, da unser Alter wohl wußte, daß er mit seinen 3. Leuten, darunter ein Neuling, nicht zu den ersten gehören würde. Deshalb waren wir in der Lage, gemächlich hinter den andern / her segeln zu können. Auch so, bei lauer Brise langten wir zeitig genug an, indem der Dampfer doch nicht eher die Post hergab, als er vor Anker lag. Eins aber hatten sie doch erfahren, daß nämlich der Krieg zwischen Rußland und England, wie man befürchtet hatte, nicht ausgebrochen war.[138] Dies hätte aber viel Schaden gebracht, indem Löschen und Laden und namentlich Beschaffung der Ladung Störungen erlitten hätte. Die Post brachte mir einen Brief von Haus, den ich gleich lesen konnte. Vom Dampfer ging es dann an Bord, wobei wir tapfer gegen die Ebbe ankämpfen mußten.

Auf diese Weise konnte ich noch öfters müssige Stunden an Land zu bringen. Währenddessen füllte der Raum sich mehr und mehr. Sack auf Sack verschwand durch die Luken. Die Tage vergingen. Charfreitag, Ostern kam. Am Ostermontag, wo die Mannschaft sicher glaubte, daß der Tag auch gefeiert würde, kam früh Morgens um 6. Uhr der Steuermann und rief ins Logis *„Torn to"*.

„Wat is dat? Wat will de Kerl? Qu'est ce qu'est cela? Qu'il dit? Get out you g…?"[139] Das war die Antwort der Matrosen, die so unverhofft geweckt wurden. Der Zweite that so, als ob er nichts beleidigendes gehört hatte und rief dann *„Klar maken! Luken open!"* Da ich fertig war, mußte ich gleich allein an Deck, / und nahm dann die Luken ab. Der Leichter lag fertig, der erste Sack ruhte auf der Regeling, unsere Leute aber ließen sich Zeit, sie brauchten ½ Stunde, ehe alle fertig erschienen. Auch jetzt ward nicht viel gethan, und es schien, als ob eines jeden Mannes Hand bleiern war. In der Frühstücks und Mittagspause ward dann geflucht und geschimpft auf den Tyrannen. Meiner Ansicht nach, war es ungesetzlich, uns arbeiten zu lassen, da kein Grund vorlag; wenn z. B. Noth da war, oder die Ladung nicht schnell genug übergenommen würde, wäre der Befehl zur Arbeit berechtigt, auch dann aber verkündet jeder anständige Mann dies vorher. Die Arbeit muß dann extra bezahlt werden. Unser Capitän that dies nicht, sondern der Beweggrund ist der, daß derselbe zwei Tage Ruhe in ihrem gewiß schweren Beruf, den Matrosen nicht gönnte. Darum werden bei uns Arbeiten, die sehr wohl in der Woche Zeit zur Erledigung hätten, aber Sonntags nie verweigert werden dürfen, wie Segel aufschlagen *etc.* oft am Sonntage gemacht. Regelmäßig kehrte jeden Abend auf See der Befehl zurück, um 6. Uhr,

zu brassen, Schoten, Halsen zu ziehen *etc.*, denn sonst hätte man sich ja in dieser halben Stunde waschen, kämmen können vor dem Essen. Das giebts aber nicht, sondern nach 9 Uhr ist Zeit da, aber auch diese Ruhe ward gewiß verloren, wenn an dem Tage über Stag gegangen werden sollte, da dies wie ähnliches von 7–8 Uhr gethan wurde. /

200   Der böse Tag war aber doch bald vergessen, bei regelmäßiger Arbeit vergeht die Zeit riesig rasch, und in den wenigen freien Stunden hat man so viel mit dem Inordnung halten seines Eigenthums zu thun, daß man keine Muße hat, viel über geschehene Dinge zu schwatzen. Die Tage vergingen, wie gewöhnlich, nur daß ich öfters an Land kam, weil man mich zum Rudern besser gebrauchen konnte, als bei der schweren Arbeit im Raum. Die Hitze ward geradezu verderbenbringend, und die armen Stauer hatten viel davon zu leiden, trotzdem sie in der Hose allein arbeiteten, ohne Hemd, Strümpfe *etc.* Ihre einzige Erfrischung war das Trinken des durch eingebrockte Schwarzbrotstücke angesäuerten Wassers, das zum Gebrauch bereit stand.

   Eine komische Szene passierte eines Mittags, als vom Koch gebratenes Fleisch (das erste seit 1. Jahr) zum Mittagessen geschickt wurde, was natürlich großes Aufsehen erregte. Viel ward nach dem Grunde gefragt, warum der Alte uns so regaliren (reichlich bewirten) ließ, bis einer, der schon oft in Indien war, behauptete, daß das Fleisch von einem großen Affen sei, den er kenne. Da hätte man das Geschrei hören soll, das sich erhob. „*Wat, enen Apen schall ick äten?*" „*Nä, dat doh ick nich!*" „*Me no want beef from old monkey!*"[140] Einige meinten, wenn es wenigstens von einem jungen sei, und weniger zäh, dann hätten sie nichts

201 zu sagen, / da ein Affe doch noch längst kein Frosch sei, wie ihn doch die feinsten Leute äßen. Schließlich kam natürlich heraus, daß das Fleisch von einem Ochsen stammte d.h. einem ostindischen Zebu, 90 volle Pfund schwer, auch so jämmerliche Zwergthiere sind selten zu bekommen, da die Indier das Zebu göttlich halten und sein Fleisch nicht essen, sondern es nur, und in diesen Regionen selten, züchten, um seine Milch zu benutzen u. (es) vor den Pflug zu spannen.

   Mittlerweile waren die meisten Schiffe fort gesegelt, und andere angekommen, darunter zwei indische Schiffe, bemannt ganz allein mit Indiern. Es waren dies uralte europäische Fahrzeuge, die gewiß vor langer Zeit kondemnirt[141] waren und dann von Einheimischen bemannt wurden. Sie gewährten mit ihren merkwürdig geordneten Segeln einen lächerlichen Anblick, es war ein schreckliches Geschrei an Bord, und trotz der zahllosen Mannschaft dauerte es lange, ehe die geringsten Manöver ausgeführt waren.

Wie die Zeit vorrückte ward der Raum immer voller, noch einige Leichter wurden erwartet, die uns ganz befrachten mußten, darum war es Zeit für Ausrüstung des Schiffes mit Wasser und sonstigen Sachen zu sorgen. Etwa 80 Hühner und Enten kaufte der Alte, die einen großen Käfig aus Bambus bekamen, den der Blaue kunstvoll am großen Luk aufgebaut hatte. Dazu / kamen noch 6. Schafe. Nun hatten wir dazu noch ein Schwein, einen Hund und eine Katze, also Schmutz an Deck und Geschrei den ganzen Tag. Ich sehne mir den Tag herbei, an dem das letzte Huhn in der Kajüte verschwunden ist, da ich dann nicht mehr die Haltung und Fütterung dieser zahllosen Tiere zu versehen habe. Dabei legt kein Huhn ein Ei, und ich bin gewiß, daß ich ein solches nicht mal erlangen könnte, da der Große jedenfalls das Gackern hören und wie ein Blitz herschießen würde, damit das frisch gelegte Ei nicht in verkehrte Hände käme. Die Schildkröte ist zum Glück schon aufgegessen worden, so daß man nicht jeden Morgen noch extra 10 Eimer Wasser aufholen braucht, um das ungeschlachte Tier zu erquikken. Für sie aber sind wieder Schafe gekommen, höchst winzige Thiere von der Größe eines Lammes, wie sie bei uns sind, sie haben ein erbärmliches Leben, indem nur selten so viel Zeit ist, etwas Gras für sie zu holen, für gewöhnlich füttern wir sie mit Reis. Es ist hier anscheinend Mensch u. Tier derart geworden, daß sie vom Reis fast allein existiren können.

Eine ziemlich aufregende Scene verursachte ein heftiger Gewittersturm, der uns heimsuchte, als unser Capitän und 4 Mann, zu denen ich zählte, an Bord der JEANNETTE[142] war, eines französischen Barkschiffes, das mit schwer erkrankter Mannschaft in *False Point* von / Madagaskar angekommen war, und dessen Geschäfte unser Alte zum Teil ordnete, denn der Capitän und alle Offiziere waren sehr heftig erkrankt und lagen in ihren Kojen. Wir waren am Sonntag Morgen hingefahren, hatten angelegt und waren alle in das Logis gegangen, um mit den Kranken zu sprechen. Dabei hatte kein Mensch auf das Wetter Obacht gegeben, und erschrocken fuhren wir auf, als ein Donnerschlag das Schiff erbeben machte. Eilig stürmten wir an Deck, wo der Alte schon wie wild nach uns rief. Hals über Kopf ging es in das Boot und in einer Minute waren wir von den rostigen Seiten des Franzosen abgestoßen und pul(l)ten (ruderten) mit allen Kräften nach un-

202

203

serer PALLAS zu, die noch so friedlich auf dem spiegelglatten Wasser lag, mit ruhig herabhängenden Segeln, als ob nie ein Windhauch sie gestreift hätte.

Die Sonne verfinsterte sich, dickes Gewölk senkte sich auf das Wasser, aus der Ferne heulte der Sturm. Noch war Hukitolla sichtbar, aber die Palmen warden zerzaust vom Orkan und Sandwolken trieben in der Luft über die See. Hukitolla verschwand im Dunst, der Sturm überfiel die PALLAS, und einen Moment sahen wir sie sich beugen und herumtreiben, während die Mannschaft von den Masten hinabenterte zur Back, dann aber verschwand auch sie im Nebel, das letzte war noch, wie der Anker fiel.

Heulend flog der Sturm heran, jetzt hatte er uns gefaßt, die Blitze zuckten, der Donner rollte und der vom Sturm / getriebene Gischt traf uns schneidend. Die Hüte gingen gleich dahin, auf Nimmer-Wiedersehen flogen sie hinfort. Dem Sturm entgegen ging es mit aller Kraft, aber es war ein un(n)ützes Beginnen, denn wir kamen nicht weiter, sondern trieben weit zurück. Dazu fing die See an zu steigen, es war Fluth und der Strom lief dem Wind entgegen, so daß die Wellen kurz waren und viel Wasser ins Boot kam.

Eine halbe Stunde dauerte das Gewitter, dann aber fing es nach kurzen Aufklaren, das uns die PALLAS zeigte, wie sie vor ihren Ankern trieb, auf die Landzunge zu, wieder an zu wehen und zugleich zu reg(n)en, aber dies auf tropische Art. Die Aussicht war ganz vorbei, man konnte kaum eines Bootes Länge voraus sehen, was unsern Capitän ganz unglücklich machte, da er sein Schiff in großer Not gesehen hatte und er deshalb an Bord mußte, wir konnten aber, da der Wind sich drehte nur steuern nach dem Strome, dessen Richtung man sehen kann an dem Brechen und Treiben der Wellen.

Meine Kräfte waren kaum genügend um das Boot einigermaßen über Wasser zu halten. Wer weiß wie lange wir uns abgemüht hatten, als wir doch einsahen, daß wir nach der zurückgelegten Entfernung zu urteilen, an unserm Schiff zur Seite vorbei gelaufen waren und vielleicht weit hinaus seien. Deshalb ward beschlossen langsam rückwärts zu gehen indem das Boot nach beiden Seiten große Gänge machte.[143]
Daß wir hierdurch aber vollends jede Übersicht über unsere / derzeitige Stellung verlieren mußten, ist klar, und dasselbe sagten wir uns auch damals.

Plötzlich sah einer von uns die Umrisse eines Schiffes quer ab, in

Aus dem Skizzenheft Franz von Wahldes

einem Moment war das Boot herumgeworfen und auf das Fahrzeug ging es mit allen Kräften. Die PALLAS konnte es nicht sein, denn dazu lag das Bord zu hoch, wer mochte es sein! Ein Dampfer war es, von dessen Speigaten Bäche Wassers herabflossen. *„Steamer ohei!"* Niemand hörte uns. *„Steamer ohei!"* Noch hörte uns niemand, und erst nach dem dritten Ruf, als wir fast an den hohen Bug stießen sah man uns. Ein Tau ward herabgeworfen, befestigt und unser Alter stieg an Deck. Es war der *Mailsteamer* (Postdampfer) GODAVORI[144], angekommen mit der Post von *Calcutta*, er hatte noch zur rechten Zeit ankern können, sonst wäre er vielleicht schon ein Wrack gewesen.

Da es wertlos gewesen, hätten wir auf das neue versucht, an unsere PALLAS zu gelangen, mußten wir an Bord bleiben, bis das Wetter sich geändert hatte. Es muß eine lange bange Stunde gewesen sein für *J. Stege*, die er auf der Brücke des Dampfers verleben mußte, in der Ungewißheit, ob nach dem Aufklären des Wetters die PALLAS noch vor den Ankern, oder zerschellt auf der Bank lag. Lange vor dem Aufhören des Regens, legte der Wind sich, und endlich ward der Regen leichter,

das Schiff ward ganz sichtbar, dann das Wasser ringsum, in immer /
206 weiterem Kreisen, bis ein Schiff sichtbar ward, das sich als die PALLAS
entpuppte, die vom Flaggenknopf bis zum Wasserstag unversehrt war.
Noch einen Gruß seitens der Capitäne, dann aber steuerten wir mit
frohem Herzen auf unser gutes Schiff zu, das von der Sonne bestrahlt,
von unten bis oben vom Regen blitzte und glitzerte.

Wie wir an Bord kamen, war man dabei, die Ankerketten wieder einzuhiven. Die PALLAS war gerade so wie wir vom Orkan überrascht, und
erst nachdem die Ketten ganz ausgesteckt waren, hatten die Anker gefaßt. Die Leute waren aber nicht in Aufregung gewesen, denn da im
Hafen für sie bei einer Strandung nicht Gefahr war, zu ertrinken, hätten sie mit Freuden gesehen, wenn der Unglücks kasten, wie sie ihn
nannten, so aufgelaufen wäre, daß er nicht mehr hätte herunter kommen können.

Eine Umschau nach den andern Schiffen zeigte, daß auch sie alles
glücklich überstanden hatten, wie mochte es aber an Land aussehen,
wo doch viele Bäume ein Opfer des Sturmes geworden sein mußten.
Wir wir nun nach Hukitolla sahen, fielen uns hohe Masten ins Auge,
die über die Palmen hinwegschauten. Ein riesig großer Viermaster
mußte dort vor Anker gegangen sein, wenn er nicht gar aufgelaufen
war. An den Masten hatte er aber dann doch keinen Schaden erlitten,
207 denn eine jede Rah, bis oben / an die Oberbram und Skyseilrah im
Großtop war an ihrer Stelle. Am nächsten Morgen hörten wir dann,
daß es ein Viermaster sei, der von England kommend mit einer Ladung Salz, dort gestrandet sei.

Diese Nachricht erregte wie bei uns, so an allen andern Schiffen,
großes Interesse und Neugierde nach den näheren Umständen. Von
dem Hafenmeister erfuhren wir, daß das Schiff unversehrt sei, und
hoffentlich nach Entlöschung von einem Teil der Ladung und mit
Hilfe von Schleppern bei der nächsten Springtide (höchste Flut) ab-
kommen würde. Lange Tage schauten die hohen Stengen über den Ko-
koshain hinfort, und jeden Morgen galt der erste Blick dem fremden
Fahrzeug, daß sich jeden Morgen unverändert am selben Ort zeigte.

Die Spränge (Springtide) nahte, ein großer Schlepper kam vom
„Ganges" (dem Fluß Ganges), und legte sich vor das Schiff. Wir waren
beim Laden, und hatten Gelegenheit zu sehen, ob der Versuch Erfolg
hatte. Von unten bis oben standen alle Segel, dicke Rauchwolken stiegen auf, aber die Flut kam und erreichte ihre Höhe, ohne daß sich et-

was geändert hatte, das Wasser fiel, unsere Schiffe drehten sich nach der Ebbe, somit war der erste Versuch misglückt. Am Abend wurden alle Segel dicht gemacht, aber in der Frühe des nächsten Morgens, schienen sie wieder weiß vorüber, und gleichzeitig rauchte der Dampfer. Eine Zeitlang schaute ich zu, ging dann an meine Arbeit wie erstaunte ich aber als ich über ein bischen das / große Fahrzeug unter allen Segeln gen Nord steuern sah. Ich wünschte ihm von Herzen Glück auf die Reise. 208

Die Tage unseres Hierseins gingen zu Ende. Am ...[145] kam der letzte Sack Reis an Bord, kaum konnten wir den letzten Leichter ganz verstauen, indem die Säcke schließlich bis in die Luken gelegt wurden, und hinabgepreßt (werden) mußten, da sie sonst das Schließen der Luken verhindert hätten. Einen geringen Rest mußte der Capitän doch noch hinab, in die Cajüte bringen, solange bis durch das Sacken der Ladung, das durch die Länge des Lagerns, noch mehr aber durch das Arbeiten des Schiffes bewirkt wird, Platz im Raum geworden ist, um den Reis dort unterzubringen.

Aber wie werden wir segeln! Das Schiff ist angewachsen, und dann liegt es jetzt sehr tief im Wasser. Es ist beinahe ängstlich zu nennen, wie tief das Schiff jetzt liegt, schaute man früher über die Regeling, so war das Wasser tief, tief unter uns, und es war ein mühsam Geschäft, Wasser aufzuholen, das wird jetzt besser gehen, indem bei starkem Wind in dem ruhigen Hafen, die Wellen so hoch kommen, daß das Wasser über die Regeling spritzt. Wir liegen nur 2 Platten hoch[146], das sind 6−7 Fuß vom Deck zum Wasserspiegel, dazu merkt man schon jetzt, wie das Schiff tot im Wasser liegt. /

Wenn nicht viel Wind weht, und das hinter uns her, werden wir einer langen Reise gewiß sein. Wir lagen jetzt noch einige Tage, um den Postdampfer zu erwarten, und um Proviant und Wasser zu vervollständigen, diese Zeit ward eifrigst benutzt, um das Deck, die Luken, die Ringe am Mast und andere durchlässige Stellen im Deck zu kalfatern[147] und zu verkitten, in Anbetracht dessen, daß wir fast stets einen Fuß Wasser an Deck haben werden. 209

Unser Capitän drang unablässig auf möglichst schnelle Beendigung aller dieser Arbeiten, da er die verlorene Zeit einholen wollte. Seine Ungeduld steigerte sich auf das äußerste, als die Arbeit an Bord, wie Calfatern und Segelanschlagen, soweit es nötig war, völlig beendet war, und noch nicht Wasser genug ankam. Es gab nämlich zum Wasserver-

*Pflege der
Außenhaut
des Schiffes
(Aus W. v. Henk:
Zur See, ca. 1895)*

sorgen der Schiffe einen Leichter, der im Raum einen großen Kasten hatte, den er, wenn er hoch genug den Fluß aufgesegelt war, mit dem Wasser des Stromes füllte, worauf er die Anker lichtete und wieder hinab fuhr nach False Point. Hier legte er sich an die Schiffe, und wurde nun ausgepumpt. Ein Leichter voll war übergenommen, aber dann vergingen 2 Tage, ohne daß wir etwas von ihm sahen oder hörten.

210 Am Morgen des / 3ten Tages, als der Alte schon halb verrückt war, kam die unerfreuliche Nachricht, daß der Leichter gestrandet sei, und jedenfalls vor einer Woche nicht dienstfähig sein könnte. Da dies das einzige Schiff war, mit welchem Wasser an Bord gebracht wurde, und jede andere Art sich zu verproviantieren wegen der großen Entfernung eine Woche gedauert hätte, beschloß man im hohen Rat (unter den Offizieren), mit halber Ration zu segeln. Dieser Entschluß verfehlte nicht, böses Blut vor dem Mast zu machen, was auch ganz erklärlich war, wenn man nur berücksichtigte, wie viel länger die Herreise gedauert als veranschlagt war, wobei auch noch das Schiff in Ballast und verhältnis mäßig rein gewesen war. Wie mochte es jetzt werden! Mit dicht bewachsenen Boden! Mit überladenem Schiff!

Verjüngungskur für die PALLAS.
Von False Point
zurück nach Mauritius

In aller Frühe, als der Tag dämmerte, begann die mühselige Arbeit, denn mühselig war die Arbeit, die Ankerketten, die bei dem oft wiederholten Drehen des Schiffes um seine Ketten, sich verschlungen hatten (einzuholen). Um Mittag waren endlich beide Ketten klar, die Ebbe lief noch ab, und wir hätten die See gewonnen, wenn es nicht um 1 Uhr Nachmittags so still geworden wäre daß wir nicht mehr manövriren konnten / und an Anker gehen mußten. Bald kam die Flut, und es war klar, daß wir heute nicht mehr hinaussegeln konnten, deshalb wurden die Segel geborgen und wieder vor zwei Anker vermauert.

In der Nacht drehte sich das Schiff, trotz aller Bemühungen, indem man abwechselnd Besahn, oder Klüver setzte, nach der verkehrten Seite, so daß am Morgen, vor dem Ankerlichten, erst ein Torn herausgenommen (werden) mußte. Das geschieht indem man die Kette des einen Ankers fest an die andere zurrt, eben über d. Wasserlinie, so daß diese nicht hinabsaust, wenn jetzt die festgebundene oberhalb der Unterbindung auseinandergeschroben wird. Nunmehr führt man das los gewordene Ende so oft um die stehende Kette, als Umwindungen zwischen beiden bestehen, dann wird das lose Ende wieder angeschroben die Unterbindg. gelöst. Nun müssen beide Ketten frei von einander fallen. Da es sich hier um viele, viele Pfund schwere Ketten handelt, und alles unter Wasser geschieht, ist dies die ungemütlichste Arbeit, die es für *Jan Maat* giebt.

4. April

Heute lief alles besser ab, es war nur ein Törn abzuwickeln, und wie wir fertig waren damit, und Anker hivten, blies eine hübsche Brise, die unsere Marssegel ordentlich füllten. Langsam fielen wir vom Winde ab, und standen / dann mit quergebraßten Raaen vor dem Wind hinaus, in die offene See. Hier wehte eine derbe Brise und die schaumgekrönten blauen Wogen gewährten uns, die wir seit Wochen ihren Anblick entbehrt hatten, einen herzerfrischenden Anblick. Bram- und

Royalsegel wurden gesetzt, desgleichen alle kleinen Segel, bis alles stand und auch nach Kräften zog. aber das sahen wir jetzt, unsere PALLAS war die gleiche nicht mehr, sie hob sich nicht wie früher vor den heranrollenden Seeen, so daß diese machtlos unter dem Kiel fortliefen, sondern schwerfällig taumelte sie durch die Fluten und eine jede Welle schlug donnernd an Bug und Seiten und überströmte die Regeling. Wohl lagen wir gut über und die Schoten zerrten mit aller Macht, die Belegnägel knackten und stönten, und doch gab das Log nur 5 Meilen, wo 9 oder 10 erwartet werden konnten.

Anker, Ketten, Bote, Treppen, warden diesmal aber wohlverstaut, und es war gut, daß es geschah, denn in der Nacht ging der Wind mehr nach Süden, so daß wir nur 2 Strich mehr freihatten, dabei nahm er an Stärke zu, so daß wir um 12.Uhr, als wir die Wache übernahmen, es ganz ungemütlich fanden. Die Bramsegel standen noch, und halfen das 213 Schiff unter Wasser / zu ziehen. Die See war kurz und grob und machte die Bark entsetzlich auf und abstampfen, bei jedem Niederstampfen versank die Nase so tief, daß die brüllende See hoch über die Back hinwegbrauste, Tonnen Wassers ergossen sich dann auf Deck und fluteten beim Heben des Vorderteiles nach hinten. Tausende und abertausende glühende Fünkchen leuchteten im Wasser. Das ganze gewährte, namentlich wenn man als Ausguck, oben auf dem Logis stand das großartige Bild einer Sturmnacht.

In früheren Verhältnissen wäre das Deck vom Großmast bis hinten trocken gewesen, und wir können nur hoffen, daß das Schiff durch das allmählige Sinken der Ladung und deren Anpassen an den Raum sich los arbeitet und lebendiger wird, sonst haben wir eine Reihe unangenehmer Tage vor uns.

Am nächsten Morgen gab es flott zu thun, die Tonnen, Anker, Treppen gehörig zu befestigen. Am meisten Umstände machte hierbei der Vogelkäfig, der sich wie ein Tempel auf der Großluke erhob, in dem aber die Hühner und Enten, durchnäßt von den Wellen ein klägliches Dasein führten. Die Enten waren noch einigermaßen lebendig, wenngleich das salzige Wasser gewiß nicht nach ihrem Geschmack war, die 214 Hühner aber sahen jämmerlich aus, sie blieben den / ganzen Tag auf den Stangen sitzen. „Peter" od. „Curt" blieb unsichtbar, er saß in seinem Käfig, durch dessen Boden und Seiten das Wasser sich in Strömen über ihn ergoß, er gab aber von Zeit zu Zeit knurrende Töne von sich, Zeichen seines Unbehagens.

Matrosen am Gangspill (Aus W. v. Henk: Zur See, ca. 1895)

Einige Tage vergingen auf die gleiche ungemütliche Weise, ohne daß das Deck auch nur eine Minute ganz frei von Wasser gewesen wäre, dies bringt es mit sich, daß ab und zu die Fluten in das Logis dringen und Kojen und Kisten durchnässen, so daß man auch dort sich nicht trocken halten kann. Das Wasser spült allen Schmutz, der unter den Ecken und Kojen sich befindet an das Tageslicht empor und vereint mit Theeblättern und Kaffeesutt macht dies das Logis recht einladend aussehen.

Unter solchen Verhältnissen beschränkte sich die Arbeit an Deck auf Manöver und notwendige Sachen, nur *Isidor*, der alte *Heyn* und Steuermann sind den ganzen Tag beschäftigt, neue Segel zu machen, für die Heimreise um das *Cap* (Kap der Guten Hoffnung). Sie sitzen auf der *Luv*seite des *Quarterdecks* welches wegen seiner erhöhten Lage nur selten von Spritzern heimgesucht sind, dann namentlich, wenn der Rudersmann nicht aufpaßt und nachdem er das Schiff hat abfallen lassen, wieder aufluven läßt, hierbei treffen die / Seen mit doppelter Macht und lecken ordentlich hinauf. Diesen Fehler muß man jetzt doppelt vermeiden, da der Capitän sehr ärgerlich wird und schreckliche Grobheiten dem betreffenden an den Kopf wirft. Aus diesem Grunde stehe ich gar nicht gern am Ruder, aber wenn die Reihe an mich kommt, muß ich doch hin und die Sekunden zählen. Zum Glück ging es mir ganz gut, nur einmal kam eine See über, traf jedoch nur Isidor Guihan, ohne das Segel zu netzen, sodaß ich mit einem drohenden Fingerschütteln davon kam.

215

Alleweil ward das Log geworfen, allein jedes mal liefen nur 5–6, höchstens 6½ Knoten aus. Der Kapitän stand fast jedesmal dabei, hoffend, daß es 7 oder 7½ sei, sah er dann, daß es nicht mehr war, so ging er wieder brummig an die Arbeit.

Heute Nacht kam ein derbe Böe, die uns zwang die Bramsegel zu reffen, und die See in kurzer Zeit hoch steigen machte. Trotzdem die eben erwähnten Segel fort waren, trieb das Fahrzeug immer mehr vorn unter die See, es arbeitete und stampfte schwer und tot gegen die südlich rollende Dünung an und es wäre eine böse Aufgabe gewesen, zum Bugsprit zu gelangen, um den Klüver zu stauen, der oftmals mit sei-

216 nem / Hals untertauchte. Um 4 Uhr gab das Log uns 5 Meilen, dabei trieb das Fahrzeug stark nach der Seite ab; wir haben zu lange Stille gehabt in der die Langhelsen die Seiten überwuchert haben. Auf diese Art ward das Schiff äußerst angestrengt, ohne viel Nutzen, was der Kapitän auch einsah, und deshalb das Großsegel, Großstengstagsegel, Mittelstagsegel beschlagen ließ. Dies erleichterte die PALLAS schon bedeutend, die Stöße waren nicht mehr so stark und die Back erschien zeitweise trocken. Wie groß war unsere Freude erst, als die Brise nach hinten wegraumte und allmählich die Raaen heraufgeholt wurden, indem aber die Brise diegleiche blieb. Bram und Großsegel wurden gesetzt, und wie die Sonne emporstieg, war das Bild das sich uns bot, ein freundlicheres, wie in der letzten Zeit.

Von einer herrlichen Brise getrieben, eilte das Schiff dahin, mit blendend weißen Segeln, der Sonne entgegen, die Luft war warm, die Decks trocken. Die Enten schnatterten und die Hähne krähten lustig um die Wette, in einer warmen Ecke hatte *Curt* sich langgestreckt und schnarchte, selbst die unglücklichen Schafe zeigen an, daß sie sich trotz der mageren Kost wohl befinden.

Wie wir Mittags das Log warfen, gab es zwar nicht 10–11 Meilen,
217 aber doch 7½ M. an. / Jetzt können die Segelfabrikanten ruhig arbeiten, ohne der Gefahr, durchnäßt zu werden ausgesetzt zu sein, auch ich kann wieder an das Steuer mit Freuden gehn, denn nun merkt der Alte nicht jede geringe Abweichung vom Curse, dabei bin ich auf eine Stunde befreit von dem Drehen der Scheermannsmühle, eines Apparates, mittelst dessen man aus altem Kabelgarn gute brauchbare Leinen dreht, oder sogar Webeleinen macht, d.s. die Taue, welche die sog. Strickleitern bilden. Bei gutem Wetter ist diese Mühle stets im Gang, sie ist befestigt an der Back, ich sitze hinter ihr und drehe, während die

Am Pumpspill
(Aus W. v. Henk:
Zur See, ca. 1895)

Matrosen die Garne zusammendrehen lassen. Lange Zeit vermag man
mit einem Arm zu drehen, dann wechselt man, dann wieder, immer
häufiger schließlich, bis man meint, daß es die Arme nicht länger aushalten, und doch muß man weiter drehen.

Im Lauf der Zeit habe ich Übung darin bekommen, in drei bis (vier)
Monaten ist der Schleifstein größtenteils durch meine Kraft um die
Hälfte geschwunden, wer zählt die Stunden, die ich vor ihm sitzend,
damit zugebracht habe, für den Zimmermann den Stein zu drehen. Ei-
nesteils ward es nötig durch den fortwährenden Gebrauch aller an
Bord befindlichen Rostschraper, Hämmer, Schraper u.s.w., andernteils
war der Zimmermann der *Blaue* sehr bequem und liebte es, außer
Sicht der Offiziere / vor dem Logis neben dem Fockmast zu sitzen und
sich mit mir zu unterhalten. Da man bei der langen Reise schon alles
erzählt hat, das man weiß, muß man sehen, aus der Phantasie zu erzählen. Wie viel haben wir uns wohl gegenseitig vorgeflunkert!

Noch immer bläst der Nordost hinter uns her, und mit guter Fahrt
geht es an die Grenzen des Bengalischen Busens, zugleich ist das
Wetter prachtvoll, die See lang und ruhig und hebt das Schiff nur leise
auf und ab. Dadurch bewogen, gibt der Alte den Befehl, das Takelwerk
zu labsalben[148], diese Botschaft verursachte lange Gesichter, denn es ist
eine Schmiererei sondergleichen. In diesem Falle war es angenehm,
daß alle Mann sich dieser Arbeit unterziehen sollten, um sie möglichst
bald zu vollenden, und daß wir beim Einlaufen in den Hafen längst
wieder reine Hände haben. Von böswilligen Capitänen wird das Lab-

218

*Wartungs- und Pflegearbeiten
in der Takelage
(Aus W. v. Henk: Zur See, ca. 1895)*

salben nämlich einige Tage vor dem Landen befohlen, so daß *Jan
Maat* mit schwarzgelben Händen an Land gehen muß.

Soll dies ausgeführt werden, so bekommt ein jeder Mitwirkende
einen Blechtopf voll Theer, den er sich mittelst eines Bandes um den
Hals befestigt, und klettert nun nach oben; Soll er die Wanten theeren,
219 so geht er von oben beginnend langsam mit dem in / Theer getauchten
Wergbündel hinab, indem er Zoll für Zoll des Taues nach allen Seiten
einreibt, und aufpassen muß, daß kein Ort ungeteert bleibt. Die Stage
werden in der Art gefärbt, daß ein Mann, in einem Bootmannsstuhl
hängend, allmählich herabgelassen wird.

Ich war nicht unter den Labsalbern, sondern bekam in der Vor-
rathskammer zu thun, die ich unter Hilfe des Zweiten ausschrapen
mußte. Ein bischen reinlicher war es, aber nicht viel, denn jahrelang
angesammelter Schmutz und Ölkrusten bedeckten Wände, Borten und
alles. In dieser Vorratskammer sah es bunt aus, da sich hier alle Vor-
räte, bis auf die Fleischfässer befinden. Da lagen Nägel, Hämmer, ne-

ben Marmeladegläsern, da war Petroleum, Öl, und Schinken, eingesalzenes Suppengrün, Brotsäcke und Segeltuche, alles wohlverstaut.

Ich muß gestehen, daß ich genau wußte, wo alles essbare versteckt war, da ich die Zeit meines Aufenthaltes in der Kammer behufs Brodholen gut benützte. Wenn der Sack halb voll gepackt war, wurde schnell Umschau gehalten, ob nicht irgend was gutes zur Hand war, zuweilen verschwand dann ein Glas mit Früchten od. ein Hammelschinken im Brotsack, der dann vollends gepackt wurde. Wer mich dann keuchend unter dem schweren Gewicht dahingehen sah, ahnte nicht, welcher süßer Inhalt drin verborgen / lag.

Die schmutzige Arbeit des Labsalbens war bald vorbei, und mit allen Kräften ging es an das Reinigen der Decks. Heute, am …[149] ward der Anfang damit gemacht, ein jeder Mann war bewaffnet mit Schrapern, die angefertigt waren aus Rasiermessern, und hatte einen Teil des Decks zugewiesen, von dem er den Schmutz kratzen mußte. Nach einigen Tagen war das *Quarter*deck gereinigt, worauf der „Blaue" die Fugen mit weißem Kitt ausfüllte, dann ward Regeling und Kappe (Bedachung von Luken und Niedergängen) lakirt das übrige mit feinstem Öl bepinselt. Jetzt machte sich das Deck hier prachtvoll, aber anders war es mit dem Hauptdeck, an dem einmal nicht so viel gethan wurde, dann aber ließ der Capitän zum Einölen den Thran benützen, welchen wir aus den Fischen selbst gekocht hatten. Ein übler Gestank erfüllte daraufhin die Luft, und die beschmierten Planken nahmen nicht eine schöne gelbe Farbe an, sondern eine schmutzig braune, die dem eben gereinigten das Ansehen verlieh, als ob es jahrelang Sturm und Unwetter ausgesetzt gewesen wäre, das schlimmste aber ist, daß es nicht einzieht und nicht trock(n)en will. Nach jedesmaligem Deckwaschen hat das Wasser, welches in dem Wassergang zusammenläuft einen schillernden Überzug. Wir freuen uns natürlich, daß diese Sparsamkeit so übel bekommen ist. /

An unserm Schiff wird zuviel gespart, z.B. kommt keine Nacht an unserm Schiff eine Positionslaterne, wie man die Seitenlichter nennt, deren jedes Schiff nach strengstem Gesetz[150] zwei führen muß, eine grüne an Steuerbord, eine rote an Backbord. Dampfer führen daneben noch ein weißes Licht im Vortop, damit man sie als Dampfer, und als solche für unabhängig vom Winde erkennt. Nur in der Nähe des Landes und im Kurse vieler Schiffe werden die Laternen angezündet, es ist dies ein unverantwortliches Vergehen, das im Falle eines daraus entste-

Der Ausguck
(Aus „Über Land und Meer", 1889)

henden Unglückfalles für den Schiffer die schwersten Folgen haben
wird, wie Gefängnis und sicher Patententziehung. Namentlich in den
Calmen ist es ein(e) gefährliche Unterlassung, denn hier wird der Ausguck schlecht gehalten. Tagsüber gab es viel zu brassen und zu arbeiten, während es unmöglich ist, am Tage zu schlafen der großen Hitze
wegen. Nun wird der Mann aus dem Schlaf um 12 Uhr an Deck geholt,
schlaftrunken steigt er auf die Back, und beginnt seinen Rundgang indem er die Blicke nach vorn über die Wasser lenkt. Allmählich wird
der Geist eingeschläfert, die Augen sehen wohl in die Ferne, aber ohne
daß der Betreffende wirklich etwas sieht. Je weiter die Zeit vorrückt, je
müder wird der Mann, bis er sich auf den Anker setzt. Nunmehr ist es
222 bald / mit allem Ausspähen vorbei, ab und zu wird noch ein Blick geworfen, aber bald schlummert der Mann. Mittlerweile ist ein anderes
Schiff herangekommen, an dessen Bord der Ausguck gleichfalls ruhig
schläft, es taucht plötzlich aus dem Dunkel in verschwommenen Um-
rissen hervor, vielleicht sieht es jetzt der Rudermann, und wirft das
Schiff herum, aber es ist zu spät, und mit Riesenwucht trifft ein Schiff
das andere, Rahen brechen, ein dumpfer Krach, der Bug des einen zer-

trümmert die Riggen (die gesamte Takelung) des andern, es ist vorbei. Hätte nun ein Licht gebrannt, wäre alles nicht geschehen, höchstwahrscheinlich nicht geschehen. Ehe die Schiffe in verderbenbringende Nähe gelangt wären, hätte der wachhabende Offizier oder der Mann am Rad ein Licht gesehen, vielleicht schon der schlaftrunkene Ausguck, in einem Augenblicke, wo er halbwachend auf die See schaute und das plötzliche Auftauchen eines Lichtes seine Lebensgeister erweckte. Einige wenige hundert Mark auf der ganzen Reise mehr gebraucht, dünken vielen Rhedern als zu viel und lassen sie ihre Schiffe und die Mannschaft lieber in größter Gefahr schweben.

Wenn ein Dampfer in Sicht kam, der uns passieren mußte, so ward erst die eine Laterne angezündet, dann, wenn er nach der andern / Seite kam, die erste ausgelöscht und dafür die anderseitige angezündet. Ein seltsamer Anblick ist ein Licht eines passierendes Schiffes, ringsum die weite öde See grauschwarz, der Wind heult, die Wogen brausen und entgegen zieht uns der Schein, jetzt ist er quer von uns ab und einige Minuten ist es noch sichtbar, dann sinkt es unter. Wer weiß den Namen! wohin geht es! Vielleicht ist es das letzte Mal, das Menschenaugen es gesehen, und es ging unbekannt vorüber, um dann spurlos zu sinken. Vielleicht war es ein Freund, aus unserm Heimatsort, mit vielen Bekannten an Bord! Solche Gedanken kehrten jedesmal wieder, wenn ich einem solchen Schiff nachschaute.

Die Segelmacherei wird flott betrieben, schon sind zwei Marssegel, 1. Klüver, Gaffeltop- und Bramstagsegel fertig und noch immer werden neue Segel ausgemessen. Es sieht ganz gemütlich aus, wenn man am Steuer stehend, der Arbeit zuschaut, mit emsigen Händen näht ein jeder, der Capitän liegt am Wetterskylight und liest, der große Hund spielt auf dem Quarterdeck wie eine Affe und erzürnt *Isidor* oft, indem er das Segel erfaßt und sich dagegen stemmt. Die Katze sonnt sich in sicherer Höhe auf dem Boote und Peter knurrt vom Wassergang[151] her, wo er über einer Speigate liegt und sich / durch das von unten aufsprudelnde Wasser berieseln läßt, dazu krähen die Hähne, und das Entenvolk schnattert in der Balge, die ihnen als Schwimmgelegenheit gegeben ist.

Die Mannschaft ist beschäftigt, zerstreut über das Deck, einige drehen Scheemannsgarn[152], andere kleiden oben laufendes Tauwerk. Der Zimmermann hobelt an der neuen Besahnstenge und sorgt damit, daß ich auch von 6–6½ Uhr zu fegen habe, am besten hat es Nachmittags der Koch, sein Feuer ist aus, seine Töpfe sind blank und er kann seine Pfeife rauchen, indem er über die Halbthür lehnt und mit den Zweiten spricht, der Farbe zurechtmischt. So geht es bis 2½ Uhr, wann ich 5 Glas schlage. Dies wird beantwortet von der großen Glocke von vorn her, die Matrosen kommen langsam von oben her, die Segelmacher verlassen ihre Arbeit, auch der Alte geht nach unten. „Cafe" ruft der Koch, und hebt den Kessel aus der Cambüse heraus, damit der Junge ihn ins Logis bringt. Nun sind alle Menschen fort, auch der Hund, nur die Katze und Schwein lassen sich nicht stören.

Nach einer halben Stunde erscheinen alle wieder und nehmen die Arbeit auf. um 5 Uhr werde ich abgelöst, muß aber ehe ich nach vorn gehe, das Log holen, dies freut den Hund wie toll springt er um mich
225 und beißt mir in die Füße. / Er weiß ganz genau, daß ich ihm nichts thun kann, wenn das Rad sich dreht. Der Sand ist verlaufen, „Stop". Nun wird das Tau gehalten, 6½ Meile zeigt es an, dann wird das Log wieder aufgewickelt und an seinen Platz gestellt.

Wenn es 6¾ Uhr ist, läßt der Große die Segel aufwickeln und nach unten bringen, der Zimmermann legt die Axt fort, und überläßt jetzt mir das Deck damit ich fegen kann. Dies richtig zu vollenden ist ein Kunststück, denn je nach dem Winde wechseln die über das Deck ziehenden Strömungen und Gegenströmungen, die man beim Fegen benutzen muß, da man sonst nie fertig damit würde, aber auch jetzt passiert es oft, daß ein mühsam zusammengebrachter Haufen Spähne plötzlich bei stärkerem Stampfen des Schiffes wieder vom Wind davongetragen wird. Ich muß dann alle Pützen, Farbtöpfe und andere Geräte an ihren Platz bringen, derweil macht die andere Mannschaft das Deck klar, d.i. sie bindet alles, was zum Gebrauch von seinem Ort genommen, wieder fest, schließt die Luken, die bei trockenem Wetter des Tags über geöffnet werden.

Um 6 Uhr ist dies alles beendet. Ruhe giebt es doch noch nicht, da der Große jetzt über das Deck geht und Inspektion hält, wobei Man-
226 gelhäfte gerügt und nachgeholt werden, zugleich / sieht er genau ein jedes Segel an vom Außenklüver bis zum Gaffeltopsegel. Da muß dann vorn die Klüverschote angeholt werden einige Centimeter der Hals des Focksegels herabgeholt, die Luv Schote des Bramstagsegels über das untere, das Großstengstag geworfen werden. Aller Hände bedarf es, um das Großmarssegel steifer zu hißen.

Auf solche Art vergeht stets die kurze Zeit bis zum Essen, um

5 Glas, 6½ Uhr ruft der Koch „*Thee*", nun kann ein jeder erst seine Hände von Theer reinigen und sich waschen, wenn Wasser reichlich vorhanden ist, nur ich darf es nicht, da die Matrosen verlangen, daß Thee, Brot, Fleisch u. alles andere bereit steht, wenn sie sich gewaschen habe(n). Deshalb muß ich mich sehr beeilen, und trotzdem brummen gewisse Leute schon, die es für Unsinn halten, sich zu waschen. Daraus mache ich mir aber nichts.

Sitzt ein jeder an seinem Platz, so schenke ich die Trinkgefäße voll, die Fleischback geht rundum, am letzten kommt sie zu mir, wenn oft nur Fett und Knochen drin sind. Die Brotback steht mitten auf dem Tisch, ein jeder langt zu und wirft sein Stück in den Thee um es aufzuweichen und die darin lebenden Maden zu veranlassen, daß sie vor der Hitze sich flüchtend an die Oberfläche kriechen und abgeschöpft werden können. /

Nach dem Essen spüle ich in einer Pütze Seewasser die Tassen, die andern gehen an Deck, um zu rauchen, zu singen od. Harmonika zu spielen. Hat der Wind sich im Nachmittage sich gedreht, so ist jetzt gewöhnlich erst Zeit da zum Brassen oder vielleicht sogar zum Wenden,

227

Segelflicken
(Aus W. v. Henk: Zur See, ca. 1895)

während der Arbeit an Deck wird das nur gethan, wenn es nötig ist, sofort den Kurs zu ändern.

So vergeht im Passat, bei gutem Wetter ein Tag nach dem andern.

Donnerstag, den 28ten April.

Der heutige Tag wäre fast für Capitän und Mannschaft ein böser geworden. Es war seit einigen Tagen höchst unruhiges Wetter und dies machte das Segelnähen unmöglich, deshalb ward befohlen, mit Steinen das Deck zu scheuern und die Farbe an der Reling mit Soda abzuwaschen. Höchst ungern verrichtet man diese nasse, ungemütliche Arbeit und als Himmelfahrtstag mit dem heutigen kam, waren wir froh, einen Tag von dem Scheuern enthoben zu sein. Wie erstaunten wir aber, als plötzlich um 6. Glas, als wir noch beim Kaffee saßen, mit einem male den II Steuermann in Werktagsanzug in der Thüre erscheinen zu sehen, Steine unter dem Arm tragend. *„Torn to!" „Farbe waschen!"* Ein
228 Sturm des Unwillens / erhob sich auf diese Worte, ein jeder rief, schrie und schimpfte. Das dauerte eine geraume Zeit, dann aber ward einstimmig beschlossen, nach hinten zu gehen, und nach dem Grunde zu fragen, warum diese Beschäftigung, die keineswegs mit der Sicherheit des Ganzen nötig war, heute an einem Feiertage vorgenommen werden solle. Wenn der Capitän doch bei dem Beschluß beharren würde, so verweigerten alle Leute die Arbeit, ohne Ansehung der daraus für sie entstehenden Strafe. So geschah es; wie der Zug nach hinten ging, blieb ich wohlweislich zurück, da ich mich nicht in diese Sache verwickeln wollte und in meiner Stellung als Junge überhaupt gar nichts zu melden hatte. Von meinem Beobachtungsposten, neben dem Logis sah ich gespannt nach dem Quarterdecke, auf dem die Beschwerde führenden sich aufstellten und dann den alten Hein nach unten schickten, um dem Alten ihr Anliegen mitzuteilen. Derselbe kam bald wieder an Deck und wurde natürlich von seinen Kameraden umgeben; anscheinend konnte er nicht viel erzählen, denn nach einigen Fragen stellten sie sich hin zu warten.

Eine halbe Stunde verging, ohne, daß sich ein Offizier an Deck gezeigt hatte, die Leute wurden unruhig und ihr Brummen konnte man
229 bis nach vorn hin hören. Plötzlich fuhren sie / zusammen vor dem Obersteuermann, der langsam die Treppe heraufkam und den Leuten

etwas zurief, das ich nicht verstand. Es mußte aber die Zurücknahme des gegebenen Befehls heißen, denn ruhig und langsam ging der Trup vom Quarterdeck herab. Wie ich nun hörte war ihnen gesagt, daß der Feiertag ihnen nicht genommen werden sollte. Die Mannschaft hatte also über einen ungerechten Befehl gesiegt. Auf diese Weise ward die ganze Sache beigelegt und vergessen.

Um uns den Festtag doch nicht ganz zu lassen befahl der Alte, die Unter-Marssegel abzuschlagen und neue hinaufzubringen, was zu thun kein Mensch verweigern konnte. Da ein jeder sich beeilte so ging die Arbeit schnell vorüber und nach einer halben Stunde war alles geschehen. Hierauf war frei, es wurde zwar ein bischen gebrasst, aber von 10 Uhr an konnten wir Himmelfahrt feiern, d.h. wir bekamen Zeit zu dem Waschen der Kleider, dem Lüften der Betten, was an Sonntagen stets geschieht, wenn das Wetter es zuläßt. Der Seemann ist eben in manchen Sachen weit empfindlicher wie die Landleute es wissen, die ihn nur kennen, wenn er im Hafen beim Laden und Löschen arbeitet, wo die Zeit mangelt, sich zu reinigen, oder wenn er an Land geht und seine Orgien feiert. /

Freitag, den 29.ten April

Mittags 1.Uhr 15 Minuten zum dritten Mal die Linie passirt; hiermit waren wir wieder in den Bereich der Windstillen gekommen, die die Grenze des Passats bilden.

Für einige Tage trieben wir hier herum, bald vor dem Wind mit allen Segeln im Top, bald flogen wir an steifer Bowlinie[153] durch das Wasser, bald nach Ost, bald nach West, meist aber lagen wir still auf demselben Flecke für viele Stunden. Am 1.Mai hatte uns eine leichte Brise den größten Teil des Tages etwas fortgeholfen, doch starb dieselbe gegen Abend, und ließ uns hilflos rollend zurück. Als wir Nachts um 12.Uhr an Deck kamen herrschte solche Finsternis, daß wir absolut gar nichts sehen konnten, die Royals waren festgemacht, sonst stand jedes Segel, oder schlug vielmehr lässig hin und her, das Schiff rollte langsam von einer Seite zu der andern, die See wogte leise, aber es war totenstill. Niemand sprach ein Wort, jeder Mann lehnte an der Regeling und wartete der Befehle die zu erwarten waren. Bald kam der Steuermann leise die Treppe vom Quarterdeck herab, auf uns zu und be-

230

*Im tropischen Regen
(Aus W. v. Henk:
Zur See, ca. 1895)*

fahl die Bramsegel aufzugeien. Dies geschah fast lautlos, ohne die
Ausrufe, wie „Gei em up." /

231 Große Regentropfen klatschten an Deck, mit einem Tone, den ich
nie gehört hatte, ein jeder fühlte in seinem Innersten, das etwas kommen mußte. Dichter fiel der Regen, und das Großsegel ward dicht unter die Raa geholt. Die Dunkelheit verdichtete sich immer mehr, so
daß man meinte, sie müsse greifbar werden. Eigentümlich war bei der
völligen Unsichtbarkeit auch des nächsten Gegenstandes, daß man jeg-
liches Geräusch genau hörte. Da klang die Stimme des Capitäns, da
hörte man das Knirschen und Reiben des Ruders und das Flüstern der
Mannschaft untereinander. Undeutliches Donnerrollen ließ sich ver-
nehmen, einige Blitze zuckten in der Ferne. Man versuchte das Fahrzeug so zu drehen, daß es den Wind von dieser Seite fassen sollte, aber
es war unmöglich, da kein Hauch zu fühlen war. Die Glocke schlug
2 Glas, die ich an der andern Glocke beantworten mußte, doch wie ich
die Arme hinausstreckte, um den Schwengel zu suchen zuckte ein
schrecklicher Blitz der für einen Augenblick das ganze Fahrzeug den
Augen wie in Flammen stehend zeigte dann folgte im Nu ein knallen-
der, prasselnder Donnerschlag, der das Blut still stehen ließ, dann fiel
ein Sturzbach herab, der mich vollends überschwemmt hatte, wie ich
die 2 Glas angeschlagen hatte.

232 Es waren Wasserfälle, die von oben kamen, wie Catarakte / schäum-
ten die Wassermengen längs der Regeling, von dem Logis, den Böten
und dem Quarterdecke stürzten Wildbäche herab und nach einigen

Minuten stieg das Wasser an Deck, da die Speigaten unvermögend waren, die Fluten abzuführen. Man mußte die großen Klappen an der Regeling aufschlagen, um dem Wasser einen Ausweg zu geben. Mitten drin standen wir wie geblendet von den furchtbaren Blitzen und betäubt von dem Knallen, Knattern des Donners. Hörte dieser einige Sekunden auf, so vernahm man das Brausen des abfließenden Regens. Wir suchten uns einige Plätze, wo man etwas geschützt stehen konnte, aber es machte nicht viel Unterschied, wo man sich befand.

Nach einiger Zeit kam jemand die Quarterdeck treppe herab und rief etwas, das[154] sich anhörte wie mein Name. Daraufhin tappte ich dahin und lief mit dem Steuermann sehr heftig zusammen, daß mir der Kopf brummte. Er fing mich auf, und schrie mir ins Ohr, daß ich nach dem Vormast schauen sollte; das that ich und sah dort etwa in der Höhe der Bram-Rahe einen Ball von bleichem Feuer, das gar geisterhaft aussah und einen falben Schein auf die nächsten Taue und Segel warf. Das war das „Heilige Feuer", „*S. Elms Feuer*".[155]

Wir teilten diese Beobachtung auch den andern Matrosen mit, die dann alle hinaufsahen, / sehr eifrig sogar, denn die Seeleute sind des Glaubens, daß es gut Wetter wieder wird, wann das *Corposant* (St. Elms Feuer) steigt, aber daß ein Donnersturm kommt, wenn es fällt. Es mag dieser Glaube berechtigt sein, aus irgend einem physikalischem Grunde. Die Seeleute kennen dies aber nicht, sondern schreiben die ganze Erscheinung dem Überirdischen zu und halten den Mann für verloren, dafür bestimmt, umzukommen, dem der Schein davon ins Gesicht fällt. Nach längerem Schauen verschwand das Licht, tauchte aber sofort auf den Nocken der Vorroyal-Rahe wieder auf, damit also anzeigend, daß es schlimmes Wetter würde. Um 2 Uhr verblich das Feuer, erschien für einige Minuten am Klüverbaum, dann aber verlöschte es auch hier.

Währenddessen rieselte oder strömte vielmehr der Regen auf uns herab, ohne aufzuhören bis es 8. Glas schlug. Der anderen Wache ward natürlich gesagt, was sie an Deck zu erwarten hatte, damit sie sich ordnungsmäßig ankleiden konnte, deshalb erschien(en) alle in ihrem Südwester und in Ölzeug, ausgenommen allein die Stiefeln, deren man der Wärme wegen nicht bedurfte.

Wir legten uns in der Gewißheit nieder, in baldiger Zeit geweckt zu werden, was uns veranlaßte, das Zeug anzubehalten und wach zu bleiben. /

234 Viertelstunde auf Viertelstunde verrann, ohne daß etwas anderes hörbar ward wie das Klatschen des Regens, als es 2 Glas schlug, fand ich dann aber für vorteilhafter, mich gemütlich zum Schlaf zu legen. Keinerlei Sturm weckte uns, wir durften ungestört bis 7. Uhr schlafen, d. i. zum Frühstück, als ich dann die Augen öffnete, fiel mein Blick durch die mir gegenüber liegende Leethür auf die See, welche herrlich blau wogte und über der ein prächtiger Blauer Himmel sich spannte, an dem weiße Wolken jagten. Das Schiff lag etwas über nach Steuerbord, das Wasser zog schäumend und brausend vorbei, und an Deck gelangt hatten wir das Vergnügen, unsere PALLAS mit eingebraßten Raaen, und allen Segeln im Top durch die Wogen dahineilen zu sehen.

Diese gute Brise hielt an bis zum zweiten **Pfingsttage** dem 9. Mai, an dem unsere Feiertags-Muße unterbrochen ward durch eine Böe, die plötzlich aufsprang, und uns kaum die Zeit ließ, unsere Siebensachen, die wir der Reinigung wegen an Deck gebracht hatten, in wilder Eile ohne irgend eine Ordnung in das Logis zu werfen, doch gelang es uns wenigstens, nicht so dem „Zweiten" der dann wenn der Capitän aus-

235 singt, sofort den Befehl ausführen muß. Sein Zeug / blieb an der Leine hängen, die er von den Wanten des Großmastes zu denen des Besahns gezogen hatte. Einige Strümpfe flogen gleich davon, zwei davon in die Leewasserwege, aus denen sie durch die Speigaten davonschlüpften, die Hemden bliesen so auf, daß man ihr baldiges Platzen voraus sah, ein Betttuch flog in die Leewanten, und blieb hier angepreßt hängen.

Mittlerweile ertönten an allen Enden Befehle, hier warden Taue losgeworfen, daß sie pfeifend nach oben flogen, dort aber zog man Hand über Hand an den Geitauen. Die Enten und Hühner schwammen hilflos im Strudel herum, da man ihnen Freiheit gegönnt und an Deck spazier(en)gehen gelassen hatte. Zwei Hennen flatterten auf die Regeling und wurden natürlich in die See geblasen. Der Hund saß auf den Tonnen, neben der Katze, der trotz aller Seefahrt das Wasser höchst verhaßt war, und Peter war rechtzeitig genug in seinen Kofen eingesperrt. Im Farbespind kugelten die Töpfe durcheinander und ihr Inhalt ergoß sich bunt gemischt über das Deck. An solche Sachen zu gehen war aber nicht die Zeit, da Bram- und Stagsegel festzumachen waren. So ging es eine Weile fort, als alles dann wieder geordnet war und vorbereitet auf lange dauerndes schlechtes Wetter, war der Wind

236 vorbei, und auf dem unruhig gewordenen / Wasser schwankten wir arg einher.

Der Wasservorrath beginnt jetzt sichtbar abzunehmen, in den ersten Wochen ist viel verbraucht worden, ohne daß jemand an den geringen Vorrath gedacht hat, dafür müssen wir büssen. Zwar ist es noch einem jedem erlaubt, vom Faß zu trinken[156], so viel er mag, so wenig angenehm es auch dem Großen ist, wenn man dies oft thut, aber das Waschen mit demselben ist verboten. Erlaubt ist für das ganze Logis ein halber Eimer per Tag, wie dies ausschaut nachdem alle sich gereinigt haben, bis ich dann an die Reihe komme, kann man sich kaum vorstellen, aber auch dann ist das Wasser nicht unbrauchbar, sondern einer oder selbst mehrere haben schon darauf belegt, ihr Zeug darin zu waschen.

In dunkler Nacht, wenn der Wachehabende Offizier sich an einem Ort befindet, von dem er nicht nach vorn sehen und horchen kann, oder wenn er bogt, sieht man dunkle Gestalten barfuß nach den Fässern schleichen, wo sie geräuschlos ihre Eimer mit Wasser füllen. Atemlos sucht man das geringste Plätschern zu vermeiden, und hat man glücklich seinen Zweck erreicht, schleicht man gerade so zurück. Vor dem Logis, neben dem Fockmast, genießt dann einer nach dem andern die Wohlthat eines frisch Wasser / Bades. Nachdem Ausguck und Rudersmann von ihrem Posten abgelöst sind, erfahren auch sie die Neuigkeit und verfahren danach.

Um einigermaßen rein zu bleiben, nimmt fast die ganze Mannschaft ein Bad in der Deckwaschbalje, früh um 5 und Abends um 7. Uhr. Ein solches Bad ist wohl sehr erfrischend, aber es nützt nicht viel zur Reinigung, indem Seife nicht in dem Salzwasser schäumt, die Haut wird hingegen rauh und rissig, an den Händen treten Risse auf, die nie heilen weil stets Salzwasser und mit Salz getränkte Gegenstände in die Wunden gelangen; man bekommt hierdurch ein äußerst schreckliches Aussehen, als ob man lange Zeit mit dem bösesten Wetter zu kämpfen gehabt hätte und demselben ohne Schutz ausgesetzt gewesen wäre.

Zu unserm großen Glücke brach am 11. Mai der Passat durch, und mit seinem Erscheinen ward die Miene aller an Bord befindlichen heller und freundlicher, da es möglich wurde in 14 Tagen sicher vor Anker zu liegen. Der Himmel hatte ein Einsehen mit uns, er lachte jeden Morgen in gleicher Bläue, das Meer war herrlich anzuschauen und der stete Passat füllte die weißen Segel, kaum daß er um einen bis zwei Strich herumlief, die Folge war daß an jedem Tag die Sonne tiefer um die Mittagszeit stand. /

237

173

Auf den Spuren von „Paul und Virginie". Mauritius / Île de France

238 **Am 22ten Mai** befahl der Capitän, die Ankertallje an ihren Ort zu bringen, die Buganker außen Bord zu setzen, 45 Faden Kette heraufzuschleppen und sie einzuschäkeln. Das war frohe Botschaft, da wir in unmittelbarer Nähe von *Mauritius* sein mußten, das für mich, seit dem wir 8 Tage auf der Rhede gelegen, der Ort meiner Sehnsucht geworden war, andere freuten sich hierob, da die Insel der Endpunkt ihrer Reise auf der PALLAS sein sollten. *Isidor, Eugen, Joseph, Hein,* und *Karl* der Koch werden hier abmustern, alle diese bis auf den guten *Isidor,* der mein Freund ist, sehe ich gerne hingehen. *Joseph* will fort, weil er böse Nachrichten von seiner Frau gehört hat, die mit einem andern in wilder Ehe leben soll, wofür er sie züchtigen will. Heute Morgen in dem ersten Lichtschein sah man vom Top die Insel *Rodigruez* (richtig Rodriguez), welche kleiner wie *Mauritius* ist und von ihr zwei Tagereisen entfernt ist. Ein frischer Wind füllte von hinten die Segel, daß sie krachten, eine willkommne Musik für uns, diese Stärke der Brise hielt die ganze Nacht an, und als wir in der Früh Ausschau hielten, strahlten die weißen Guanofelsen von *Flat Island, Gunnercoin,* blendend im

239 ersten Schein der Sonne. Hinter dieser stieg aus einer / Nebelschicht der fast 1 000 Met. hohe *pic du Doigt*[157] in die Lüfte. Schnell stieg die Küste auf, wie wir aber quer ab vom Hafen waren, flaute die Brise ab, und es dauerte bis 4. Uhr Nachmittags, ehe wir auf der Außenrhede vor Anker lagen. Ein Schleppdampfer ging gerade hinaus an uns vorbei, der Lebensmittel nach den Feuertürmen bringen mußte.

Die Szenerie die vor uns lag, war die gleiche, bezaubernde, wie früher, und die Ungeduld, endlich an Land gehen zu können, ward größer in mir. Für das erste kam jetzt aber der Arzt an Bord und untersuchte uns, da wir alle gesund befunden, ward uns die Erlaubnis, den andern Morgen in den Hafen zu gehen. Briefe bekam ich am selben Abend 7. Stück, mehr wie irgendeiner an Bord. In dieser Nacht brauchte die Wache nicht ängstlich nach Blaufeuer auszuspähen, denn die Orkanperiode ist zu Ende, und wir können unsere ganze Liegezeit, ohne Furcht vor einem Cyclon verbringen.

174

Von 4 Uhr an warden Ketten an Deck geschleppt, da jedes Fahrzeug im Hafen vor 4. Anker liegen muß. Dies war eine bittere Arbeit, aber erleichtert ward sie durch die Aussicht, dann / volle 4. oder 5 Wochen absolut nichts mit dem Anker befassen zu haben; hiermit ward man fertig um 7 Uhr, worauf eine kurze Frühstücks pause gestattet wurde, doch kaum 10 Minuten lang. Der Große gab mir eine spitze rote Flagge mit weißem Ring darin, damit ich sie (in) den Wanten des Vor-brammastes anbringe als Signal für einen Schlepper, wie ich dies aus-führte begannen die Matrosen die Anker zu hiven, ohne weiter auf den Dampfer zu warten. Dieser kam bald heran, nahm die Trosse über, zog sie aber nicht straff, sondern trieb langsam mit uns, als der Anker vom Boden frei war, über die Rhede dem Lande zu, und fing erst an zu tauen (schleppen), als dieser völlig an Bord war.

Nun ging es „voll Dampf" in den Hafen hinein, o daß ich Zeit ge-habt hätte, alles zu sehen, wie das Schiff dem Ufer sich näherte! Zur linken Fort *George*, rechts Fort *Formosa*, als Bastionen am Thor, überall Palmen und andere Bäume. Dann kam der Hafen selbst, in dem die Fahrzeuge in langen Reihen neben einander lagen, als erstes ein Schiff aus alter Zeit, sicher gebaut für die *Honourable Eas Indio Company*[158], mit hohem Hinterdeck, mit Gallerien[159] und großem *Forecastle*, es war aus *Bombay*. /

Nach 20 Minuten Fahrt waren wir an unserm Liegeplatze angelangt, der neben einem deutschen Dreimastschuner lag. Wir machten an einer Boje fest; dann kamen viele nacktbeinige Kulis an Bord, die die beiden Vorketten zum Teil in einen Prahm ließen, mit diesem begaben sie sich erst voraus nach rechts bis zu einer Boje, hierüber angelangt, ließen sie die Kette in das Wasser, dann sprang ein Mann, der sich die Nasenlöcher mit einer Klammer verschloß, in das Wasser, indem er einen Bolzen und einen Hammer im Gürtel trug. Es lag hier nämlich ein mächtiger Anker, an dem er unter Wasser unsere Kette befestigte. Das selbe geschah dann voraus an Backbord. Wie beide fest waren, lie-ßen wir die vorhandene Kette auslaufen, um das Schiff nach rückwärts, dichter über die Hinteranker treiben zu lassen. Der Prahm kam wieder, nahm die Enden der Hinterkette auf, die beide befestigt warden, aber die Bucht daran hatte man im Prahm behalten, wir legten jetzt dün-nere Ketten um dieselbe, hivten sie auf, und legten alles fest um die

240

241

Poller. Zum Schluß warden vorn beide Ketten steif gehivt. Hiermit lagen wir sicher vor 4. Ankern. /

Nach dem alles vollendet war, wurde die Treppe herabgelassen und die Gig außen Bords gesetzt, dann mußte ich Deck fegen und dasselbe aufräumen od. aufklaren. Um 7. Uhr hatte ich Muße oben auf den Mast zu klettern, bis zum Flaggenknopf. Ein herrliches Panorama bot sich meinen Augen, ringsum der Hafen mit seinem grünen Wasser und den vielen Schiffen aller Nationen, zur rechten am Wasser Lagerhäuser, dahinter Schluchten und über diesen der hohe *Mont des Signaux*. Zur linken ein felsiges Ufer mit einer Capelle, und einem großen in Fels gehauenen Bassin, aber vor mir stieg *Port Louis* aus den Fluten hervor, lange Treppenfluchten, an denen viele Canots (leichte Eingeborenenboote, „Kanu") versammelt waren, führten zu den Quais hinauf, an denen ein großes *„Hotel Oriental"* lag, von diesem führten Straßen mit Alleen großer blüthengeschmückter Bäume hinein in die Stadt, die mit Villen, Gärten, Turmspitzen, Denkmälern und platten Dächern terassenförmig aufstieg. über der Stadt drohten auf einem

Aus dem Skizzenheft Franz von Wahldes

176

Hügel die Zinnen einer Feste, und den Hintergrund zu allen bildeten die hohen Berge, unter denen der *Pic du Doigt* besonders merkwürdig war. Lange konnte ich mich nicht an dem Bilde erfreuen, denn die Dämmerung sank herab, die hier im Süden so schnell verläuft und der Finsternis Platz macht. /

25 Mai

Heute Nacht konnten wir uns ruhig niederlegen, ohne an Cyclone denken zu müssen, die uns zwingen würden, alle Stengen und Raaen so schnell wie möglich an Deck zu bringen. Früh morgens um 4. Uhr begann mein Werk mit dem üblichen Waschen des Logis, nachgerade wird mir es doch zu dumm, trotz meiner langen Fahrt als Junge noch nicht Leichtmatrose geworden zu sein und die niedrigsten Arbeiten verrichten zu müssen.

243

Mit Anbruch des Tages ward der Hafen lebendig, kleine Dampfer schleppten große Prähme vorbei, die voll chinesischer Arbeiter, „*Kulis*" waren, die an Bord der Schiffe gingen, wo sie Arbeit angenommen hatten, oder vielmehr ihre Unternehmer. Dann begannen die Mannschaften der umliegenden Schiffe, wie wir auch, Deck zu waschen, hin und wieder gingen Schiffsböte an Land, dann kamen die Canots, welche von Muselmännern bemannt sind, die von Schiff zu Schiff fuhren, um sich als Fährleute anzupreisen, dann kamen die „*Bomboote*"[160] längsseit, um ihre Waaren wie Milch, Eier und Früchte an den Käufer zu bringen. Es war dies sehr billig, deshalb abonnirte ich auf Milch und Eier bei einem graubärtigen alten *Creolen*.[161]

Mittlerweile ward es 8 Uhr, die Leute, welche hier abmustern wollen, kleideten sich an und hatten dies kaum gethan, als der Capitän in schneeweißen Anzuge an Deck erschien, und alle überdrussigen in die / Gig beordete, die ich heraufgeholt hatte. Zu meiner Freude durfte ich mit, da man einen Mann nötig hatte zum Bewachen des Bootes, während die andern zum Consul waren. Wie wir abstießen, begannen die zurückbleibenden, in einen Leichter den Ballast zu löschen; die Fahrt ging mitten durch das Gewimmel der Fahrzeuge hindurch, und da ich als Vorgast[162] nichts zu thun hatte, konnte ich alles ringsum ungestört wahrnehmen. Bald langten wir an der Treppe an, das Boot ward festgemacht, die Leute verließen das Boot und ich blieb allein zurück.

244

Zuerst sicherte ich Riemen, Flagge und Haken, steckte die Scepter (Ruderdollen) in die Taschen und stieg die Stufen hinab. Das Leben und Treiben einer abendländischen Tracht that sich meinen Blicken da, Menschen aller Rassen tummelten sich auf dem großen Platze, der von dem *Hotel Oriental* und Baumreihen eingefaßt war, Neger aller Farben, Creolen, Chinesen, Indier und Perser zogen vorbei, oder saßen an ihren Verkaufsständen. Chinesische Reklamen kündeten an, daß wir uns an einem internatio(na)len Platze befanden, alle Sprachen schwirrten um das Ohr, neben englisch, war das Französische die Hauptverkehrsprache[163], große Brunnen in Löwen kopf Gestalt sprudelten herrliches Wasser hervor, daß klar, wohlschmeckend und so kühl wie das schönste Quellwasser war, um die Wasser stand stets eine Anzahl In-

245   dier und *Kulis*, / die sich den Mund spülten und gurgelten.

Ein Trupp Gefangener zog an mir vorbei, jedenfalls auf dem Wege zur Morgenarbeit, sie gingen zu zweien hintereinander aber beide stets zusammengekettet, ihre Tracht war eine weiße Hose, blauer Kittel, schwarze Schuhe und ein breitkrämpiger Strohhut. Berittene Polizisten führten und begleiteten sie. Von Zeit zu Zeit fuhr ein Zug über den Platz, sehr langsam und angemeldet durch einen vorausgehenden Mann mit Klingel, der die Menge auf das Herannahen des Trains aufmerksam machte. Somit fehlte dem sonst ganz morgenländisch anmutenden Ganzen nicht das Zeichen der europäischen Kultur.

Stunden lang saß ich am Strand, ohne mir eine der angepriesenen Südfrüchte kaufen zu können, da ich noch keinen Groschen Geld hatte, allmählich brannte die Sonne immer stärker und zwang mich den Schatten des Sonnensegels zu suchen. Unter diesem saß ich ganz gemütlich und betrachtete das kleine Getriebe der Bootsleute um mich her. Da sie alle französisch verstehen konnten, fing ich mit einem an zu parlieren, wobei mir der Umgang mit *Isidor* sehr zum Nutzen kam. Er erzählte mir, daß er aus *Bombay* stamme, von welcher Stadt er vor Jahren ausgewandert sei, um in *Mauritius* einen Handel anzufangen, dies sei misglückt und am Ende wäre er wie die / meisten der Collegen ein

246   Bootsführer geworden. Er wollte mir noch mehr erzählen, als ein Fahrgast kam, den er zum *Union Line Steamer* ARUBIAN[164] fahren sollte.

Darauf vertrieb ich mir die Zeit damit, daß ich in die Wellen schaute. Das Wasser war herrlich grün, aber so klar, daß die Treppe, die *Quai* Mauer und der Grund offen unter mir lag. Das schönste waren gar merkwürdig gestaltete Fische und Fischlein, die so bunt wie die

Strahlen des Regenbogens gleichsam Colibris, die in der Luft schaukeln, gleichsahen. Blitzschnell huschten sie hin und her, an der Mauer krochen langsam bedächtige Krebse und andere Seethiere.

Um die Mittagszeit, gerade als der Zeitball fiel, der hier wie überall die Mittagszeit anzeigt, kamen die Leute wieder, zufrieden mit ihrem Resultat, und bald darauf der Capitän, der anscheinend nicht guter Laune war, die ich mir nicht erklären konnte, da das Abmustern dieser Leute sie nicht veranlassen konnte, weil hier die Heuern nicht so hoch wie in *Buenos Ayres* sind. An Bord angelangt, hatten die abgehenden nichts eiliger zu thun, als ihre Sachen zu packen und dann einen Bootsmann zu winken und in dessen Fahrzeug die / alte gute PALLAS zu verlassen. Sie hatten ja die Taschen voll Geld und konnten es sich damit gut sein lassen, so lange wie es dauert. Schon harrten an Land ihrer hungrige Haie d. s. Boardingmaster und die weiblichen Schönheiten, *Creolinnen, Französinnen* u. a.

Der Abschied von *Isidor* betrübte mich sehr, denn vermöge seiner Eigenschaften war er mir der einzige gewesen, den ich hatte achten lernen unter d. Matrosen. Er war als Sohn wohlhabender Landleute an den Ufern der *Vilaine* eines Flusses der *Bretagne* geboren, in einem Kloster erzogen aber aus Liebe zur See entlaufen und Seemann geworden. Er hatte es bis zum Capitän eines kleinen Schoners gebracht, diesen aber an der Küste von *Argentinien* verloren, worauf er mittellos geworden als Matrose an die MAINE ET LOIRE[165] ging, von der (er) nach uns entlief. Auf See der allerbeste Mann, taugte er an Land nicht viel, weil er nicht dem Trinken entsagen konnte. Dies kam auf See natürlich nicht in Betracht.

Mittlerweile ging das Löschen an. Schon Morgens war ein Dampfer der „*Albion Dock*" *Co.*[166] mit Kulis gekommen, die das Löschen besorgen mußten. Etwa 30 Mann waren es, merkwürdig klein, bis auf einen Schurz ganz nackt, gelbbraun, mit schwarzem Haar und von ekligem Geruch. Man konnte es ihrem schwachen / Aussehen nach kaum zumuten, daß sie schwere Säcke transportieren könnten. Hierin ward ich getäuscht, denn kein einziger unter der Mannschaft hätte es mit ihren Leistungen aufnehmen können.

Abends um 6. Uhr war schon ein gutes Loch unter der Großluke in der Ladung entstanden, als sie die Arbeit niederlegten und sich dann an der Regeling niederkauerten, um ihren Dampfer zu erwarten. Die Menschen führen ein trauriges Leben, ein Unternehmer mietet hun-

247

248

derte von ihnen zu sehr niederem Satz, und bietet dann den Capitänen seine Hilfe an. Er bekommt das Schiff zu entlöschen für eine feste Summe, und sieht nun danach, daß die Arbeit so schnell wie möglich geschieht. Die armen Creaturen bekommen natürlich nicht entfernt das, was ihnen gebührt.

Die nächsten 14 Tage verliefen auf gleiche Weise, Tag für Tag stieg bald hinten, bald vorn, je nachdem gelöscht wurde, unsere PALLAS aus dem Wasser hervor, und zeigte ihre Seiten, die mit Millionen Muscheln und Seestern ähnlichen Gebilden besetzt waren, unserem Auge.

Jeden zweiten Morgen um 6 Uhr verließ ich mit dem Zweiten das Schiff und ruderte an Land, um im Bazar Einkäufe zu machen. Schon der Gang dahin bot uns des Interessanten viel, ganz abgesehen von
249 den / wirklich prachtvollen öffentlichen Gebäuden. Die prächtigsten Bäume, Palmen aller Arten, Bananen und Schlingpflanzen mit märchenhaften Blumen bekränzten die Gegend der Stadt, die wir durchschritten. Der Bazar ist eingefriedigt mit hohen Gittern, große Thorpfeiler mit Chinesischen Inschriften tragen mächtige Thorflügel, lange parallele Dächer ziehen sich von einem Ende der Umfriedigung zum andern.

Vorn am Eingang hockten Aussätzige, und Verkrüppelte die um milde Gaben flehten, vorzüglich ein widerliches Geschöpf drängte sich voran, so widerlich, wie niemand es glauben wird, daß die menschliche Gestalt so entstellt sein kann. Er war 2 Fuß hoch, hatte schiefe Beine, einen Kropf, Buckel, dazu schielte er mit seinen triefenden Augen. Ein unsägliches Grauen und Mitleiden erfüllte mich stets, wenn ich ihn traf, dafür gab ich ihm fast stets, was er bald merkte und mich deshalb ordentlich begrüßte.

Wer schildert aber das Leben und Treiben auf dem Markte, wo die Angehörigen aller Völker ihre Waaren aller möglicher Arten feilboten. Da waren Berge von Cocosnüssen, bewacht von einem bräunlichen sanften Indier, die schönsten Bunde Bananen ausgestellt von einer halbnackten eingeborenen Schönheit, Perser verkauften Zeug, Teppiche und Tücher, Indier schöne Kisten aus *Sandelholz*, Chinesen mit
250 langen Nägeln an den / Fingern; Europäer mit Schuhwaaren, mit Messern und dgl. Das war ein Feilschen, ein Lärmen und Handeln, wie ich es nie gehört.

Jeden Morgen begann ich den Rundgang am Fleischmarkt, wo 14 Pfund Fleisch in den Korb spazierten, dann ging ich zum Kartoffeln- und Yams (genießbare Wurzelknolle der Dioscorea Batatas, „Chinakartoffel") Händler, dann zu den kreolischen alten Weibern, die Gemüse verhandelten, u. so kam die Reihe herum, bis alles eingekauft war. Zum Schluß kaufte ich mir dann einige Früchte, meist Bananen, doch auch *Guavas, Pompelmus* und hin und wieder *Ananas.* Auf den Rat des Capitän esse ich namentlich die Bananen, da diese am besten zu vertragen sind. Am Quai angelangt, fand sich meist noch ein $\frac{1}{4}$ Stündchen, um bei einem der Chinesen, die rechts vom *Hotel Oriental,* Schenken führen, einzukehren, woselbst gute Limonade zu haben war.

Den Rest des Morgens brachte ich dann mit dem Loswerfen der Segel zu, die alle oben im Top blieben. Nun kam aber jeden Tag, 2−3−4 mal oder noch öfter eine Wolke über die Insel, die sich nach kurzer Zeit in ein leichtes Schauer auflöste, während dessen der schönste Regenbogen vor den Bergen stand. Dies zwang uns, fast täglich die Segel los zu werfen und dann gegen Abend wieder festzumachen. Wenn ich dann oben bin, hüte ich mich / recht wohl, mich sehr zu beeilen, sondern fleißig Umschau zu halten über die Insel, und nach rückwärts auf die See, mit den Arm artig in sie hineinragenden Forts. Nachmittags waren alle Mann im Prahm, um das Schiff sauber abzukratzen und abzuwaschen, wie es wieder höher stieg und langsam eine Platte nach der andern zeigte. Abends um 5 Uhr machten wir die Segel fest, dann klar Deck und hatten von 6−8. Uhr Abens frei.

Am ersten Sonntage bekamen wir frei, selten ist so schnell Deck gewaschen wie an diesem Morgen und große Toilette gemacht, um an Land schneidig auftreten zu können, ich hatte zwar neues Zeug zum Ausgehen mit bekommen; aber wie saß das jetzt am Leibe. Ich war stark gewachsen und die Weste reichte kaum bis zur Hose, die unten die Füße schlecht bedeckte. Nichts destoweniger ging ich frohen Mutes an Land, ich war nicht zu Haus sondern einfacher Schiffsjunge in einem wildfremden Lande.

Zu meinem Leidwesen konnte Diedrich erst um 1 Uhr an Land kommen, so daß ich allein spazieren mußte, denn es war kein Gedanke daran, mit den Matrosen in ihre Spelunken zu gehen oder zu einem der Tanzlokäler z. B. zum *„Gunboat"* (Kanonenboot), wie das bekannteste hieß. Staunend ging ich die sanft aufsteigenden Straßen / hinauf, an denen geschmackvolle *Villen* lagen, gebaut in der französischen Zeit, und umrankt von blühenden Winden, in der Mitte der Straßen zogen sich Anlagen hin, deren mächtige Baumriesen im üppigsten

Grün mit prächtigen Blumen prangten, Lianen schlangen (sich) von Ast zu Ast und Baum zu Baum, die entzückendsten Guirlanden.

Ich kam am Palast des *Gouverneurs* vorbei, der *Veterinärschule*, und dem Theater, in dem heute Abend die Oper „*Fra Diavolo*"[167] gegeben werden sollte. Dieses hatte ich doch hier im Indischen Meer auf einer einsamen Insel nicht erwartet.

Am oberen Ende der ganz orientalisch gebauten Stadt, kam ich zu einer herrlichen Promenade, an deren einen Seite ein Park sich hinzog, während man von der andern Seite in die Insel selbst schaute, Ganz im Vordergrund zur Linken erhob sich ein Hügel, dessen nackte Abhänge riesengroße Kakteen trugen, und dessen Höhe mit der Feste bekrönt war, die ich schon von dem Schiff aus gesehen. Militärmusik spielte gerade als ich kam, und eine Menge von sonntäglich geputzten Städtern, erging sich im Schatten der *Tamarinden*. Alle Rassen von Menschen waren vertreten, und namentlich die Angehörigen der Halbkaste[168] trugen Gewänder mit den schreiendsten Farben.

Eine Unterbrechung erfuhr das Getriebe, als eine Procession vorbeikam, / die unsagbaren Pomp mit Baldachinen, Lampen und Kreuz trägern entwickelte. Trotzdem die herrschende Religion die katholische ist, waren wir nicht genötigt, uns auf die Knie zu werfen, um das *Sanctissimum*[169] anzubeten. Im Zuge gingen weiße Priester und einige schwarze, dagegen europäische Jungfrauen, kreolische, schreckliche Negerweiber und Männer, auch Chinesen fehlten nicht ganz. Vergebens fragte ich die Umstehenden nach dem Zweck der Procession, ihre Antworten konnte ich nicht verstehen, erst an Bord konnte ich erfahren, daß es die Frohnleichnamsprozession sei.

Nach dem Passieren des Zuges nahm die Capelle ihre lustigen Weisen wieder auf, und ich setzte mich auf eine Bank unter einer Gruppe Palmen und Baumfarren, um die leckeren Bananen, die ich erstanden hatte, zu verzehren.

Gegen 12½ Uhr ging ich dann zum Hafen und fuhr an Bord, entzückt von dem gesehenen und begierig Diedrich am Nachmittag alles zu zeigen, daß ich gesehen. Ein frohes Paar bildeten wir beide, als wir im Boote an Land gingen, nach dem langen Aufenthalt an Bord in den engen Grenzen und Fesseln ist es Wollust, so ganz für sich selbst zu sein, und dahin zu gehen, wohin das Herz treibt. Der Nachmittag wird für immer unvergeßlich bleiben, denn wir sahen an ihm auf einem Ausfluge / die Wunder der Tropenwelt.

Wir konnten uns kaum trennen von den tiefen Schluchten, bewachsen mit riesenhaftem Feigenkaktus, den Palmenhainen und Bananen Gebüschen. Aber die Abendstunde kam und trieb uns zur Stadt, denn wir Jungen mußten um 8. Uhr an Bord sein, damit der Alte uns in sicherer Hut wußte. Immerhin hatten wir Zeit, vor dem Hause des alten Chinesen ein Glas Wein zu trinken, der beiläufig gesagt, gräßlich schmeckte, und danach tranken wir ein zweites, da die Rückkehr in das Schiff uns unerträglich schien. Die Zeit kam aber doch bald, wo wir ein Boot mieten mußten, um an Bord zu gelangen. Am nächsten Morgen stand ich um 6. Uhr barfuß an Deck und schleppte Wasser herbei, während Diedrich zum Bazar fuhr.

Höchst angenehm war es, daß wir jeden Morgen schöne frische Milch und Eier bekamen, auch gab es häufig Mittags irgend ein Gemüse, das vorzüglich schmeckte. Wir scheinen einen leidlichen Koch in der Person eines blondharigen Dänen bekommen zu haben, wenigstens schmecken die Speisen jetzt verhältnismäßig besser wie früher, ob er nun mit uns oder dem Quarterdeck hält, ist noch zu erfahren. /

8. Juni

Die Woche ist unter der gewöhnlichen Beschäftigung verlaufen, das Schiff ist bald leer und der Capitän spricht schon von Ballasteinnehmen im Lauf der nächsten Tage, mithin besteht also auch jetzt keine Aussicht, Ladung von hier zu bekommen. Wohin es aber jetzt geht, ist noch unbekannt, man munkelt schon von einer zweiten Reise nach *False Point*; man soll aber den Teufel nicht an die Wand malen, denn sonst kommt er. Diedrich und ich sind ständige Bootsgäste geworden, und haben oft den Kapitän an Land oder nach einem andern Schiff zu bringen.

Eines Abends machte ich mit dem Steuermann einen Gang in die Stadt um Soda zu holen, das uns ausgegangen war, wir sprachen in jeder Handlung vor, aber auf unsere Frage, ob sie Soda hätten, antworteten alle Chinesen *„Me got plenty“*! („Ich habe viel davon!“) gaben uns dann aber stets Sodawasser. Auf unsern Unwillen hin, daß dies nicht das verlangte sei, sondern ein weißes Pulver *„to wash clothes“*, *„pour laver“* (engl. und franz. „um Zeug zu waschen“), gab man uns Seife, in allen Arten. Am Ende mußten wir unsere Absicht aufgeben, denn es war unmöglich, den Chinesen die Art der verlangten Waare zu bezeichnen.

Mittlerweile waren wir in eine Gegend der Stadt gelangt, in der sich
256 meiner Berechnung / nach die Moschee befinden mußte, deren Minaret und Kuppel ich gesehen hatte und die in mir die Absicht erregt hatten, dieselbe zu betrachten. Wir fragten die Passanten nach der einzuschlagenden Richtung, und standen in 10. Minuten am Eingang der Moschee, die in hellstem Lichterglanze strahlten. Gläubige strömten ein und aus und unter ihnen gingen wir mit hinein. Ein Säulenvorhof ward durchschritten, erleuchtet von vielen Gasflammen, der sich in einen prächtigen Hof öffnete, der von Säulengängen umgeben war. Der Hof selbst war mit buntem Marmor gepflastert, in seiner Mitte war ein sprudelnder Brunnen mit einem kleinen Bassin und überragt von einigen schlanken Palmen. Ein großes Sonnensegel umspannte von allen Seiten den Hof, ließ aber in der Mitte eine große runde Öffnung, durch die die Sterne des Tropenhimmels herabglänzten. An den Gängen lagen Gemächer, in denen Lehrer eine Anzahl junger Mohammedaner unterrichteten, die gräßlich schnatterten. Am Bassin saßen viele Gläubige mit der Ceremonie des Fußwaschens beschäftigt, andere aber lagen im Tempel selbst auf der Erde, das Gesicht gen *Mekka* gewandt. Wir wollten den Hof überschreiten, aber ein heftiges Geschrei ward gegen uns erhoben, so daß wir erschrocken zurückwichen. Zu-
257 gleich drangen Wächter / auf uns ein und bedrohten uns; endlich verstand ich aus dem Lärmen, die Worte, „*Ôtez vos souliers!*" d.h. wir müßten unsere Schuhe ausziehen. Das beruhigte uns sehr, bewog uns aber zugleich, unsere Absicht aufzugeben, denn meine Strümpfe hatten so große Löcher, daß ich mich nicht darin zeigen durfte. So begnügten wir uns, noch eine Zeit lang zuzuschauen, dann gingen wir nach *Tshin Tshan Jun*, dem alten chinesischen Wirt an dem Bollwerk, um Limonade zu trinken.

Einen herrlichen Ausflug machte ich nach „*Pomplemousses*"[170], jenem Ort, der unsterblich gemacht ist durch *Sainte Pierres* Meisterwerk *Paul et Virgine*, dessen Personen eben hier wohnen. Überall stößt man an Orte, die uns an diesen der Wirklichkeit nacherzählten Roman erinnern, ein jeder Neger kennt die Sage von der guten Virginie, die so viel für die Schwarzen gethan. Die Bucht, wo Paul Virginie fand, heißt jetzt *Bai du tombeau*, Grabesbucht[171], das Cap wo die St.-Géran[172] strandete, heißt „*Cap malheureux*".[173] In einem etwas feuchten von Untergestrüpp und Lianen fast unpassierbar gemachten Haine steht die kleine Säule, bedeckt mit unzähligen geschriebenen und eingehauenen Namen „*Voici le tombeau*" (Hier ist das Grab) sagte der Führer, als wir davor standen. Zum Andenken pflückte ich von einem Lebensbaum einige Zweige ab, und eine Ranke von einer prachtvollen / Schlingpflanze.

258

Nicht weit davon ist der Garten von *Pompelmouses*, ein botanischer Garten, der in bunter Abwechslung die seltensten und gemeinsten Arten aller Bäume der verschiedenen Zonen enthält, und der vielleicht von keinem der Welt übertroffen wird. Man hat ihm ganz ein wildes Aussehen gelassen, Schluchten und Quellen findet man, und Aussichtspunkte auf die in tropischer Flora prangende Insel und auf die weißen Sandbänke, schimmernde Korallenriffe und das blaue Meer. Unvergeßlich bleibt diese Tour mein ganzes Leben lang.

17. Juni

Heute wurden wir leer, Ballast war im Schiff, und die Ketten wurden losgemacht von Tauchern, da wir ins Dock gehen mußten, um den Boden zu reinigen, ein kleiner Dampfer schleppte uns dahin, durch ein in Fels gehauenes Bassin. Das *Albion Dock* besteht aus 3 Trockendocks und einem *Slip*, d.i. eines Helgen, auf dem große Schiffe ins Trockene gezogen werden können. In einem Dock lag ein entmasteter französischer Dreimaster JEANNETTE DE BORDEAUX[174] jedenfalls zum Abwracken bestimmt, unser Dock war nicht in solcher Verfassung wie in Europa die Docks sind, indem eine üppige Vegetation alle Seiten und die ganze Umgebung bedeckte, so daß wir fast in einem Walde lagen. Sowie das Wasser abgelassen war, strömten / Schaaren von Negern her, um im Morast, der den Boden bedeckte, nach Kupfer und Kupfernägeln herumzuwühlen, sowohl Männer als Weiber beteiligten sich daran und ich weiß (nicht), welche von beiden ich als die widerlichsten erklären soll. Viel ward dabei geschrien und gekämpft um besonders große Stücke.

259

Eine Menge Kulis stellte sich zur selben Zeit ein und begann die Reinigung des Schiffes, indem sie erst mit eisernen Kratzern die Platten von dem Besatz der Muscheln und sonstigen Meertieren befreiten und dann mit Besen das weitere befegten. Der halbe nächste Tag ward damit verwendet, worauf von Mittags an rote Farbe aufgetragen wurde, die bis zum andern Mittag trocknen konnte, jetzt warden große Feuer entzündet und eine Menge Schutzfarbe nach *Hartmannschen* Patent gemacht, die aus Ölfarbe besteht, die erhitzt wird und mit flüssigem Fett vermengt. Dieselbe muß stets warm aufgetragen werden und trocknet sehr rasch, hält auch die Verunreinigung des Bode(n)s ziemlich lange auf.

Ich hatte das Amt bekommen, aus den Farbtöpfen den letzten Rest herauszuschaffen, damit kein Gramm verloren ginge. Neger sahen mir zu und leisteten mir gute Gesellschaft, da sie alle französisch sprachen, konnte ich ihre Erzählungen über ihr Leben, Paul und Virginie, die Lebensart, die sie führten, und sie mich wieder recht gut verstehen, /

260 wenn ich ihnen von Eis und Schnee, von *Allemagne* (franz. Deutschland) und der See erzählte. Sie glaubten aber nur wenig von dem, vorzüglich konnten sie sich das Schneien nicht erklären, Eis dagegen hatten mehrere schon gesehen, weil amerikanische Schiffe es von *Boston* viel importieren. Ich kann mir kaum vorstellen, auf welche Art man diese Fracht unter die Linie durchführen kann.

Am Abend war der Anstrich beendet, noch einmal wurde er erneuert am folgenden Morgen, dann stieg das Wasser wieder im Bassin und nach kaum 3 Tagen Verweilens verließen wir das Trockendock, um einige Tage festzulegen im vorderen Hafen, da wir hier den Rest des Steinballastes einnehmen sollten.

So lange wir im Dock lagen, kamen unsere Leute nie vor 5 Uhr Morgens heim, wenn die Arbeit begann, weil sie keiner Boote bedurften, um an Bord zu gelangen. Wenn man aus dem Thor des Dockgartens trat, befand man sich unmittelbar im Walde und hatte keine 100 Schritte zu gehen bis man sich über tiefen Schluchten befand, die umwuchert waren von mächtigen Cakteen, welche blühten und zugleich süße Früchte trugen. Einen prachtvollen Spaziergang machte ich am Sonntag Abend nach Fort *George*. Der Weg dahin führt anfangs

261 durch dichten / Wald, bald aber auf einer schmalen Enge hinaus in die See, an der rechten die Bucht, links der Hafen, der belebt war mit vielen Lampiongeschmückten Booten. Unser Hund begleitete uns, konnte aber später nicht gefunden werden trotz aller Lockversuche, sodaß wir ihn als verloren aufgeben mußten. Nach zwei Tagen winselte des Morgens in aller Frühe an Land ein klägliches Tier, und wie ich zusah, fand ich unsere Pallas dort vor, abgemagert und elend anzuschauen. Schnell sprang ich ins Boot und holte sie an Bord, sie ließ mich kaum ruhig rudern, sondern sprang mir stets von neuen ins Gesicht, um

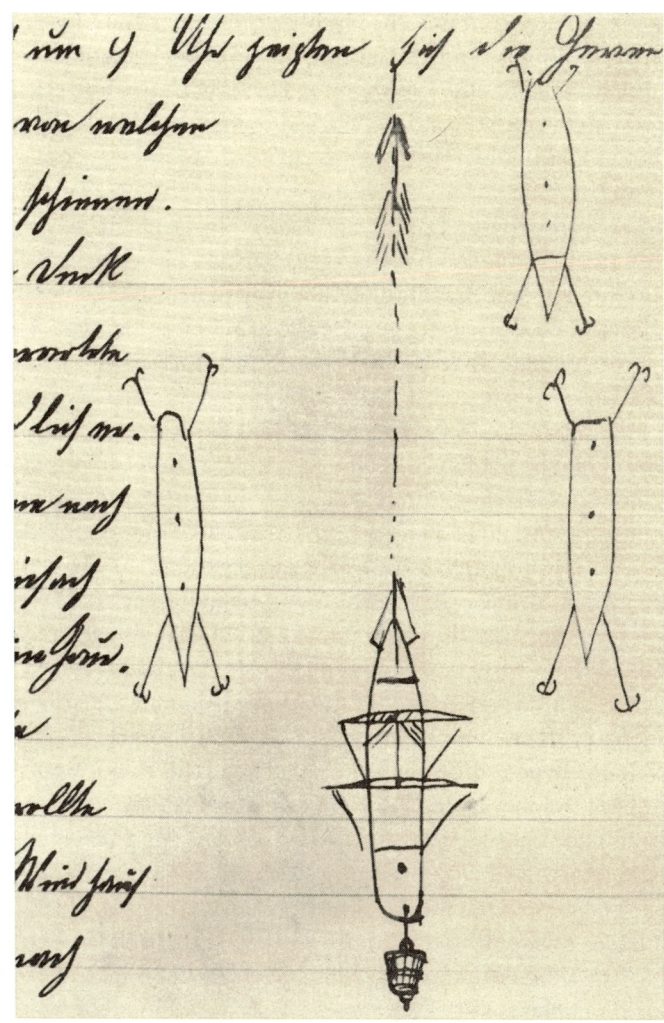

Bildliche Darstellung wie die PALLAS *Port Louis verlassen hat*
(Zeichnung: Franz von Wahlde)

mich zu lecken. Gräßlich war ihr Hunger, sie verschlang alles, das ihr angeboten wurde.

   Noch ein anderer kam heute wieder, nämlich *Isidore*, der plötzlich über die Treppe an Bord stieg, wie wir mit dem Wechseln von Segeln beschäftigt waren. Er war ganz betrunken und konnte kaum die Spieren erreichen, um sich niederzusetzen, unser Hund liebte diesen Mann sehr und war wie außer sich vor Freude über diese Wiederankunft. Willenlos saß Isidore und mußte sich das Gesicht belecken lassen, und es kostete viel Mühe, den Hund zu entfernen, damit wir Isidor erzählen hören konnten. Er hatte sein Geld verthan und war froh gewesen, von dem Capitän wieder angesprochen zu werden, ob er nicht wieder zu

262 uns / wolle. Meine Freude war sehr groß, denn auf See, wo dieser Mann seine unglückliche Leidenschaft nicht befriedigen konnte, war er der beste und verständigste von allen. Mit ihm kamen noch mehrere andere Leute, die ganz gute Seeleute zu sein schienen.

Noch einige Tage lagen wir am selben Ort, ohne zu wissen, wohin die Reise ging, erst am 28ten ward befohlen, die Taue loszuwerfen und in die Mitte des Hafens zu holen, weil des Morgens darauf mit dem ersten Hauche die Fahrt anfinge nach *Java*. In einer halben Stunde lagen wir wieder fest zum letzten Male in *Port Louis*, an dem Manilatau[175], daß an einer großen Boje befestigt war, und zwar den Kopf nach See zu gewandt, bereit die Segel zu setzen und vor dem Wind hinaus zu gehen. Strenger Befehl ward gegeben, daß niemand von Bord ginge, und der Ankerwacht befohlen, genau Obacht zu geben, daß niemand entwische.

Als dann am Morgen der Steuermann kam, waren die Kojen leer, 6 Stück waren ohne Insassen. Anfangs glaubte ich, die Leute hätten sich aus dem Staube gemacht, aber ihre Kisten und Betten bewiesen, daß sie sich bei Liebes-Abenteuern verspätet hatte(n). Der Capitän war

263 in fürchterlicher / Wut und drohte, sie mit der Polizei holen zu lassen und schwer zu bestrafen. Zum Glück für die Leute war es windstille bis 11 Uhr, so daß in dem Strafantrage nicht die Verzögerung der Abfahrt aufgenommen werden konnte. Erst um 9 Uhr zeigten sich die Herren an Land, am Arme ihrer Schönen, von welchen sie sich kaum trennen zu können schienen. Rauchend vor Zorn lief der Alte an Deck hin und her, und jeder von uns erwartete eine Explosion, als die Säumigen endlich erschienen. Der Capitän ließ sie dann nach hinten rufen und teilte ihnen einfach mit, daß er die Angelegenheit im Journal eingetragen hätte. Der Lotse stand dabei und freute sich, und wollte den Alten aufhetzen, ein frischer Windhauch machte ihn aber verstummen und nach den Bergen schauen, über denen ein Regenschauer niederging. Dies bedeutete Wind, und er befahl die Rahen vierkant zu brassen und außer Besahn, und Untersegeln alles zu setzen. /

Die Blumen pflückte ich Weihnachten 1885. an der Grabesbucht nahe dem Grabe von Paul und Virginie

Franz von Wahlde: Damals an Bord der Elsflether Bark „Pallas", als wohlbestallter „Schiffsjunge". (Blatt mit gepreßten Blumen, Nachlaß Franz von Wahlde.)

Aus diesem Hafen ist bequem zu segeln, das betreffende Schiff legt mit dem Kopf nach See zu fest an der roten Tonne, die gerade mitten vor einer freien Gasse zwischen den an Anker liegenden Fahrzeugen sich befindet, setzt alle Segel und der Wind füllt sie von hinten, dann wir das Tau der Boje losgeworfen und langsam zieht die Bark vor dem leichten Passat hinaus. So geschah es auch mit uns, der Abschied war mir schwer von diesem lieblichen Lande, der *„Perle des indischen Meeres"*; nur zu bald glitt ein Teil des Vorhafens nach einander an unserm Schiff vorbei, das sich nach kaum 15 Minuten außerhalb der Forts befand. Der Lootse verließ das Schiff, blaues Wasser umgab uns wiederum, wer weiß für wie lange! 264

Nach Bandjuwangi for order.
Von Port Louis nach Java

Dem Anscheine nach haben wir eine schnelle Reise, es weht augenblicklich kaum merklich, so daß die Vorsegel schlaff herabhängen und doch laufen wir durch das Wasser, daß es eine Lust ist, es zu sehen. Unser Boden ist rein und glatt, dazu genügend Ballast im Raum, um die Royals zu gestatten, und nicht gezwungen zu sein, bei jeder frischen Brise die Bramsegel festzumachen.

Auf der Rhede passierten wir das französische Postschiff, die VILLE DE BREST[176], der *Messagerie maritime,* ein unermeßlich / großes Schiff, das auf der Reise von *Marseille* nach *Melbourne* und *Neukaledonien* hier soeben Zwischenstation gemacht hatte. Wäre es gestern gekommen, so hätte einer oder der andere von uns Briefe bekommen, so mußten wir vorbeifahren.

Wir hatten alle Segel im Topp, merkten aber bald, daß wir vor der Nacht noch in die Masten mußten, wenn wir nur erst frei von dem Lee der Insel waren. Die Royals standen nett voll, die Beschlagnägel fingen an zu knacken, das Schiff legte sich über und Wasser sprühte in feinen Tropfen an Deck. Doch hielten wir unter dem Segeldruck an, bis wir auf der Höhe des südlichen Caps anlangten, wo uns eine derbe Böe empfing, nebst einer großen Dünung, die die PALLAS in eine niederträchtige Bewegung brachte. Dies Stampfen war so arg, daß fast allem etwas unwohl wurde, namentlich dem Zimmermann der am Ruder stand und abgelöst werden mußte.

Um 5 Uhr strömten die Wasser in Strömen über die Back herunter / und doch wartete der Alte mit dem Segelfortnehmen so lange, bis die Luvschote des Groß Royals riß, sodaß das Segel bös flatterte und wegzufliegen drohte. Nunmehr erscholl erst der lang ersehnte Ruf „Vor Royal" und *„Grot Royal up".* Ich mußte in den Großtop, wie ich an der *Bram-Saling* angelangt war, fing mir der Kopf zu schmerzen an und es schwindelte mich, das leidige Stampfen und Schlagen ward hier oben natürlich viel schlimmer fühlbar und machte mich krank. Ich fühlte, daß ich seekrank wurde und hatte einen Augenblick die Absicht wieder hinabzusteigen, aber das Schlagen des Segels und das Schimpfen des Großen über meine Verzögerung trieb mich an, weiter hinauf zu gehen.

Bis zur Bramrah ging es leidlich, denn in den Webeleinen[177] hatten die Füße doch wenigstens festen Halt, so daß ich meine Hände gebrauchen konnte, um mich bei dem Schleudern und Werfen fest zu halten. Von dieser Rahe an ist aber nichts zu dem Hinaufsteigen da, sondern man muß an dem dicken fettigem Royalmast und einigen Drahttauen hinaufklettern. Das Fett behinderte mich gewaltig, und es kostete gewaltige Anstrengung sich nur zu halten und nicht in die schwindelnde Tiefe zu fallen, dazu stank es heftig / und machte mich ganz übel, doch konnte ich noch zeitig genug die Rahe erreichen und mich festklammern, dann aber forderte *Rasmus, Neptun* sein Opfer. Unter diesen Verhältnissen war es grausig über dem Abgrunde ohne weiteren Halt zu stehen, als mit den Füßen im Pferd-Taue, vor sich das schlagende Segel. Ich mußte von Glück sagen, daß es mir bald gelang, den Segel festzumachen, ohne Angst zu haben, daß es bald wieder auseinander fliege. Meinem Schöpfer dankte ich, als ich auf dem weniger schwankenden Deck ankam, wo ich mich so weit erholte, daß ich Abends schnell etwas genießen konnte, als ich Zeit dazu fand.

Aus dem *Passat* ward ein Sturm, Segel auf Segel ward fest gemacht, um 8. Uhr Abends standen nur noch die Marssegel, die Fock und Vorstengstagsegel. Besahn und die großen unteren Schratsegel waren schon länger fest, da der Wind von hinten über das Heck blies. /

Um 10. Abends rollte das Fahrzeug gefährlich, Seen brachen an allen Seiten über die Regeling, und überschwemmten die Decks, der Mann am Ruder hatte ein böses Amt, denn die Wogen trafen öfters die Pallas derart, daß sie von ihrem *Curs* abgestoßen wurde und wild von rechts nach links herumlief. Wir waren auf den Beinen geblieben, da wir sicher waren, gerufen zu werden, zum Glück bedurfte man keiner Seestiefeln und Ölzeuges bei dieser warmen Witterung und konnten als um 10 Uhr die Wache gerufen wurde, im nu an Deck eilen, um die Fock und die Obermarssegel zu reffen.

Schon das Aufgeien war eine Arbeit, aber nun vollends das Reffen! Wie ein Ballon mit eisernen Wänden, in denen die Finger vergeblich einen Halt suchten, stand das Segel vor uns auf, weil der Wind gerade von hinten hineinblies. Nach mehreren Stunden war erst alles in Ordnung, zu unserer Freude ward nur die Fock wiedergesetzt, und nicht die Marssegel, welche gleich festgemacht wurden, sowie ein Reff drin war.

Unsere Wache hatte begonnen, die diesmal viel zu thun gab, indem alles an Deck gebundene doppelt befestigt wurde. Ich arbeitete an dem Festlaschen der großen Spiere, als ich / plötzlich im Vorratsraum Licht sah, aber nur für einen Moment, dann war es wieder dunkel, dafür entstand ein großes Geschrei darin. Überrascht hiervon beugte ich mich an das runde Fensterchen und schrie hinein, was los sei, jämmerliches Stöhnen ward mir erst zur Antwort, dann polterten große Gegenstände gegen die Wände an, zugleich verstand ich soviel, daß ich nach unten kommen solle. Schnell war ich die große Treppe hinab, bis vor die Thür der Kammer, durch die unten am Boden ein Strom von Öl sich ergoß. Drinnen krachte und plätscherte es, der Steuermann schrie mir zu Licht von außen an das Fenster zu halten, und einige Gefäße nebst eines Schöpftopfes hinein zu reichen, da zwei *Teints* mit Öl und Petroleum zerschlagen seien.

Allmählich hatten sich auch andere eingefunden, um zu sehen, was passirt war, ich wurde dann bestimmt, große Farbtöpfe zu holen, die vor der Großluke auf dem Ballast lagen, zu holen. Zu diesem Behufe ward die hintere Luke geöffnet, daß ich hinabschlüpfen konnte und mich an der Säule hinabgleiten bis auf die Höhe des Zwischendecksbalken, auf dem ich rittlings entlang rutschte bis zur Wand, an der 15 Fuß über dem Kiel ein 1½ Fuß breiter Laufgang entlang führte. Auf diesem tastete ich bis zur Stelle, wo die Großluke sein / mußte, hier kletterte ich am Garnirholz ab bis auf die Steine, auf denen ich jetzt eine lange Suche begann, denn es war ja ganz finster im Raum, dazu rollte das Fahrzeug schreckenerregend und ich fiel mehrere mals abscheulich und stieß mir an den Stützen Löcher in den Kopf. Nach langer Zeit fand ich zwei große leere Gefäße und die Reise nach der Hinterluke begann; was habe ich geschimpft auf dieser gefährlichen Tour, auf der ich den Hals oder die Beine brechen konnte. Endlich saß ich unter der Luke und schrie hinauf, mir die Dinger abzunehmen, aber ich mußte lange auf dem Balken reiten, in jeder Hand ein mächtiges Blech, ehe ich gehört wurde. An Deck wieder angelangt, atmete ich wieder leicht auf, so schwer war mir das Klettern im Raum geworden.

Der Steuermann hatte währenddessen in Unterhosen gesessen und krampfhaft den größten Teint gehalten, um ihn vor dem Zerschellen zu bewahren, man gab ihm die gewünschten Sachen und nun begann er emsig zu schöpfen. Die ganze Nacht dauerte es, ehe alles wieder hergerichtet war, und gegen nochmaliges Loskommen gesichert. Zum Glück ist nichts an Lebensmitteln mit Petroleum besprengt worden. /

30. Juni.

Von den Strapazen des vorigen Tages konnten wir uns heute ausruhen, die Segel waren dicht beschlagen, alles bewegliche sicher festgelascht und eine andere Beschäftigung völlig unmöglich, da das Schlingern und die an Deck brausenden Wassermassen solche nicht zu ließen.

271

Wie ein edler Renner stürmt das Schiff fliegenden Laufs dahin, das Log läuft ganz und gar aus, ehe der Sand unten angesammelt ist, d. macht also über 12 Meilen. Glücklicher Weise ist ein Patentlog vorhanden, das dann heute morgen ausgehängt wird. Dieses besitzt eine Schraube, die sich um so schneller dreht, je schneller man dahin fährt, und die Zahl der Meilen registriert. Jede 4 Stunden wird es eingeholt und nachgeschaut, wie viel das Schiff in der letzten Zeit gelaufen, dann die Uhr zurück gedreht und wieder das Ganze hinabgelassen. Jede Wache machten wir 52−55 Meilen, im Durchschnitt also 13 Meilen per Stunde und oft darüber.

Mit solchem brillantem Laufe war der Alte sehr wohl zufrieden, man sah ihn oftmals an Deck kommen und über Bord in das Wasser blicken, wie es blitzschnell vorbeischoß jedesmal war er zugegen beim Log Einholen, um sich am Resultat zu erfreuen. /

Bis zum **2ten Juli** änderte sich das Wetter um nichts, kein einziges Mal fiel die hoch geblasene Fock schlaff herab, die Schoten, doppelt verstärkt rissen das Fahrzeug gen Süden. Doch heute begann der Sturm etwas nachzulassen, aber sofort kam das gereffte Groß-Marssegel hinauf, als es noch mehr abflaute, auch das andere Marssegel und das Reff aus der Fock geworfen. Hierdurch gelang es, 12 Meilen heraus zu beißen, bis Nachts 4 Uhr, als der Wind noch mehr nachließ, weshalb die Marssegel ganz gesetzt wurden.

272

Um 7 Uhr Morgens fanden wir zu unserer Überraschung die Royals im Top, Butenklüver und Gafftopsegel und Stagsegel bei, den Wind über Backbord und eine schöne glatte See rings umher. Das Deck war sauber getrocknet, alle Spuren des Sturmes verwischt, Schwein, Hund, Katz an sonnigen Orten hingestreckt.

Nach einigen Tagen passirten wir die Inseln, „*New-Amsterdam*"[178], bekamen sie aber nicht zu Gesicht. Von hier an, wo der Wind recht kalt wehte, konnten wir in 8 Tagen so viel Ost machen, daß die Raaen scharf angebraßt wurden an Steuerbord, um nach Norden hoch zu kommen. /

273 Am 14. Juli war mein Geburtstag, aus dessen Feier ich mir nie viel gemacht hatte, aber hier in der Einsamkeit des indischen Meeres trat so recht zum Bewußtsein, wie es früher so angenehm war, wenn man am Geburtstagmorgen die Briefe bekam, die von lieber Hand kamen und die man im Bette liegend lesen konnte. Heute gab es keinen Brief, aber zu thun destomehr.

Schon in der Nacht vorher hatten wir ein Segel verloren, das Vorbramsegel, das zum Glück ein äußert gräßliches Segel war, viel fach geflickt, ein Lappen auf dem andern und dadurch äußerst unhandlich geworden. Es sollte gewendet werden, und alle Mann zogen an den Vorbrassen, um die Raaen von Steuerbord nach Backbord zu ziehen, nun hatte der Zweite vergessen, die Vorbrambrassen loszuwerfen, wie dann so viel Kräfte an den untern Brassen zogen, brach die Rah in der Mitte durch, wobei das Segel zerriß. Es gelang der Mannschaft in einigen Minuten die Rah an Deck zu bringen, damit der Zimmermann sie flicke, hiermit war dieser bald fertig, und um 9. Uhr Morgens stand das neue Segel an der geschienten Rah.

Heute Nacht kam es noch anders. Es war 4. Uhr, wir kamen an Deck

274 und befanden uns in einem wilden Tumult. / Von hinten her schrie der Große, vorn kommandirte der Alte, der Hund fuhr uns bellend um die Beine, und der Zweite tobte wie besessen am Großmast herum. Dazu sangen die Leute aus und geiten Segel auf, welche aber, konnte niemand sagen, da es rabenschwarz war. Vorn war der Butenklüver fortgeflogen, hinten das Gafftopsegel, welche man so viel was möglich zu retten suchte. Der Capitän rief nach mir, um das Steuer zu übernehmen, was ich gern that, da ich dann ruhig stehen konnte, sonst aber in dunkler Nacht auf dem Klüverbaum und wer weiß wo herum klettern konnte. Geraume Zeit verfloß, ehe Ordnung hergestellt war, bis auf den Außenklüver, welcher ganz davon geflogen schien, da keine Spur aufzufinden war. In der Frühe fand man, daß dem nicht so war, sondern der größere Teil von ihm war am Stag in die Höhe gerutscht bis an das Ende desselben, unter die Bramrah, wo die Fetzen in langen Strähnen flatterten.

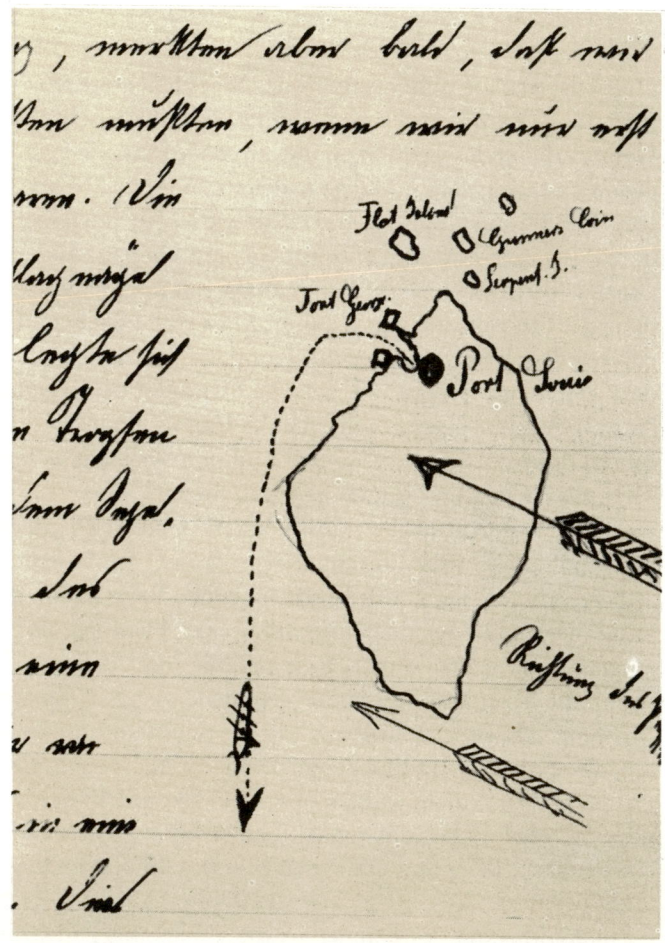

Kurs der PALLAS *(Zeichnung: Franz von Wahlde)*

Bis zum 2ten August waren die Tage ohne alles interessante verlaufen, aber an diesem Datum hörten wir, daß man am folgenden Morgen Land erwartete. /

Eine frische Brise trieb uns dem Hafen näher, und alle Aussichten waren dafür, daß wir am Weihnachtstage daheim sein konnten, da das Schiff wie eine Hexe lief, und jedenfalls bis zum Norden der Linie im Atlantik laufen würde, ohne stark anzuwachsen.

275

Herrlich stieg die Sonne empor, das Meer leuchtete wunderbar in smaragdgrüner Farbe, die Ferne verhüllte ein dünner schleierartiger Nebel. Ganz in der Nähe segelten phantastisch aussehende Canots, jedes mit einem Insassen, einem Malayen, der einen großen runden Strohhut trug. Die Boote waren von einer Art, wie ich sie noch nie gesehen, sie hatten nämlich etwa 2 m entfernt von sich ein ganz kleines Nebenboot (Auslegerboot) das durch Bambusstäbe mit dem Hauptschiff verbunden war. Ein ganz kleiner stumpfer Mast stand darin, mit großem dreieckigen Segel, welches ganz mit Bambusstäben umgeben war, und vor dem Winde hoch wegstand, bei dem Wind tief herab geholt wurde.

276 Anstatt eines Steuerruders hatten die Canots ein großes Ruder, / daß hinten links zur Seite heraus kam und in einer Klampe befestigt war. Hier sah ich das Vorbild des heutigen Steuers, wie (es) die alten Völker, Griechen, Karthager, selbst noch die Galeeren Venedigs und Genuas in ihren Flotten führten.

Schnell eilten wir vor der auffrischenden Brise dahin, der Nebel zerteilte sich und in der Pracht der tropischen Flora lag *Java* vor unseren Augen, nach rechts weiter dehnte sich die Insel *Bali* aus, die von *Java* durch die berühmte *Bali Strasse* geschieden ist. Am Anfang dieser Meerenge lag ein kleiner Platz, den die Schiffe oft für *Ordre*[180] anlaufen, *Bandjowangi*[181] mit Nahmen. Auch wir steuerten der Rhede dieses Ortes zu, da wir nicht wußten ob unsere Ladung in *Samarang*, *Batavia* oder *Soerabaya*[182] lag, um die Mittagsstunde warfen wir Anker dicht bei einer uralten *Brigg*, mit einfachen Marssegeln und hohen Vorkastell und Quarterdeck.

Nachmittags gab es Zeit genug, die Umgebung zu betrachten; in *Mauritius* war es tausendmal schöner, aber die Eigenart der Tropen trat hier doch ganz anders in die Augen. Palmen und Bambuswälder zogen

277 sich hin, so weit das Auge reichte, Hütten aus Bambus / gebaut lagen in ihren Schatten, am weißen Sand lag eine lange Reihe merkwürdig ausschauender Fischerboote mit Auslegern und Hütten darauf aus Palmzweigen, auf dem Wasser schwammen alle möglichen Formen von Lastschiffen, Dschunken aus China und Japan, *Prowen* (Praus) von *Sumatra* und *Celebes*, *Piroguen* (Einbäume) aus *Banda*, *Borneo* u.s.w., dazwischen hie und da ein kleiner Gaffelschuner und Brigg. An großen Schiffen war außer uns noch der DUKE OF WESTMINSTER[183], ein riesen-

Chinesische Dschunke (Zeichnung: Franz von Wahlde)

hafter Dampfer, Englands größtes Frachtschiff, und eine italiänische
Bark.

Am nächsten Morgen wurde die Gig zu Wasser gelassen, und
4 Leute als Rudersleute bestimmt, um den Alten an Land zu bringen,
unter diesen war mein Name auch genannt, was mir zur größten
Freude gereichte. Um 7.Uhr stießen wir ab, erreichten das Ufer
½ Stunde später. Da voraussichtlich der Tag vergehen würde, ohne daß
der Alte Nachricht über unsern Bestimmungsort erhielt, da wir sehr
viel früher hier anlangten als berechnet war, erhielten drei die Erlaubnis in der Stadt herum zu gehen, einer mußte beim Boot bleiben, um es
bei eintretender Ebbe flott zu erhalten. Dies Amt war natürlich meines, / so daß ich sehnsüchtig nachblicken mußte, als die andern fortgingen. Zum Glück lag ich inmitten einer Flotte von den Fischerboo-
ten, den sog. *Catamarans* (Doppelrumpfboote, Auslegerboote), die ich
genau musterte und deren Bauart ich mir fest einprägte. Ich hatte das

278

Vergnügen, bald abgelöst zu werden, da *Cheruel* nicht viel in der Stadt gefunden hatte, was ihn reizen konnte, er wolle gerade so gern am Strand hin und her gehn, wo man wenigstens gute Bote sich besehen könne. Leichten Schrittes eilte ich davon, um die Wunder der *„Königin von Ostindien"* zu schauen.

Erst ging ich am Hafen entlang, der voll von Fahrzeugen aller Bauarten war, von der kleinsten *Pirogue* bis zur seetüchtigen chinesischen *Dschunke*. Dies waren Ungetüme mit hoch aufgeschachtelten Vor- und

279 Hinterteil, und drei bis 4 Masten mit schweren Mattensegeln. / Vom Bug hingen primitive Anker aus Holz, das in Knie form gewachsen war, große Glotzaugen lugten von beiden Seiten des Vorderteils, am Fuß des Groß-Mastes stand eine Winde von äußerst einfacher Art, vom Hinterteil hingen Netze, Geflügel, und Säcke mit Vorratsmitteln, von der Fahnenstange flatterte eine rote Flagge. Daneben lagen schnei-

280 dige malaische *Prowen*, und auf Flössen gebaute Fahrzeuge. / Viele Schiffer hatten ihre Fahrzeuge mittelst Bambus Rohr am Ufer befestigt.

Von hier aus kam ich auf eine ausgedehnte grüne Fläche, die durch prächtige Riesen Bäume beschattet waren, deren Art ich nicht kannte, und die schöne rote Blumen trugen, unter ihnen lagen eine Menge Nüsse, die sehr wohl schmeckten. Linkerhand lagen im Grünen versteckt die Wälle und Dächer eines Forts, vor dem einige Soldaten der holländischen ostindischen Compagnie[184] lungerten. Vor mir aber begann die Stadt, wenn man diese Zusammenhäufung von Holzbaracken und Zelten so nennen kann. Große Veranden umgaben die Häuser der Reichen, welche in Hängematten ruhten, hin und wieder schmückten Tigerfelle die Gartensäle.

Auffallend war die peinliche Sauberkeit sowohl in den Häusern als auf der Straße. Längs dieser floß in einem steinernen Kanal ein kristallhelles klares Gebirgswasser, da wo tiefe Thäler die Stadt durchzogen, führten auf Gerüsten liegende hölzerne Leitungen das Wasser darüber hinweg. Bambus-Röhren dienten dazu, von oben herab die kühlen Fluten in die Gärten zu verteilen. An einigen Orten waren kel-

281 lerartige Gebäude aus Stein / errichtet, in denen das Wasser sich in Bassins sammelte, die von den Einwohnern zum Baden benutzt wurden. Überall sah man neue Pflanzen, die Palmen überwogen in der Anzahl alle anderen Arten, leider kannte ich von ihnen nur die *Kokospalme* und die palmenähnlichen Farrenkräuter.

Zeichnungen
Franz von Wahldes
in seinem Tagebuch

Unbeschreiblich war die Negerstadt, deren Hütten lagen feierlich unter dem Dach der Bambusbüsche, vor ihnen befanden sich ruhige Teiche, auf denen fußbreite Blätter von Wasserpflanzen trieben nebst rosaroten Blüten von mächtiger Größe, Mehrere Tempel standen hier, kenntbar durch bunte Bemalung, in ihnen stand ein schrecklicher Götze, der stets am Bauch eine mit einer Scheibe bedeckte Öffnung hatte; vor ihm auf der Erde lagen zu bereitete Hühner, gekochter Reis in Schalen aus Kürbissen und Bananen. Ein solcher Tempel stand in der Nähe der Schule der englischen Missionäre, und gleichzeitig verrichteten die Heiden ihre Andacht, durch Opferung von Nahrungsmitteln, und Klopfen des Götzen mit Holzschlägeln, als aus den geöffneten Schulfenstern der Choral ertönte *„From Greenlands icy mountains to Brazils sunny shore"*.[185] /

Auf Reede (Ostasien)
(Aus „Über Land
und Meer", 1880)

282   Wir hatten in der Voraussetzung, lange an Land zu bleiben, uns mit Fleisch und Brot für einen Tag versehen, dies war sehr gut, denn erst um 6. Uhr Abends, als die Dunkelheit herannahte, kam der Alte wieder, ohne erfahren zu haben, wohin die Pallas müsse. Damit bekam ich die Gewißheit, noch morgen und vielleicht einige Tage länger an Land herumspazieren zu können. Es kam auch so, 8 Tage hatte ich Gelegenheit, die nächste Umgebung zu durchsuchen, da, um 12. Uhr Mittags am **12ten August**[186] fuhr ein Wagen dem Strande zu, in dem wir unsern Capitän erkannten. Der Wagen hielt noch nicht, als der Alte schon heraussprang und uns zuwinkte das Boot fertig zu machen. Dies deutete auf die Thatsache, daß bestimmt war, wohin wir zu segeln hatten, das nähere hofften wir während der Überfahrt zu hören, aber der Capitän sagte nichts zu uns, und ihn zu fragen ging nicht an. So waren wir, an Bord angelangt, und am schnell beorderten Mittagstisch sitzend nicht in der Lage, den neugierigen Genossen das Ziel unserer Reise zu sagen.

283   Wie noch nicht das Essen abgetragen war kam / der Lotse an Bord, der uns durch die *Bali-strase* bringen sollte. Binnen einer Stunde schwammen wir los vom Anker und segelten mit einer 9. Knoten Brise nach Nord, dicht an der javanischen Küste entlang, die in herrlichem Glanze vor unseren Augen lag. Buntfarbige Segel kreuzten unsern Pfad, an Land aber lagen Dörfer und einzelne Hütten unter den gewaltigen Bäumen des Urwaldes. Majestätisch stiegen die mehrere tausend Meter hohen Gebirge direkt von der Küste an auf. Ein ähnliches Bild

zeigte *Bali*, doch waren die Wälder hier nicht so grün, sondern erschienen in herbstlich gelbbrauner Farbe.

Zugleich war der große englische Steamer mit uns abgefahren, zu unserer Überraschung lief er uns nicht vorbei, sondern blieb hinter uns, in halber Fahrt bis um Abendwerden die offene See, die blaue *Java-See* erreicht war. Während uns der Wind wegflaute bis zu gänzlicher Stille, warfen die Feuerleute an Bord des WESTMINSTER frische Kohlen unter die Kessel, und damit begann dieser die Fluten vor dem Bug aufzuwerfen, nach 1 Stunde sah man nur noch an den schweren Rauchmassen, wohin er seinen Weg genommen. Eine Idee von der Größe des Schiffes, giebt die Thatsache / daß *Capt. Stege* mir einen Plan von dem Schiffe zeigte, auf dem der Raum, den unsere ganze PALLAS faßte, für die Maschine und die Cajüten bezeichnet war. Die Rheder müssen durch das 8tägige Liegen für Ordre großen Schaden erlitten haben, da alle Feuer währenddessen nicht ausgelöscht werden konnten, auch litt die Ladung, gefrorenes Hammelfleisch aus *Australien* mit jedem Tage an Wert.

284

Südsee ohne Romantik.
Im choleraverseuchten Soerabaya

Bei Anbruch des Tages sahen wir in weiter Entfernung die Küste von *Java*, und einige Dampfer, diese trotz der großen Distanc(e) so deutlich, daß man von der Regeling des Mitteldeckes, der Back und des Hinterdeckes an nach oben zu, alles sah, die Boote, Ventilatoren, Deckhäuser u. s. w. Vom Hauptdeck und dem ganzen Rumpf war nichts zu sehen. Die See war vollständig eben, wie ein Spiegel ohne die leiseste Dünung zu zeigen, der Rauch stieg kerzengerade hoch. /

285   Da wir jetzt dicht an unserem Bestimmungsorte waren, der wie gestern Abend gesagt wurde „*Soerabaya*" war, befahl der Capitän, die unfreiwillige Muße zum Löschen des Ballasts zu benutzen. Zu diesem Zweck ward ein Gerüst[187] errichtet, das mehrere Etagen besaß, auf deren jeder ein Mann Posto nahm, der die ihm von unten heraufgelangten Steine, dem über ihm stehenden Manne gab, bis so die Steine an die Regeling gelangten, von der sie in die See geworfen wurden. Die Hitze war fürchterlich und zwang uns, nackend, nur mit Leinenhose bekleidet, zu arbeiten, ein Sonnenzelt war aufgespannt und auch die Windsäcke[188] in den Raum gehängt, aber es war kein Lüftchen, welches einen Luftzug in den stickend heißen Raum sendete, vorhanden. Trotzalledem war ich bei jedem Steine froh, der hinausgeworfen wurde, da wir oft uns damit hatten quälen müssen, die Blöcke von vorn nach hinten, von einer Seite zur andern hatten schleppen müssen, wenn der Alte der Meinung war, daß das für das Segeln besser war. /

286   Der ganze Tag verfloß unter dieser Arbeit, und enorme *Quantitäten* Wasser wurden vertilgt, die mit schwarzem Hartbrod gesäuert waren, um den Durst besser zu löschen.

    In der Frühe des 14.ten August[189] sprang ein Lüftchen auf, das vom Land herblies, es machte uns möglich noch näher an Land zu gelangen, so daß wir die an der Küste streichende günstige Strömung benutzen konnten. Mit Hilfe dieser trieben wir langsam nach Osten, in die Nähe des Hafenplatzes …[190], vor dem einige Segler an Anker lagen. Die Landbrise schlief ein, dafür aber kam eine feine Seebrise, die

In der Bali-Straße (Zeichnung: Franz von Wahlde)

standhielt bis in die Nacht, als sie dann abflaute, sahen wir die Leuchtfeuer von *Soerabaya*, die vor dem Meeresarm sich befinden, der *Java*
und *Madura* trennt, und der „*Trechter*" (niederl. Trichter) genannt wird.

Bis zum folgenden Morgen kreuzten wir unter kleinen Segeln, als
die Sonne aufging und die Flutwelle unsern Lauf beschleunigte, erschien der Lotse, der die Segel anbrassen ließ und dicht an der Küste
entlang steuern ließ direkt auf die belebte Rhede von *Soerabaya*, die wir
Mittags erreichten. Allmählich warden die Segel / aufgegeit und festgemacht, bis auf beide Obermarssegel und Vorsteng, und Besahnstags-
segel, daran Falle aber auch bereit zum Loswerfen lagen. Viele Schiffe
lagen hier vor Anker, aber fast alles Segelschiffe, nur ein großer Postdampfer und mehrere Böte für die *Sunda Inseln* waren in der Menge zu
erblicken. Dicht unter den Mauern eines Fort[191] angelangt, das den
Wassern direkt entstieg, ertönte das Commando „*Ruder in Lee*", „*Fallen
lassen Marssegel*", und sofort flog das Rad herum, das Schiff stieg gegen
den Wind, und rasselnd liefen die Rahen hinab. Wie das Schiff gegen
die See zeigte, wurden auch die Stagsegel losgeworfen und „*Fallen lassen Anker*" zur selben Zeit. Donnernd klirrte die Kette dem Anker
nach, der sich fest in den Schlamm biß. Der Rest des Tages verlief wie
alle ersten Tage bei der Ankunft im Hafen mit Aufklaren, Abschlagen
der Segel, Aussetzen der Treppe, des Fallreeps und Einschwingen des
Bootes in die Davits.

Gegend Abend kam der Arzt und erklärte das Schiff für gesund, sodaß dem unmittelbaren Verkehr mit dem Lande nichts im Wege stand.

287

Seite aus dem Tagebuch Franz von Wahldes

288 Sofort merkten diés die Händler / die trotz der vorgerückten Stunde
noch im Hafen von Schiff zu Schiff fuhren, sie überfluteten das Deck
in kurzer Zeit und überschrien sich gegenseitig im Anpreisen ihrer
Waaren, die meist aus Früchten bestanden. Ein großer Handel ward
nicht gemacht, da das Geld noch mangelte und das wenige vorhandene

[handschriftlicher Tagebucheintrag in deutscher Kurrentschrift]

13. ~~Juni~~ August.

[Fortsetzung des handschriftlichen Eintrags]

Seite aus dem Tagebuch Franz von Wahldes

nicht angenommen wurde, weil die britische Rupie unbekannt ist. Der Koch konnte nicht umhin, einen grauen langschwänzigen Affen zu erstehen für sein wollenes Hemd, das einzige, was er besaß wie man vermutete; das Tier sei zu schön behauptete er, als daß man es fahren ließe. Er band ihn am Schornstein an, auf dem Dach vom Logis, wo das Scheusal, denn es war widerlich anzusehen, herumtollte und wütend in alles biß, was man ihm entgegen hielt.

Wie ich erwachte um 4. Uhr Morgens, fühlte ich mich stark beklommen und heftig unwohl, die Luft schien dick und übel zu sein, anfangs dachte ich, die Logisthüren seien schlechten Wetters wegen geschlossen worden, aber dem war nicht so, vielmehr standen beide weit offen, und kein anderer Laut war zu hören als das glucksende Geräusch, mit dem das Wasser an den Seiten entlang strich. Ich kleidete mich an und ging an Deck. Es war noch Nacht, die Sterne glänzten in / voller Klarheit, die Ankerlichter der Schiffe leuchteten ruhig herüber, und ihr Schein kehrte wieder aus dem rastlos flutenden Wasser. Kein Lufthauch rührte sich, aber ein muffiger Geruch beleidigte die Nase, modrig war er, als ob es von verwesenden Körpern herkomme. Ein Schluck Trinkwasser brachte etwas Leben in meine Glieder, und erfrischte mich, daß ich meine Arbeit beginnen konnte, das Scheuern des Logis bei matter Lampe Schein. Wie ich es beendet hatte, waren die Sterne bleich geworden, graues Licht dämmerte von Ost, und nach 10–15 Minuten stieg die Sonne strahlend empor.

Nunmehr sah ich, daß von der nächsten Nähe an riesige Flächen Morastes sich erstreckten bis in die Wälder hinein. Hie und da waren Tümpel Wasser zurückgeblieben, einige Frachtboote lagen im Schlamm, auch mehrere lange schwarze Gegenstände, die ich nicht eher sah, als mir plötzlich ein Baumstamm in die Augen kam, der sich bewegte, anfangs wußte ich dies nicht zu deuten, plötzlich aber sah ich zu meinem Grauen, daß es Krokidile seien, lebendige wilde Krokidile. Nach dem Frühstück zeigte ich dies auch den andern, die die Tiere ebenfalls neugierig musterten.

Pünktlich wie gewöhnlich kam der Zweite um 6. Uhr „Torn to“!“ und / holte uns hinab in den Raum, um die Gegenstände, welche nicht im Raum bleiben konnten in andere Teile des Schiffes zu bringen. Als alle Trossen, Tonnen, Farbetöpfe u.s.w. entfernt waren, begann das Legen des Garnirholzes, vorerst hinten und vorn, da in der Mitte der Ballast liegen mußte, bis genügend Zucker im Raum sei.

Wie es schien, belud man hier prompter wie in den vorigen Häfen, da Nachmittags ein Leichter ankam mit Zuckersäcken für uns. Es war ein Schiff, holländisch von unten bis oben, und war wie eine Kuff[192] gebaut, hatte aber nur schwarze Mannschaft. Groß war unsere Freude, als wir vernahmen, daß wir nur die Körbe an Deck heben müßten, da im Raum eine Anzahl *Culis* als *Stevadores* (scherzhaft für Stauer) arbeiten würden. Dieselben kamen auch in der That mit dem Leichter an Bord, und begaben sich in den Raum, um die Körbe, 400–500 ℔ schwer in Empfang zu nehmen und sie zu verstauen. Es waren kleine unscheinbare Leutchen, aber kräftig genug, um die schweren Baskets (Körbe), die wir auf schiefen Ebenen hinabrutschen ließen, in Empfang zu nehmen und sie kunstgerecht zu verstauen. Während dieser Arbeit stimmten sie ein Lied an, das höchst monoton war und ungefähr lautete: „*Do e di, e do e da, o, eli elo ela, u.s.w.*" / Abends kam ein großes Boot und holte die ganze Sippschaft wieder an Land.

16. August.

Auch heute wieder dieselbe Stickluft in der Früh, und erst vertrieben durch die um 8. Uhr beginnende Seebrise, deren reiner salziger Hauch wohlthätig erfrischte und die Übelkeit vertrieb, die wir beim Drehen der Winsch empfanden.

Unsere Bark war wieder schön hergerichtet für den Aufenthalt in dem heißen Hafen, schwere Sonnenzelte, die jeden Abend festgemacht wurden, schützten das Quarterdeck vor der Sonne, desgleichen hatte

*Freizeit an Bord
(Aus „Über Land
und Meer", 1880)*

die Back ein altes Zelt aus einem Klüver, dessen Tuch verrottet war, Treppe und Gig waren tadellos, dazu schien das Kupfer und der Messing aller Orten in schönstem Glanze.

Wir lagen unter einer Menge Schiffe aller Nationen, von denen die Holländer am meisten vertreten waren. Ihre Schiffe waren alle von Holz, und hatten ein solides wohnliches Aussehen, Sonnensegel bedeckten das Deck von vorn nach hinten, unter diesem lungerten viele Menschen, da sie nichts zu thun hatten. Die reichen *Mynheeren* wollten bei den ruinösen Frachten ihre Schiffe liegen lassen, mußten aber die Mannschaft behalten und ernähren, weil das Gesetz nicht gestattet, mir / nichts dir nichts in wildfremden Hafen einfach abzulohnen gegen deren Willen.

292

Unheimlich sahen die gelben Flaggen aus, die vom Top einiger Fahrzeuge wehten, die in unserer Nähe lagen, denn die Cholera war dort an Bord. Um diesen schrecklichen Gast von uns fortzuhalten, rief der Capitän uns zusammen und erklärte uns, wie verderblich es sei, von den Früchten zu essen, wir müssten nur wenige, und ganz gesunde essen, einige Sorten ganz vermeiden und nur Bananen und Tamarinden essen, da nach dem mäßigen Genusse dieser beiden die Cholera nicht leicht vorkommen könne. Zugleich machte er uns die Mitteilung, daß hier niemand von Bord käme wie er selbst, dies hatten wir erwartet und brachte uns deshalb keine Enttäuschung.

Zu dem an Landsetzen brauchte der Alte nie die Gig, sondern ein Canot eines Einheimischen, der sich den Sohn des *Great Kaimanns* nannte. Dieser übernahm es für eine Pauschsumme während der Anwesenheit unseres Schiffes nur für unsern Capitän zu fahren. Auf diese Art verdienen hunderte ihr Geld, das sie dann nach Abfahrt des Schiffes in einer Stadt auf *Madura*, die an Vergnügungen viel bietet, schleunigst verjubeln, um hernach von / vorn zu beginnen. Tagelang lag das Canot an unserer Treppe, und ich habe oft bei dem Mann gesessen und mich mit ihm unterhalten, so viel es durch Zeichen möglich war. Sein Boot war bunt bemalt, und hatte ein Dach aus Palmblättern in der Mitte, unter diesem schlief er Nachts, bei Tage aber unterhielt er ein Feuer auf einem Steinblock, und kochte daselbst sein Reismahl, das er mit äußerst scharfen *Kurry* würzte und dazu aß er getrocknete Fische und Früchte. Zum Fortbewegen gebrauchte er nicht zwei Ruder, wie wir, sondern paddelte hinten mit einem löffelförmigen Riemen, bald links bald rechts.

293

Auch hier sah man merkwürdige Schiffe, Dschunken fehlten nicht, aber am merkwürdigsten sahen lange Lastschiffe aus, die die *Malayen* bei Ebbe durch die Fahrrinnen zogen. Dabei fiel es mir stets auf, daß sie ruhig ohne Furcht an den *Kaimanns* dicht vorbeigingen, im Bereich ihres Maules und Schwanzes. Auch diese rührten sich selbst nicht, wo sie doch einen guten Fraß mit leichter Mühe sich verschaffen konnten. Auf unsere oft widerholten Fragen an Holländer, erklärten diese stets, daß kein *Kaiman* einem Neger je etwas zu Leide that, sondern daß die-ser nur / Weiße anfalle. So lächerlich und unwahrscheinlich dies er- 294 schien, gelang es mir doch nicht, eine andere Antwort zu empfangen, auch nicht von gebildeten Leuten. Beinahe sollte man es glauben, denn in der Zeit unserer Anwesenheit wurde ein Matrose aufgefressen und dem Zimmermann eines Engländers, der außen Bord arbeitete, beide Beine bis zum Knie abgebissen. Es war mir stets grauenhaft, diese Un-getüme am Schiff vorbeitreiben zu sehen, anscheinend leblos und un-beholfen wie Baumklötze und doch so behend, wenn ein Fraß sich dar-bot. Erst nach längerer Anwesenheit verlor sich der Schrecken und schließlich schaute niemand mehr weiter dahin.

Die Chinesen kamen eines Tages in großer Anzahl an Bord und richteten einen wahren Marktstand her. Nach vielen Feilschen, wobei der geforderte Preis schließlich um das 4fache zurückging, erstand ich einen Schrank, Theebretter und dgl. für einige Rupien. Dies bildete mit dem reichen Vorrat von *Vanille*, der in *Mauritius* gekauft war, und in einer großen Kruke luftdich(t) verschlossen war, annehmbare Ge-schenke für die Angehörigen zu Haus. / Ekelhaft war das Handeln 295 durch die spitzbübische Art, in der die schlitzäugigen Söhne des Rei-ches der Mitte ihre Preise ansetzten, und dann abließen, und es schließlich zum 4 Teil des Geforderten verkauften, womit wir doch noch jedenfalls betrogen waren.

Ein lächerliches Schauspiel bot das Absegeln einer Flotte von Dschunken, deren Ceremonien wir gut beobachten konnten; ein schau-erlicher Lärm wurde mit *Tam Tams* (Handtrommeln, auch Gongs) ge-macht, um die guten Winde anzurufen, dann viele Papierstücke ange-zündet und über Bord geworfen. Dann wurden die schweren Bastsegel gehißt und der primitive Anker gehoben.

Unser Schiff hat einen sehr günstigen Ankerplatz, es liegt aber zu dicht an den grauen Watten und ist als erstes den bösen Dünsten aus-gesetzt die bei Nacht herüberkommen, in manchen Nächten wurde dies so schlimm, daß trotz der großen Anzahl Schläfer im Logis dieses völlig geschlossen werden mußte. Bald stieg an mehren Schiffen die Cholera flagge auf, und Tote wurden an Land gebracht. aller Verkehr mit dem Lande ward deshalb auf das nötigste beschränkt, und nur Milch, Eier und Bananen an Bord gelassen. /

296 Unser Alte blieb währen(d)es stets an Land, denn er konnte sich jedenfalls in Acht nehmen vor einer Ansteckung, sonst wäre er doch nicht so lange an der Küste geblieben.

Dicht bei uns liegen einige Dampfer, die regelmäßig zwischen hier und *Celebes*, Borneo u.s.w. fahren, es waren Fahrzeuge, wie man sie in Europa längst ausrangiert hätte, von Holz gebaut und wurmstichig durch und durch, es mochte (sich) ein jeder Passagier mit einem Schwimmgürtel bei Beginn der Reise versehen, und doch hätte ich mich gern einem von ihnen anvertraut, um die Wunder der indischen Inselwelt zu sehen.

Außer diesen waren wenige Dampfer zu sehen. Schleppdampfer überhaupt nicht, was bei einem so großen Hafenplatz, in dem über 100 große Segler liegen ein Wunder ist. Auffallend war ein riesiger Bagger, lang und hoch mit zwei Eimerapparaten hinter einander, zwei Masten mit großen Schratsegeln, dieser pumpte sich selbst voll Sand und Schlamm und fuhr dann in die See hinaus, warf seine Ladung hier aus und kehrte dann an seinen Arbeitsplatz zurück. Beim Wenden hißte er

299 die Segel, damit dieses Schneller von statten gehe. / [193] Dieser Bagger wäre unserm Schiffe bald verhängnisvoll geworden, und hätte unsere(r) Reise für lange Zeit hier ein Ende geboten, oder vielleicht ganz aufgehalten. Eines Nachmittags begann der Zweite auf eine fürchterliche Art zu schreien und zu rufen, daß man doch die Anker auswerfen solle. Schnell sprangen wir von unserm Kaffee auf und eilten an Deck, die Seebrise heulte frisch durch die Wanten, der Strom aber schoß wie ein Mühlwasser an uns vorbei, und hielt die PALLAS deshalb mit dem Kopf gegen die Ebbe. Das Wasser war sehr unruhig und machte das Schiff etwas stampfen. Der Zweite stand auf der Back und schrie und gestikulirte wie ein besessener, es mußte also von dort irgend eine Gefahr drohen. Wie wir auf der Back standen, sahen wir den großen Bagger quer vor uns im Strom liegen, ohne voraus zu kommen, dagegen trieb er mit

300 großer Geschwindigkeit gerade auf uns zu. / Anfangs glaubten wir fast, daß er sich vor uns her legen wolle um zu arbeiten, aber wie man sah, daß an Deck alles durcheinander lief, und die Offiziere schrien und

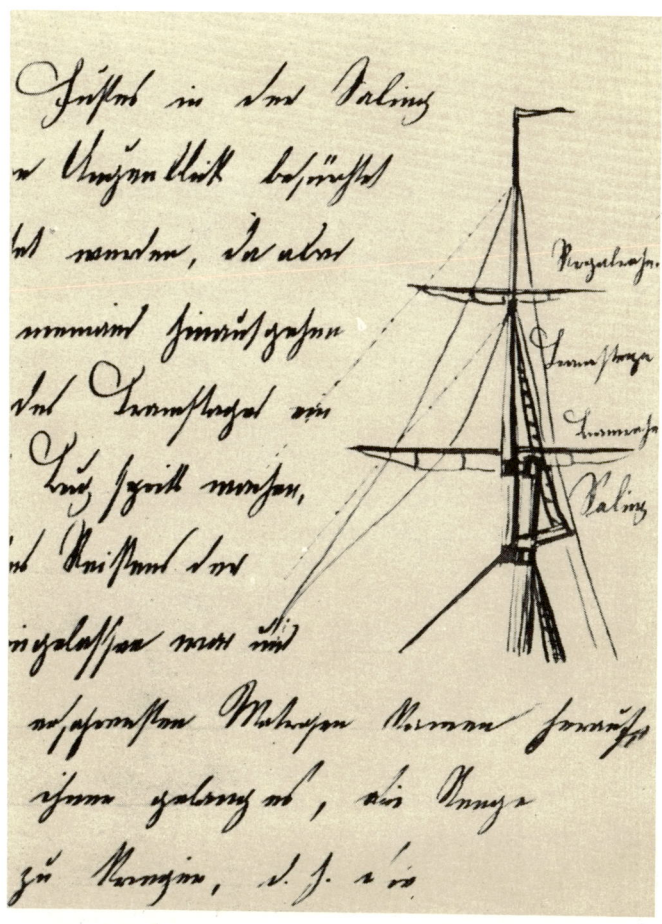

Aus dem Tagebuch Franz von Wahldes

dann die großen Segel gehißt wurden, mußte man schließen, daß an der Maschine etwas in Unordnung gekommen sei. In wenigen Minuten mußte er bei uns sein, und noch immer hatte der Bagger seine Anker nicht ausgeworfen, sondern die Besatzung vertrödelte die Zeit mit fruchtlosen Versuchen von uns frei zu kommen. Wir durften nicht Kette ausstecken, denn er würde schließlich doch auf treiben, und allzuweit hätten wir nicht nach hinten dürfen, da eine Bank dort lag, und es der höchsten Mühe bedurft hätte, von derselben wieder loszukommen, da es jetzt tie(f)ste Ebbe war und die Flut alle Augenblicke einsetzen konnte.

Er trieb auf uns zu, nun berührte ein riesiges Zahnrad unsere Stage,
301 klirr, klirr! fielen die Ketten zerrissen / herab. Nun berührte die Eisenmasse unsern Klüverbaum, die massiven Zähne nagten ihn im Moment durch; noch einen Fuß näher trieb er, unter das Bugsprit, große Risse sprangen in die Räder, in Trümmer stürzten sie herab, unser Wasserstag, unsere Gallion, seine Maschinerie, alles brach entzwei. Nunmehr hatten die Offiziere die 4 Anker fallen lassen, wo es zu spät war, der Capitän versuchte mit einer Handspake (Speiche) die Schiffe zu trennen, ein albernes Unternehmen. Jetzt stieß der Bagger unter unsern Steven, und dumpf erschütterte das ganze Fahrzeug, wenn eine Woge den Kasten unter unsere Gallion warf, dann knarrte es jedesmal drohend in dem Bramsaling, der Fuß der Bramstenge schlug hin und her, die Stage zerrissen, zum Glück hielten die Pardunen, sonst wäre die Stenge mit allem, was daran hing, auf uns herab gestürzt. Ein Wun-
302 der war es, daß unsere Anker hielten, / und ein Glück, sonst wären wir nämlich in einigen Minuten miteinander auf der Bank gesessen.

Kein Dampfer war im Hafen, der das Ungethüm hätte fortschleppen können, sondern hilflos mußten wir zuschauen, wie das Vorgeschirr zerrissen wurde. Es hätte für uns ein schlimmes Ende gehabt wenn jetzt nicht die Flut eingesetzt wäre, der Strom ward schnell geringer, einen Moment war Stauwasser, dann trieb das Fahrzeug langsam von uns ab, unsere PALLAS drehte sich jetzt dem Winde nach, und in fünf Minuten war wieder alles frei, hinter uns lag der Bagger, greulich zerstört in sicherer Entfernung, bei uns aber machte jetzt das Knacken der Stenge auf die schleunige An Deck Sendung der Bram-Royal rahen und der Stenge selbst aufmerksam. Da die Stage zerrissen waren, und der Wind
303 jetzt von vorn blies, hielt die Stenge sich nur durch / die Befestigung des Fußes in der Saling und mußte ihr Fallen jeden Augenblick befürchtet werden. Dies mußte verhütet werden, da aber in der jetzigen Verfassung niemand hinaufgehen konnte, mußte man mittels des Bramstages ein Notstag nach der Spitze d. Bugsprits machen, welches halten konnte, trotz des Reißens der Wasserstage, da es fest eingelassen war und aus Eisen bestand. Die erfahrensten Matrosen kamen herauf, der Schwede und Isidor, ihnen gelang es, die Stenge und Rahen an Deck zu kriegen, d.h. die Stenge blieb für das erste oben, mit dem Fuß auf dem Mars stehend.

Da der Bagger der Regierung gehörte, war kein Zweifel, daß diese allen Schaden vergüten, und selbst repariren lassen würde. Schon am selben Abend kamen Techniker / an Bord, um den Schaden anzusehen. 304 Am nächsten Morgen wurde alles taxirt, und alles unbrauchbar gewordene vom Schiff geholt, die Bramstenge war noch gut, aber der Ingenieur sagte, man müsse alles, auch das leichtbeschädigte durch neues ersetzen, es ginge doch ja alles aus dem großen Beutel des Staats.

Nagelneues Vorgeschirr, neuer Klüverbaum, Stenge, u.s.w., neue Gallion, alles, aus bestem Holz bereitet, kam an Bord, auch die schöne Figur an der Gallion wurde von den Schwarzen höchst Kunstvoll ersetzt.

Das Schiff ward mittlerweile tief beladen, bis an die Deckbalken lagen die schweren 500 ℔ wiegenden Zuckerkörbe und drückten das Fahrzeug tief in das Wasser. Der Zucker sieht nicht sehr appetitlich aus, er ist von braungelber Farbe und schmierig anzufühlen, viele Kakerlaken, Skorpione, große Tausendbeine halten sich in den Körben auf, und fallen heraus beim Überhiven, wenn der Korb an die Wanten schlägt. / Dabei rieselt fortwährend der Zucker heraus und häuft sich 305 im Lauf des Tages zu recht großen Maßen an, da nun viele Menschen darüber hin und her gehen, wird ein beträchtlicher Teil weit über Deck verstreut, und bietet den übrig gebliebenen Hühnern und d. Hund und der Katze und *last not least* dem Schwein, eine willkommene Nahrung. Die Folgen dieser unnatürlichen Speise äußern sich drastisch und in einer Weise, die für mich viel unangenehmes hat. Einen Grund zur Furcht bieten die zahllosen kriechenden Tiere, die das Schiff bevölkern, am schlimmsten sieht der Tausendfuß (aus,) der, höchst giftig, eine Länge von 20 cm erlangt und wahrhaft ekelerregend aussieht. Auf dem Abort fand ein Matrose ein solches Exemplar, und ein erschrecklich ekelhaft aussehendes Tier der Capitain im Bett. Das Logis wird gut verschlossen gehalten, deshalb ist es frei von den Unholden, ein einziges mal stieß der Segelmacher beim Anziehen der / Hose, einen 306 Skorpion von beträchtlicher Größe heraus.

Ein Krawall wurde von dem Russfinnen, *Hans Petersen* hervorgerufen, da er nicht gestatten wollte, daß ein Besuch den er bekommen hatte, um 8. Uhr Abends von Bord ging. Der Kapitän war an Bord und es ward ihm davon Mitteilung gemacht, worauf er selbst an Deck ging und dem Matrosen befahl, in das Logis zu gehen, was aber der Finne sich zu thun weigerte. Auf widerholten Befehl wurde der Mensch so wütend, daß er ein von ihm geschnitztes Schiff, (einen Viermaster aus *Glasgow*) etwa 1 ½ Meter lang und sehr schwer, dem Capitän an den Kopf warf. Zum Glück wich derselbe dem Geschoß schnell aus, und lief nach hinten, um ein Blaulicht abzubrennen und um Eisen zu holen, in die der Meuterer gebunden werden sollte. Als er mit diesen ankam, war vorn alles in Aufregung, die einen wollten den Finnen ergrei-

307 fen, die / andern suchten dies zu verhindern, ich floh erst in die Koje, und versteckte mich unter die Decke, da der Schiffsjunge immer am besten thut, sich neutral abseits zu halten, denn er bekommt beim thätlichen Einmischen von beiden Parteien Prügel. Lange konnte ich nicht im Logis bleiben, denn der Wilde schleuderte alles erreichbare, wie Teller, Tassen, Kessel, Seestiefel wie besessen umeinander. Es glückte mir mich schnell zu drücken unter die Back, als an einem Puncte der ganz abseits vom Streite lag. Eine Tonne diente mir als heimlicher unentdeckbarer Unterkunftsorte. Das Toben und Schreien dauerte fort, bis die Polizisten kamen, den Finnen in Ketten legten und ihn dann mit an Land nahmen. Hier kam er vor Gericht, und wurde verurteilt, so lange bis das Schiff segelte, an Land Steine zu hauen und zu transportieren.

308   Zu meiner großen Enttäuschung kam er am 6ten September[194] / wieder an Bord. Der Capitän hatte ihn wieder anmustern müssen, da sonst kein Matrose in *Soerabaya* zu haben war. An eben diesem Tage war der letzte Sack Zucker an Bord gekommen und die Luken geschlossen worden. Am 7ten kamen große Bootladungen voll *Yams*, und Gemüse längsseit, desgleichen etwas frisches Fleisch, 30. Hühner ebensoviel Enten und am Abend ein Segelschiff voll Wasser, das die Malaienmannschaft unter frohem Singen in unsere großen *Tanks* pumpten. Dazu wurden einige Segel neuangeschlagen, der eine Anker gehivt und Warpanker[195] und Trossen bereit gelegt. „morgen in der Frühe sollten die Anker gelichtet werden und Segel gesetzt für Europa *Falmouth* für *Ordres.*"

    Das war das Wort endlich nachdem man sich tausendmal gesehnt hatte, und daß ein Losungswort geworden war. Nun waren wir am Zeit-

309 punct angelangt, wo es bestimmt und sicher bekannt wurde / daß die Irrfahrt der PALLAS ihrem Ende zuginge.[196] Frohe Aufregung herrschte im Logis, denn jeder freut sich, die Heimat wiederzusehn, man war müde des Schiffes und müde der ganzen Umgebung. Noch eine Nacht lagen wir im Hafen Soerabayas, die folgende Nacht fand uns schon

draußen im Meere, der großen Völkerstrasse, auf dem Wege nach „England". Dort konnten wir, wenn das Glück günstig war, Ende dieses Jahres ankommen, vielleicht zeitig genug, das Weihnachtsfest oder wenigstens noch Neujahr im Kreis der Familie zu feiern. In Gedanken reist man so schnell. Ich konnte lange nicht einschlafen, vor den Gedanken und den Bildern, die der Geist sich vormalte. Den meisten andern ging es gerade so, bis um 11 Uhr sprachen verschiedene mit ein ander. /

Homeward bound.
Von Java nach St. Helena

„Hurah! my boys, w'are homewardbound!"[197], das sang in der Frühe um
6. Uhr der Vorsänger unter der Mannschaft beim Ankerhiven. Froh er-
klang das Lied über die Flut dahin und donnernd fiel der ganze Chor
am gegebenen Augenblicke ein. Pall für Pall (eiserne Sperrklinke am
Spill), drehte sich das Spill, Glied auf Glied stieg die Kette hinauf,
nach einiger Zeit war der Anker *„up und down"*, dann liegt der Anker
senkrecht unter dem Bug und die Kette steht gerade herauf. *„Stop."*
Das Hiven hört auf. *„Seils los"*. Wie der Wind springt ein jeder los, die
Wanten hinauf, die Zeisige (Bändsel zum Festbinden des Segels an die
Rah) fliegen geschwind um die Raaen. *„Lat fallen Seils"!* Schwer fallen

311 die großen / Tücher herab und flattern im Wind. *„Heiss up Marsseils"!*
Jede Wache hat ihren Mast und gleichenmäßig steigen Vor- und Groß-
Marssegel hinauf. „Stiv int Liek!" „Heiß em up." u.s.w. Dann wurden
die Geitaue des Untermarssegels losgeworfen, die schweren Schotenketten rollen zum Teil allein durch die Blöcke, wenige Minuten genü-
gen, um dies Segel zu setzen, ein Segel, dessen Schoten, wenn sie später
noch einmal steif angeholt sind, vielleicht nicht wieder vor der Ankunft
in Europa losgeworfen werden, da nur ein Orkan zum Einnehmen dieses Sturmsegels zwingen kann. Die Segel stehen, „Hiv up Anker". Alle
Mann rennen zur Back, und der Anker muß in wenigen Augenblicken
vom Boden sein, und unter dem Bug hängen. Die Brassen werden angeholt, die Stagsegel gesetzt, und leise fängt die Fahrt an, die Fahrt
nach der Heimat. /

312 Leise weht der Wind, die Segel schwellen sanft aus, und geräuschlos
schwimmen wir an den vielen andern Schiffen vorbei der *Soerabaya*
Straße zu, auch *„Der Trechter"* genannt, welche *Madura* von der Haupt
Insel trennt. Nur zu bald mußten wir uns mit Geduld darin fügen,
10. Stunden an Anker zu gehen, unser Ärger war groß, und äußerte
sich in Schimpfen und Fluchen, aber die Flut ließ lange auf sich warten. Den ganzen Nachmittag gab es nichts zu thun, da wir auf dem

Schlamm saßen und die günstige Brise nicht benutzen konnten.

Am Mittwoch Morgen 9. Sept. um 3 Uhr rief das Commando des Schiffers wieder an Deck. Es war noch finster, aber sehr klar, die Sterne schienen in hellem Glanze und ein günstiger Wind blies vom Südost. Bald waren wir unter Segel, und mit Hilfe des Stromes, kamen wir glücklich über die Barre[198] und hofften schon, in wenigen Stunden / aus dem Bereich der *Enge* zu sein, als es gegen 9. Uhr ganz still ward und das Schiff von der einsetzenden Ebbe rückwärts getrieben wurde. Klirrend fuhr der Anker wieder zum Boden, und regungslos lag die PALLAS da, indem die Sonne heiß über den Decks brütete. Gegen Mittag sprang ein kleines Windchen auf, wie wir beim Essen saßen, natürlich war da dies Vergnügen dahin, „Alle Hands an Deck.“ „Sails maken!“ So dumm und ärgerlich es auch war, von dem Reis und Pökelfleisch hinfort gerufen zu werden, so war doch keiner wütend darüber, da jeder günstige Windhauch uns der offenen See näher brachte, und aus dem Bereich der wegen ihrer Stillen und Cyclone übel bekannten *Java See.*[199] In kurzer Zeit war alles gesetzt, aber die Freude dauerte nicht lange, nach 10 Minuten drehte der Wind sich und machte es unmöglich, die Gegen-Strömung zu stemmen. Alls bald mußte natürlich wieder der Bug-Anker hinab, in den *Java* Schlamm, der uns nicht loslassen wollte. /

313

Donnerstag den 10. September

Bei dunkler Nacht, um 2 Uhr, begann eine günstige Brise zu wehen, der Strom lief auch günstig und, als der Morgen dämmerte, passierten wir in schneller Fahrt die Lootsengalliot, die unsern Lootsen an Bord holte. Vor uns lag jetzt die schön blaue *Sunda-See*, ein erhebender Anblick, wenn man nach mehrtägigem Mühen endlich die offene See erreicht. 2 große englische Barken steuerten an uns vorbei, mit Leesegeln unten und oben und an beiden Seiten. Ihre Fahrt schien nach den chinesischen Gewässern gerichtet zu sein.

314

Nachts umschwärmte ein großer Vogel das Licht am Compaßhaus (Messinggehäuse für Kompaß und Kompensationsmagnete) unter furchtbarem häßlichen Geschrei, am Ende ließ er sich auf die Nock der Gaffel nieder und schaute zu uns herab. *Isidor* kletterte hinauf und fing ihn, indem er furchtlos sich ihm näherte und geschickt seinen Schnabelhieben auswich. An das Wegfliegen / zu denken, schien das

315

Vieh zu dumm zu sein. Die ganze Nacht hockte das Thier an Deck und biß sich unter heftigem Kreischen mit dem Hund herum. Es gehörte zu der Gattung der *„Dummen Lummen"* (Trottellumme), die wie eine Fledermaus sich nicht vom Erdboden erheben können. In den Morgenstunden schlüpfte die *Lumme* durch eine offene Klüse und entschwand.

Freitag d. 11 Septemb.

Schönes Wetter herrscht, doch nicht Wind genug, um uns, die wir ein schwer auf den Kopf geladenes Schiff haben, mit wünschenswerter Schnelle zu befördern. Die *Elsflether Bark* Paula[200] segelte vorbei, frohe Grüße wechselten wir mit ihr durch die Signalflaggen.

Sonnabend d. 12. Sept.

316 Große Hitze, wenig Wind. Nachts ein großes Schwimmdock passiert, das drei große rote Lichter zeigte, als / Zeichen, daß jedes ihm begegnende Schiff wegen der Manövrierunfähigkeit des von drei Schleppern gezogenen Dockes ihm auszuweichen hat.

Sonntag d. 13. Sept.

Heute Morgen hatten wir eine derbe Brise, aber unter allen Segeln, und mit dem Winde so günstig, daß der Groß Hals aufgeit war, und sogar die kleinen Stagsegel zogen, wollte das Schiff nicht durch die Flut. Wie tot hob das Schiff sich nur schwer um immer mit der Nase tief hinabzugehen, daß die Wasser über die Back sprühten und ein fürchterliches Rauschen und Tosen entstand, als ob wir anstatt 7. Meilen 12 machten. In den Leewassergängen stand das Wasser fußhoch trotzdem keine See vorhanden war.

317 Um 9 Uhr Vormittags kam eine flache Sandinsel mit einem Feuerturm in Sicht, aber erst um 5 Uhr Nachmittags / war er hinter uns verschwunden. Auf diese Weise hatten wir Muße, die Art zu sehen, auf welche in diesen Gegenden die Thürme vor dem Einstürzen bewahrt werden seitdem das letzte schreckliche Erdbeben solche Verwüstungen

angerichtet. Die aus Stein gebauten Thürme schützt man nämlich, indem große Stützen von Holz von allen Seiten gegen die Mauern gestemmt werden.

Montag d. 14. Sept.

Nunmehr sind wir (in) ein böses Wasser gekommen, in den Bereich der „Tausend Inseln"[201], die der Sundastraße im Nord vorgelagert sind, und zwischen denen nur wenig gute tiefe Straßen sind. Das Wasser sieht nicht mehr blau, sondern grün aus, der Boden ist zeitweise deutlich sichtbar, das Lot ist immer in Arbeit, in der Nacht kamen wir einmal auf 17 Fuß, sofort wurden alle oberen Segel fortgenommen und das Schiff herumgeworfen. / Nur ein halber Fuß trennte unsern Kiel   318
von dem harten Korallenfelsen, die im Falle eines Aufsegelns bei nur geringer Brise unsere Platten bald durchstoßen hätten. Zu guter letzt schralte der Wind noch weg und da auch noch der Strom gegen uns ging, mußten wir noch mal unsere Buganker fallen lassen. Ungemütlich ward es, als eine schwarze Wolke aufstieg, die arges zu bedeuten schien, zum Glück aber nur Regen mit sich brachte.

Dienstag d. 15. Sept.

In der Nacht ward uns wieder keine Ruhe gegönnt, indem eine leise Brise gegen 4. Uhr aufsprang und deshalb die Segel gesetzt wurden. Kaum war das letzte Tau geordnet, eine regelmäßige Wache eingeteilt, als die Tücher schlaff herabfielen und es totenstill ward auf den Wassern. Gei up Grotseil! Gei up Royal! *Let go Anchor!*

Endlich um 8 Uhr morgens zeigte sich eine Wolke / die Ostwind mit   319
sich führte. Vor dem Wind zogen wir jetzt in die Kanäle, die die „Tausend Inseln" durchziehen, in der Ferne tauchten Schiffsmasten auf, der zum Walde wuchs, das war der Hafen von *Batavia*. Die Navigation in diesen Wassern muß eine sehr vorsichtige sein, da plötzliche Böen, und Änderungen des Windes die Schiffe leicht auf Felsen werfen, von denen es hier wimmelt.

Die Inseln selbst sehen prächtig aus, einige vulkanischen Ursprunges mit schroffen kahlen Felsen, andere niedrig von Korallen gebildet und mit tropischer Flora geschmückt. Die Cocospalmen erheben sich über alles andere Grün in ihrer wunderbar stolzen Gestalt. Merkwürdige Namen hat der Holländer den Eilanden gegeben, *„Groote Cambuse, Groote Minschenfräter"* [202] u.s.w.

320   Wie die Dunkelheit kam, hörte der Wind auf, und wir ankerten am Ufer einer schönen Insel, um dort die Nacht zu verbringen. / Trotzdem die Mannschaft durch das fortwährende Brassen stark ermüdet war, mußten doch doppelte Wachen gesetzt werden, da trotz der Nähe der großen Stadt, in diesen unzähligen Kanälen viel böses Gesindel sich verbirgt, da wird der harmlose Fischer, der zu billigem Preise seine Fische verkauft hat, bei Nacht zum Piraten, wenn es ihm gelingt, an ein Segelschiff zu kommen, dessen Mannschaft erschöpft ist und nicht auf der Hut ist. Angenehm ist es nicht für uns, daß wir uns im Besitz nur einer Feuerwaffe wissen, die der Capitän besitzt. Ein großer Italiäner kam an uns vorbeigetrieben und warf in der Nähe auch seinen Anker aus, sein Ankerlicht leuchtete wie ein freundlicher Stern über das stille Wasser, ein willkommener Gefährte in einsamen Gewässern.

Mittwoch d. 16. Sept.

321   Bei Einsetzen der Ebbe um 4. Uhr ward Anker gehivt, / eine Arbeit von einer und ½ Stunden, weil die Tiefe hier etwas über 35 Faden war. Eine scharfe Brise führte uns glücklich heute durch die Inseln und hielten wir Mittags mit vollen Segeln auf die Sundastraße zu, welche wir in einigen Stunden erreichten. Schon hoffte jeder, daß der Wind stetig sein würde, aber dem war nicht so, kaum waren wir zwischen den ersten Vorgebirgen als der Wind plötzlich um 40 Grad wegschralte. Das Fahrwasser war eng, der Wind heftig, sodaß jede ½ Stunde das Commando zum Wenden erscholl. Ein jeder Mann bekam seinen Platz zugewiesen, ich ging mit dem Steuermann auf die Back, um die Vorsegel zu besorgen. Den Wachen wurde erlaubt, nach Beendigung jedes Wendens sich auf die Große Luke zu legen, um hie und da einige Minuten Schlaf zu gewinnen. Da der Wind anzudauern versprach und das Schiff schlecht lief, war vorauszusehen, daß ungewöhnlich viel Arbeit

322 von jedem / Mann verlangt werden würde.

    In der Nacht begann am javanischen Ufer ein großes Feuer aufzuflackern, das einen riesenhaften Umfang annahm und weithin bis an die Küste von *Sumatra* das Meer erhellte. In blutigen Schein leuchteten unsere Segel, wie die Teufel sehen wir selbst aus. Das Geisterschiff des „*Hollanders*" (des Fliegenden Holländers) schien durch die Flut zu ziehen. Gegen Morgen war alles erloschen, es scheint also kein Wald, sondern nur eine Steppe gebrannt zu haben.

Um 6 Uhr Morgens hielt ein Ausleger auf uns zu, so daß er beim nächsten Wenden unsern Lauf kreuzen mußte, ein nackter *Javane* saß darin, unter seinen Gütern fast versteckt. Er bot Affen, Jams, Bananen *etc.* zum Verkauf aus, mit gutem Erfolge, da er alles verkaufte bis auf die Affen, die an den Bänken festgekettet waren. /

In der Nacht schrie mit einmal der Ausguck vom Bugsprit herab 323 „*Brecher voraus! Ruder hart in Lee.*" Das ward ein Leben! an allen Ecken und Enden fing man an zu schreien, Schoten wurden losgelassen, die Segel flatterten im Winde, der Besahn wurde mitschiffs geholt und geschmeidig drehte die Bark durch den Wind. Leider verloren wir hierdurch wieder soviel, daß wir zwei Gänge machen mußten, ehe der alte Stand wieder erreicht war. Die ganze Nacht hindurch lief der Alte an Deck umher und befahl mindestens 6 mal zu wenden. In der Frühe konnten wir kaum noch stehen vor Ermattung, und noch immer waren

Lotwurf (Zeichnung von E. G. Bai)

wir im Lee der Insel „*Dwars in de Weg!*" (niederl. Quer im Weg), welche in unliebsamer Weise plötzlich in dem an und für sich engen Ge-
wässer auftauchte, gleichsam als Ersatz für die in so trauriger Weise
verschwundene Stadt *Anjer*[203], auf deren Höhe wir jetzt sind, und de-

324 ren / Lage gekennzeichnet ist durch einige neue Häuser, die den
Grund bilden sollen zu „*Neu Anjer*". Früher war hier eine lebhafte
Stadt, die regen Handel trieb und die heimwärts segelnden Chinafah-
rer mit Wasser und Proviamt versorgte, in einer Nacht war alles dahin
und versank in die Tiefe der See.

Mittags segelte uns eine Bremer Bark auf, die von *Singapore* nach *Liverpool* bestimmt war. Alle Schiffe segeln uns jetzt vorbei, die wir sonst
doch gewohnt waren, alle Mitsegler zu schlagen, wer weiß, wann wir
heim kommen? Die Hoffnung existirt noch, daß die Ladung sich besser dem Schiffe anpaßt, und das Schiff sich losarbeitet und lebendiger
wird.

Heute Nachmittag, als ich am Ruder stand, räumte der Wind plötzlich, ich konnte abfallen lassen Strich für Strich, bis die Küste von
Java, und sogar *Java Nordhuk* frei dalag. Auch dann räumte der Wind
noch immer mehr, sodaß der Capitän, der sofort den Wechsel bemerkt

325 hatte, die Brassen / anholen und die Raaen vierkant stellen konnte.
Zur linken verschwand die *javanische* Küste, zur Rechten dämmerte im
Abend-Nebel von *Sumatra* ein gewaltiger Berg, ein Coloss, für sich al-
lein in majestätischer Wucht aus dem Meere aufsteigend, das war der
„*Krakatoa*", dessen vulkanische Ausbrüche so weite Gegenden entvöl-
kert hatten. Unser Kurs geht jetzt gerade auf das *Cap* (Kap der Guten
Hoffnung)! Möge Äolus und Neptun der Pallas treu sein.

Freitag d. 18 Sept.

Gute, steife Brise, die Segel stehen zum Brechen voll und das Wasser
braust über die Back, als ob wir 14 Meilen liefen, wo 7 ½ unser höch-
stes ist. In dem Wasser zu Lee tummeln sich etwa 30 Enten und
schnattern fröhlich, wenn mal eine See über sie herbricht; daß es Salzwasser ist, genirt sie anscheinend nicht, sondern sie schwabbeln gerade
soviel im Wasser wie die Enten daheim in der *Ollen*.[204] Nicht sowohl
befinden sich die Hühner, die in ihrem luftigen Käfig manchmal

326 gründlich / durchnäßt werden. Zum Eierlegen werden die armen Din-

ger nicht Lust haben. Die Katze sitzt immer auf den Booten und schaut dem Schweine und den drei Hunden zu, die sich wie toll geberden und das warme Wasser gar nicht fürchten. Neulich hat nämlich der Hund zwei Junge geworfen, allerliebste drollige Tierchen die uns viel Vergnügen machen und die seemännischen Namen besitzen „Pick" (Pech) und „Theer".

Sonnabend d. 19. Sept.

Schönes Wetter, guter Wind. zum ersten mal seit langer Zeit, wieder allein auf der hohen See. Heute Abend flog während des Essens einem Matrosen ein fliegender Fisch durch die offenstehende Thür derart an den Kopf, daß das Blut hervorlief. Das Licht hatte den Fisch angelockt, zu seinem Schaden, denn am andern Morgen verspeiste ihn der Verwundete mit großem Appetit.

Mittwoch den 30. Septemb.

Um ein gutes Stück haben die letzten Tage uns dem / *Cap* näher gebracht. Immer wehte heftiger Wind, zeitweise so heftig, daß das Wasser fußhoch an Deck stand, und der Schmutz sich etwas vom Boden ablief, wodurch zuweilen 8–9 Meilen per Stunde erlangt wurden.

Heute in der Früh sahen wir ein Segel, seit 14 Tagen das erste, es war hinter uns Morgens wie ein Fleck, und nur die Royals sichtbar, Mittags war das Fahrzeug langseit, ein großer alter Holländer mit Stückpforten, rundem Bug und Heck. Eine Wolke von Segeln schwebte über seinem Deck, Leesegel gesetzt vom Royal bis an das Wasser hinab. Jedes Tuch zog kräftig und glorreich eilte der Dütchman (engl. Holländer) an uns vorbei, als ob wir stillgelegen hätten.

In der Nacht fing die See noch stärker an zu brausen, schrill pfiff der Wind durch die Takelage, aber alle Segel blieben bei, und trotzdem zeigte das Log nur 9 Meilen an. /

Sonnabend d. 10. Octob.

Heute *Rodriguez* passiert.

d. 11. Octob.

Mauritius passiert.

Mittwoch den **21.** Octob.

Bis heute dauerte das Wetter prächtig an, heiterer Himmel, angenehme Temperatur und guter Wind. aber heute sah es drohend aus,
schwarzes Gewölk verhüllte den Himmel, das Barometer sank tief.
Daraufhin kam der Befehl alle kleinen Segel festzumachen. Nachmittags begann es zu blitzen und donnern und eine heftige Böe nahte vom
Südwesten. Da hieß es: Großsegel, Besahn festmachen, wie dies aber
kaum beendet war, klarte das Wetter plötzlich auf, aber das Barometer
sank noch tiefer. Nur die Marssegel warden gesetzt, alles andere blieb
fest, worüber die Matrosen sich lustig machten.

In wenigen Stunden sollten wir einsehen, welches große Glück dies
gewesen war, kurz vor 2 Uhr Nachts nämlich ward es mit einmal toten-
329 still. Dabei leuchtete der Schaum merk / würdig hell durch die Nacht.
Der Steuermann rief den Alten an Deck der sofort befahl, die Fock
und die Marssegel zu streichen (herunterzuholen), und das so schnell
es irgend ging. Im Nu waren alle Segel unter den Raaen, in der Ferne
brauste der Sturm, unter Blitzen und Donnern kam er angefahren wie
ein höllischer Feind. Bei seinem Nahen tummelten sich die Hände und
es gelang, alles dicht zu machen als der Sturm von vorn in die Segel
fiel. Hui! ergriff er das Schiff, und preßte es tief hinab, daß die zi-
schende Flut hoch über die Regeling brach. Hätten wir jetzt mehr Segel gehabt, als die drei kleinen Sturmstagsegel so wäre es um uns geschehen gewesen. Das Besahnstagsegel flog weg, zum Glück kann man
sagen, denn jetzt drehte sich das Fahrzeug schön und schnell vom
Winde ab, bis er seitwärts in die Segel fiel und das Schiff wieder zu
steuern war.

Im Beginn war kaum Seegang gewesen, aber bald stiegen die Wogen
330 höher und höher. / Das Schiff rollte wie betrunken hin und her und
nahm bei jedem Rollen riesige Mengen Wassers über. Morgens stürzten wahre Ströme an Deck hin und her und ergossen sich auch in das
Logis trotz der hohen Schotte. Die Masten drohten aus dem Schiffe zu
fliegen, deshalb mußte man schließlich doch noch zwei große Stagsegel
setzen, auf die Gefahr hin, daß sie beim Überholen gegen den Wind

aus den Lieken flogen. Hierdurch ward das Arbeiten bedeutend geringer, der Sturm drückte die Bark stark auf die Seite, aber sie lag jetzt verhältnismäßig ruhig und behielt das Quarterdeck fast ganz trocken. Bisweilen erhob sich der Bug hoch in die Luft, aber dann fiel das Schiff tot gegen die heranrollende See, so daß der Gischt bis über die Raaen flog und das Vorstengstagsegel völlig durchnäßt war. In den Abendstunden ließ der Sturm nach, im Lauf der Nacht noch mehr, so daß wir um 2 Uhr die gerefften Marssegel heissen konnten. /

Freitag d. 13. October.

Wie wir an Deck kamen, war die Luft häsig, der Wind war fast flau geworden, aber die Masten ragten nackt gen Himmel, da der Alte nicht wagte, schneller zu fahren der Nähe des Festlandes wegen. Auch als ein großes Vollschiff mit Royals im Top an uns vorbei zog, ließ es unser Alte mit dem Setzen der Bramsegel bewenden, da er vorsichtig ist. Gerade wie wir vom Frühstück aufstanden, sang der Rudermann aus: „*Land ho!* ", dieser Ruf lockte alle an Deck, vom Capitän bis zum Jungen, alle lehnten über die Regeling und schauten nach dem dunklen Schimmer aus, der im Nebel vor uns lag. Bald verzog sich der Dunst, erst kamen einzelne Gipfel in Sicht, bald lag aber die ganze Küste vor uns, unabsehbar sich im Nord und Süd verlierend. Eine hohe schroffe Felswand schien sie zu sein, steil aus dem Wasser emporsteigend, doch bekränzte üppiges / Grün den oberen Saum. Dort beginnen die Wälder, in denen die *Zulus* hausen, wir sind hier nämlich auf der Höhe von *Port Natal*.[205]

Der Kurs für heimwärts bestimmte Schiffe führt dicht am Lande hin, da hier eine schmale aber sehr kräftige Strömung nach Süden setzt, leider mußten wir Mittags von Land abhalten, da der Wind plötzlich wegschralte und uns nötigte wieder zum Aufkreuzen zu gehen. 3. andere Schiffe waren in der Nähe, überholten uns schnell und waren Abends aus Sicht. Doch schon in der Nacht lief der Wind mehr nach Nord, und am Morgen des folgenden Tages den **24. Octob.** durften wir der Küste entlang fahren, die wie eine Mauer gleichmäßig hoch sich entlang zieht. Dunkle Rauchwolken stiegen ab und zu aus den Wäldern auf, in denen der Hottentotte oder Zulu seine Kraals erbaut hatte und sich sein Mahl bereitete. Ein großer viermastiger Dampfer, der

331

332

333 „*Union Line*" / nach *England* bestimmt, und von *Delagoabai* kommend zog Mittags qualmend an uns vorbei. Heute Abend genossen wir das Schauspiel eines wunderschönen Mondaufganges und Sonnenunterganges. Die See war ruhig, in tiefer Bläue dehnte sie sich gen Osten aus, liebliche Röte strahlte am Himmel, die Bergesgipfel glänzten in gelben violetten Licht. Langsam sank die Sonne, zugleich aber stieg der Mond auf und bald flutete sein bleiches Licht über die Wasser. Wie ein Schwan zog unsere PALLAS dahin, ein jedes Segel wie aus Marmor gehauen, regungslos, geräuschlos thaten sie ihre Arbeit.

Sonntag d. 25. Octob.

Leichte Brise, trotzdem das Schiff nicht so schnell läuft, ziehen die Berge sehr rasch dahin, da der Strom etwa 8 Meilen die Stunde südlich setzt. Um 9 Uhr Abends segelten wir an einem hohen Vorgebirge vorbei, das mit dicken Wald bedeckt war und aus dessen Dunkle gewaltige / Feuer emporloderten. Wenn des Tafelberges leuchtende Signale nicht mehr.

334

> „*Abends, wenn im Hottentottenkraal die Feuer leuchten,*
> *Und der Kaffer einsam schreitet durch die Karrao*
> *Wenn des Tafelberges wechselnde Signale nicht mehr glänzen.*" [206]

Leider nahm das Wetter gegen Mitternacht einen drohenden *Charakter* an, dazu ward es dicke Luft, so daß die Schiffahrt in der Nähe der Küste, die ein schlimmer Legerwall werden konnte. Deshalb liefen wir die Nacht über weiter in die See hinein, hatten dafür aber das Land am nächsten Morgen aus Sicht bekommen. Sofort wurde das Schiff an den Wind gebracht, so daß wir jetzt NW steuerten, um so schnell als möglich unter Land und damit in einen starken Strom zu kommen. Gegen Mittag war noch nichts zu sehen, wir mußten schon *Port Elisabeth* passirt sein, da hier erst die Küste plötzlich von Süd nach Westen abwendet. Der Strom mußte uns ganz energisch geholfen haben, da wir durchschnittlich nur 5 Meilen segelten. Der Wind erhob sich gegen

Abend zu einer starken Brise, der sturmartig anschwoll. Zum ersten
mal seit langer Zeit / ging es jetzt über 9 Meilen schnell durch die Flut,   335
alle Schratsegel, Besahn und Großsegel waren fest, die Raaen völlig
vierkant geholt, da der Wind direkt über die Taffregeling blies. Zu den
9 Meilen kommt noch 4 Meilen Stromversetzung, das zusammen
13 Meil. macht. Hält dieser Wind noch 24 Stunden derart an, so sind
wir am *Cap*.

Dinstag d. 27. Octob.

Wie ich Morgens an Deck kam, war die ganze Szenerie verändert, der
Wind war flau geworden, die Segel alle beigesetzt und schwerfällig
kämpfte die Bark dem Wind entgegen, der direkt vom *Cap* blies.
Heute passirte es uns, daß wir eine Bark überholten, die vollends still
zu liegen schien. Zwei Tage spielte der Wind in einer ermüdenden
Weise, indem er fortwährend wechselte und rund um die Windrose
lief. Bald sah es aus, als ob wir einen Orkan bekommen sollten, dann
aber schien die Sonne heiter vom Himmel herab. /

Am Freitag, den **30. Octob.** trat aber eine Änderung ein, in der Früh   336
sprang eine Brise auf, die schnell zum Sturm anwuchs und uns nötigte,
sogar die Obermarssegel wegzunehmen, und bald auch die ganze Fock,
da Löcher in dem alten Segel sich zeigten, die immer zahlreicher und
größer wurden, so daß die Sonne hindurch schien. Mit großer Eile

steuerten wir unsern Curs, bis die See Abends so schnell und so hoch wurde, daß dieselbe sich immer öfter von hinten über das Fahrzeug stürzte und gewaltige Mengen ungestümen Wassers nach vornzu das Quarterdeck herab schwemmte. Dazu schlingerte der Kasten so enorm, daß es lebensgefährlich ward, sich auf dem Groß-Deck zu bewegen. Hierdurch bewogen ließ der Alte das Schiff beidrehen, anstatt mit Öl einen Versuch zu machen die Wellen zu mäßigen. Trotzdem wir eigentlich still lagen, liefen wir doch noch so viel Fahrt, daß ein Vollschiff und eine Bark, von uns eingeholt wurden. /

337 Um 12 Uhr Nachts legte sich der Wind mit einem Schlage und machte einer Stille Platz, welche fürchterlich war, weil das Schiff steuerlos auf den Wassern trieb[207] und die Wellen bös mit ihm hausten. Jedes mal, wenn das Fahrzeug zurück schlug, daß der Wind in die Segel fiel, klapperten diese wie Kanonenschläge und dieselben wären entzwei geflogen, wenn sie nicht neu, und aus dem feste(s)ten Tuch bereitet gewesen wären.

Zum Glück dauerte dieser Zustand nicht sehr lange, sondern bald kam ein leichter Hauch, worauf wir sofort die Mars- und Bramsegel setzten, zu unserer größten Freude blieb der Wind hinten, und begann dazu frisch zu wehen. Bei Tagesanbruch, standen alle Segel brechend voll und wie ein Vogel schoß die gute PALLAS dahin, hinter sich ein Kielwasser lassend, als ob sie ein 3 000 Tonns Schiff mit 14 Meilen Fahrt wäre.

Um 8. Uhr kam ein Schiff in Sicht, das schon in weiter Ferne be-
338 gann, bunte Signale aufzustecken. / Es war eine Bark *(Mecklenburger)*, die um das Cap nach Osten steuerte und mit der der Wind und die Seen ein arges Spiel trieben. Sie hatte nur die Untermarssegel gesetzt und trotzdem holte sie so gefährlich über, daß es den Anschein hatte, als ob sie nicht wieder aufstehen würde. Sie wollte die Länge und Breite wissen, unter der wir uns befanden. Namen und Bestimmung konnten wir nicht mehr erfahren, da sie zu schnell hinter uns blieb, und fast immer völlig unsern Blicken durch die Wogenberge entzogen wurde.

Dieser günstige Wind mußte uns nach der Berechnung auf die Höhe des Kaps bringen, um dies nun zu erspähen rief der Alte mir zu, als ich gerade in den Royal-Wanten hing, mich sorgsam nach *Nordwest* umzuschauen. In dieser Richtung fand ich nichts, und schon wollte ich dies nach unten rufen, als mein Auge plötzlich im Nord Nordost etwas

dunkles erspähte, das sich als ein massives Cap erwies. / „Cap dwars ab 339
in N.N.O.!" „Hurrah" wir waren schon in dem Atlantic angelangt, der
Augenblick war da, den wir so oft erwünscht hatten; und wie weit lag
jetzt noch die Heimat!

„Backbordbrassen!" „Curs NW!" Mit elegantem Schwunge gehorchte
das Schiff dem Ruder, der Wind fiel halb von hinten in die Segel und
schnell waren alle Raaen etwas angebraßt. Jetzt that jedes Segel seine
Schuldigkeit vom Vorroyal bis zum Besahn. Die Folge davon war, daß
jetzt das Log 11 Meilen zeigte. In der Nacht lief leider der Wind ganz
nach hinten, so daß alle Schratsegel, Großsegel, Vor Bram- und Royal
weggenommen werden mußten. Damit fing das Schlingern heftig an,
zumal die See höchst kraus durch einanderlief. Schaut man zum Groß
Royal hinauf, so sieht man bereits nur einen geringen halbmondförmi-
gen Teil, trotzdem wird er aber nicht fortgenommen. /

Bis dahin hatte man noch keinen Nachteil gesehen durch die Benut- 340
zung schlechten Materials zum Segelanschlagen, jetzt ward die Sache
aber kritisch, indem ein Bändsel nach dem andern ausriß, die dann sofort ersetzt werden mußten. Die ganze Wache brachten wir damit zu,
neue Bänder anzubringen, eine fade Arbeit, wenn man sich mit beiden
Händen kaum festhalten kann bei dem ekelhaften Schlingern, und
man durch die Luft saust, daß es pfeift.

Das „Cap der guten Hoffnung" dämmerte noch einige Stunden durch
die neblichte Luft, um 4 Uhr Nachmittags waren aber die Südfesten
des Continents im Meer verschwunden und die Bark durchpflügte in
Meeres-Einsamkeit die Wasser, den Curs gerade auf S. Helena gerichtet.

Am 1 November war das Wetter das gleiche, die See stieg aber immer höher, wie ich sie noch nie gesehen hatte, einmal konnte der Capitän vom Heck aus nach / vorn zu eine See sehen, die sich über die 341
Marsrahe hinaus zeigte. Das Wasser lärmt und braust an den Seiten
entlang wie ein kochender See, vom Bug wirft das Schiff die Seeen fort,
daß der Schaum über die Marssegel steigt. Von einem festen Punkt aus
gesehen muß sich die Bark großartig in dem Kampfe mit den Elementen machen, einen Augenblick steigt sie so hoch, daß einem beim Blick
in die Tiefe des Wellenthals schwindelt, dann aber fällt sie herab, daß
die Wellen haus hoch neben uns hochstehen und drohen alles mit
ihren Massen zu begraben. Dabei stürzen Catarakte von dem grünen
klaren Seewasser von allen Seiten an Deck und Spieren und Tonnen

und Anker verschwinden in den Fluten. Zum Glück ist alles fest gemacht, und bis jetzt ist noch kein anderer Schade entstanden, als das jedem die Kleider durchnäßt wurden.

Der Koch hat in seiner Kajüte das elendeste Leben, seine Behausung starrt auch von Fett und Schmutz, sein Affe hockt zähne fletschend auf dem Ofen Rohr. /

342   Zu meiner großen Freude darf ich jetzt am Ruder bleiben, da ich ganz gut steure und das Schiff längst nicht so viel Wasser übernimmt wenn ich am Ruder stehe, als wenn 2 Matrosen der andern Wache steuern. Heute bekam ich eine derbe Ohrfeige zu kosten, indem ich einmal, als das Schiff mit dem Stern erschreckend tief wegsank, mich umschaute nach den von hinten her rollenden Wogen, die wie ungeheure Löwen über uns herzufallen drohten. Der Rudersmann muß nie seine Blicke vom Compaß abwenden, namentlich nicht zu solcher Zeit. Voraus Blitze! u 10. Uhr. Zwei Mann müssen hinauf, den Royal festzumachen.

Sonntag, d. 2. Novemb.

Um 4 Uhr Morgens hörte der Sturm plötzlich auf, und ein höchst ungemütliches Umherschleudern geschah mit dem Schiff und unsern Gebeinen. Ein heftiger Regenfall setzte um 7 Uhr Morgens ein mit heftiger Böe, die aber bald vorbei war. Darauf ward es nebelig, dann kamen

343   Böen und / Regengüsse. Wir waren im *Malpassat*, oder *Mallung*[208], und mußten jeden Luftzug auffangen, um in den Bereich des *Südostpassats* zu gelangen.

Am Mittwoch, d. **4. Novemb.**, begann um 6 Uhr Abends eine stetige Brise aus *Süd-Ost* zu wehen, und jeder von uns begrüßte sie als den erwarteten Passat, mit dessen Eintreffen eine Reihe schöner Tage beginnen sollte. Die Raaen wurden vierkant geholt, und der Besahn ganz nach vorn hart an die Pardunen gesetzt. Der Wind ist ja ganz nett, er könnte wohl stärker sein, aber unser Schiff will nicht aus der Stelle, tot schleppt es sich dahin, kaum 3 Meilen schnell, wo alle Segel stehen.

Am **5ten Novemb.** und am **6ten** ist der Wind der Gleiche, aber regnen thuts den ganzen Tag, sodaß die schönste Gelegenheit zum Farbe und Deckscheuern ist, was wir denn auch emsig besorgen. /

344   Bis zum 18. **November** verliefen die Tage höchst eintönig. Langsam zogen wir gen Norden, 5 Meilen war das höchste, das wir erreichten,

Unter Sturmsegeln am Kap der Guten Hoffnung (Zeichnung: Franz von Wahlde)

3 Meilen die gewöhnliche Leistung. Der Passat brach nie siegreich durch, sondern unsichtige Nebel wechselten ab mit Stillen und einzelnen Böen. So kam es, daß erst am 18ten die Nähe von *S. Helena*[209] erreicht wurde. Kurz vor Eintritt der Dunkelheit ging der erste Steuermann mit einem Fernrohr nach oben, um von der Bramsaling nach Land zu spähen. Wie er sagte, sähe er auch deutlich Land voraus. Um 9 Uhr Abends kam urplötzlich ein großes Vollschiff in Sicht, das ein wahrer Schnellsegler sein mußte, denn mit 9 Segeln im Top ging er an uns vorbei, als ob wir an Anker gelegen hätten.

Heimweg mit Schwierigkeiten.
Von St. Helena nach Falmouth

Sofort nachdem die Wache um 7. Uhr morgens an Deck kam, eilte ich
345 auf die Back, um nach Land auszuschauen. / Voraus an Backbord erhob sich das einsamste aller Eilande aus der Tiefe des atlantischen
Meeres. Steil steigen die Felsen wände auf, an ihrem Fuß brandete die
wilde See, oben am Rande grünten hie und da einige Bäume und
Sträucher. Von der Spitze dieser öden Insel schaute Napoleon auf die
Meereswüste, die ihn trennte von Europa, von hier aus sah er täglich
die Indienfahrer mit günstigem Winde vorbeisteuern vom Süden her
nach der Heimat, nach Europa zu. Welcher Wechsel zwischen einem
Herscherthrone über halb Europa und dem Gefängnis, das dieses
Eiland ihm war. Einen guten sicheren Kerker haben die Engländer
ihm ausgesucht, das Entrinnen aus demselben war unmöglich. Rings
um die Insel kreuzten die englischen Kriegsschiffe, und vertrieben jedes verdächtige Segel, das sich in der Nähe zeigte, Bastionen lugten
von allen *Caps* herab und Posten und Wachen hielten die ganze Küste
346 besetzt, von deren / steilen Höhen sicher zu entkommen wohl an und
für sich unmöglich war.

Langsam trieben wir der Insel näher, so daß meine Neugierde und
Ungeduld sich sehr fügen mußte; der Wind war so schwach, daß die
Flaggen nicht auswehten, als wir mit einem viermastigen Dampfer signalisieren wollten, der uns auflief. Einige Segler begleiten uns auch
und verschwinden mehr und mehr, einer muß Dampf haben, denn er
läßt uns sehr schnell zurück und ab und zu steigen Rauchwolken von
ihm auf.

Erst um 4 Uhr Nachmittags hatten wir das *NO Cap* umsegelt, und
damit die Einsicht in die Stadt *Jamestown* gewonnen, die höchstens
2 000 Einwohner zu zählen scheint. Eine steile Treppe führt vom
Meere aus auf die Höhe, ähnlich wie es in Helgoland der Fall ist. Etwa
15 Schiffe lagen auf der Rhede; früher bot diese einen lebhaften Anblick, denn jeder Indienfahrer legte auf der Ausreise (Heimreise) hier

an, um frischen Proviant an Bord zu nehmen, heute / aber, wo die 347
Schiffe so schnell segeln und man im Stande ist, frisches Fleisch und
andere Conserven auf beliebige Zeit mitzuführen, steuert manches
Schiff vorbei, und hält nur auf *S. Helena* zu, um eine Landmarke zu haben und um Namen und Reisedauer zu signalisieren. Dies letz(t)ere
war auch in unserer Absicht, aber der Wind war nicht stark genug, um
die Flaggen erkenntlich zu machen. Auch konnten wir kein einziges Signal erkennen, das uns von Land aus gemacht wurde, da die Abend-
dämmerung schon im Thal lag.

Wie wir allmählich wieder abtrieben, kamen Baumgruppen und
Wäldchen in Sicht, von denen der *Capitain* mir eines als *„Longwood"*
bezeichnete. Auf meiner Wache, die von 8–12 Uhr dauerte hatte ich
keinen Rudertorn, dafür lehnte ich solange an der Regeling, und
blickte nach der Insel herüber bis die Abend Nebel, die Felswände ver-
schleiert hatten, und / die Insel meinem Auge für immer entschwand. 348

Um 9 Uhr Abends sprang eine Brise auf, die unsere Segel endlich
wieder füllte und das Wasser am Bug wieder rauschen machte. Ein
Wallfischfänger kreuzte kurz vor zwölf unsern Curs, vom Mondschein
übergossen machte er wegen der seltsam alten Bauart und der großvä-
terlich, unbeholfenen Takelage einen merkwürdigen Eindruck. Wie er
so ruhig dahin glitt, sah er geisterhaft aus und man konnte glauben,
den fliegenden Holländer zu sehen, *Capt. Van Straaten* der schon seit
hundert Jahren vergebens am *Cap* kreuzt.

Freitag d. 20. Novemb.

Am Morgen war kein Land mehr in Sicht, der Curs ging jetzt auf das
nächste Land zu *„Assuncion"*[210], das wir in 8 Tagen zu erreichen hoffen.
Dazu ist aber notwendig, daß eine gute Brise weht, da es einer solchen
bedarf, um 5 Meilen aus dem Log zu kómmen. /

Die übrige Zeit ist fleißig zum Malen verwendet (worden), von oben 349
bis zum Wassergang glänzt alles im schönsten Weiß und Gelb. Am
Sonntag den **22. Nov.** hatten wir die Schande, von einer alten plumpen
Brigg überholt zu werden, am **23ten** aber passierte etwas ganz unge-
wohntes, indem wir einen großen schönen Dreimastschuner hinter uns
ließen, der einige Tage hindurch ganz in der Ferne in Sicht blieb, bis er
verschwand, als am 24. November, gerade als ein großer Zweimastiger

Dampfer von der *Castle-Line*[211] langsseit war, eine heftige Böe uns überfiel unter heftigem Gewitter und Regenguß. Nach einer solchen hatten wir förmlich gelechzt, da es unerträglich wurde, schneckengleich dahin zu kriechen, unbarmherzig ausgedörrt von der Tropensonne, die durch keine Wolke verhüllt war. Wie that der frische Wind wohl, der Regen und das Lärmen der Fluten, wie freute jeder sich, als das Log mal wieder 7 Meilen ansagte. /

350 Am Donnerstag blieb das Wetter unruhig und Böen wechselten mit Stillen ab, die Luft ward voraus unsichtig, aus diesem allen konnte man schließen, daß Land in der Nähe war. Der Obersteuermann wollte zwar Abends schon Land gesehen haben, war aber der einzige, dessen Augen scharf genug waren, es zu entdecken. Gewiß ist es immerhin, daß Land morgen in Sicht ist.

In der Frühe fanden wir uns dicht an Land, wir sahen deutlich die Brandung, um die wildzerklüfteten Felsen peitschen, und konnten weithin in das Innere blicken, daß sich größtenteils als kahles Gestein zeigte. Grün war nur im Mittelpunkt zu sehen, an und auf dem Berge „*Mount vert*"[212], auf dem alles Gemüse für die Insulaner gezogen wird, und wo auch der *Gouverneur* residirt. Wir fielen tot vor dem Winde ab, gerade auf die Signalstation zu, in deren Nähe das Städtchen liegt

351 „*Georgetown*", das bei der / schnellen Fahrt des Schiffes (sich) schnell den Blicken zeigte. Es machte mit seinen roten Dächern und dem Kirchlein einen recht netten Eindruck. Bunte Signale flatterten hüben und drüben im Winde. Nummer und Name warden gemeldet, und damit die Gewißheit erlangt, daß in 14 Tagen die Eltern wissen, daß wir am 25. Novemb. noch am Leben, aber noch südlich der Linie waren. Zum Schluß hob und senkte sich unsere Flagge an der Gaffel, das der Engländer erwiderte, dann wurden die Raaen an den Wind geholt, und Pallas steuerte in weitem Bogen um die Insel herum, um dann den *Curs* nach der Linie wiederaufzunehmen. Höchstwahrscheinlich ist dies das letzte Land, das wir auf der Reise sehen, wenn nicht vielleicht eine der *Azoren* in Sicht kommt.

Um 6. Uhr Abends war die höchste Spitze der Insel im Wasser untergetaucht, zugleich wurden die Vögel, / die uns bis dahin begleitet hatten, weniger, je weiter wir gen Nord kamen. Abends fingen wir zwei davon, und ließen wir sie uns gut schmecken.

Am Mittwoch den **31 Novemb.** passierten wir um 10 Morgen(s) die Linie, womit wir endlich wieder auf der nördlichen Halbkugel angelangt sind. Der Südostpassat begleitet uns darüber hinaus, wenn auch die Windrichtung stark wechselt, und die Luft voller Böen ist. Erst am 4ten Dezember hörte er ganz auf, dafür aber hatten wir einige Tage wechselnde Winde und totale Stillen nur eine Nacht, in der der Regen in Strömen floß. Da es an allen Himmelsgegenden blitzte, waren alle Segel ohne Ausnahme aufgegeit und die meisten festgemacht. Dazu bekamen wir noch eine langweilige Arbeit, das Auffüllen der Fässer mit Regenwasser.

Am Dinstag lehnte der Capitän über das Heck, um zu sehen, wie stark der Boden angewachsen sei, als er / dicht am Schiff ein Ungeheuer bemerkte. Sofort rief er die ganze Wache zusammen und ließ sich Harpune und Seile dazu geben. Es war ein Tier, geradeso gebaut, wie dasjenige, daß auf der Reise von *False Point* nach *Port Louis* unter unserm Schiff weggeschwommen war. Wie eine riesige Fledermaus streckte es nach den Seiten riesenhafte Flossen aus, vorne hatte es zwei Fangarme und dazwischen ein großes Maul, geformt wie ein Raubvogelschnabel (vermutlich ein Teufelsrochen, Manta?) . Zwei Saugfische begleiteten es und schienen ihm viel Verdruß zu bereiten, denn wenn sie sich an ihm hefteten, schlug das Ungeheuer wie rasend um sich. Wir warteten ruhig, bis es hart an das Schiff gekommen war, dann erst sauste die Harpune in das Tier, tief hinein. „Hol in!" „Take Torn!" „Jawohl," alle Mann zogen, aber nur einmal schlug das Tier mit den Flossen und sofort brach der Schaft und das Eisen ab, alle Mann fielen auf den Rücken, die Beute aber zog schnell davon. / Dies war sehr zu bedauern, denn es war ein Exemplar, das wohl selten in solcher Größe gefangen ist. Wir taxirten die Breite auf 8–9 Fuß, die Länge auf 10.

Außerdem sahen wir heute drei Schiffe.

Am **7 Dezemb.** waren wir förmlich von Schiffen umgeben, auf der ersten Wache sahen wir 2. Schuner und 1. Brigg, Nachmittags drei große Barken, von denen eine ganz in der Nähe passirte und die uns anpraiete.[213] Sie war die italiänische GOLF DE NAPOLI[214] und 29 Tage unterwegs auf der Reise von *Cardiff* nach dem *Rio de la Plata*.

Heute wurden wir arg herum gehetzt, da es totenstill war, aber oftmals so aussah, als ob ein Gewittersturm kommen wolle. Zwei mal wurden alle Segel außer den Marssegeln festgemacht und losgeworfen. Bei der Stille rollt der Kasten ganz abscheulich, und blickt man dann über die Seite, so sieht man, wie fußlanges Gras im Wasser hin und her weht und unzählige / Langhalsen das Schiff bedecken. Wir haben Versuche

353

354

355

gemacht, mit langstieligen Kratzern möglichst weit hinab die lästigen Muscheln abzukratzen, aber ein nennenswerther Erfolg ist nicht erzielt worden.

Am Donnerstag den **8. December.** reifte in mir der Entschluß, daß ich nicht bei der Seefahrt bleiben wollte, sondern nach Ankunft daheim, mir mit Zustimmung der Eltern, ein anderes Geschäft, einen andern Beruf ergreifen. Schon oft hatte ich mir diesen Gesanken gemacht, heute aber ward es in mir beschlossen, der Seefahrt *ade* zu sagen. Als ob dieser Entschluß nicht zu lange unausgeführt bleiben sollte, begann selbigen Tages der *Passat* zu wehen.

Folgenden Tages sah der Rudersmann einen Dreimastschoner voraus unter halben Segeln, der so steuerte, daß er weit vor uns unseren Curs kreuzen mußte. Deshalb gab auch niemand weiter Obacht auf 356 ihn, sondern gingen unserer Arbeit nach. / Plötzlich sahen wir aber den Fremden unter allen Segeln dicht auf uns abhalten. Seine Segel sahen schmutzig aus, desgleichen die Seiten, die mit vielen Muscheln bewachsen waren, eine wahre Deckladung von Booten befand sich an Deck und zahllose Menschen schauten über die Regeling. Niemand konnte sich deuten, was für eine Art Schiff es sei, und was es von uns wolle. Viele Leute an Bord meinten schon, es könne kein gutes Fahrzeug sein, sondern vielleicht ein Pirat, darauf deute die ungeheure Menschenmenge und die Anzahl Boote. Immer näher kam der Fremde, während wir unsern Weg ruhig fortsetzten unter allen Segeln und an Steuerbordhalsen. Wie der Schoner etwa 500 Meter fort war, schoß er plötzlich in den Wind, die Gaffeltop- und Untersegel wurden aufgegeit, und heimlich, im Innersten dachten wohl viele von uns, daß eine Breitseite über unser Schiff sich entlüde, aber langsam ging der 357 Fremde durch den Wind und fiel nach / der andern Seite wieder ab. Nun sahen wir eine große schwarze Tafel an das Steuerhaus gelehnt, auf der große Wörter gemalt waren, die wir mit bloßem Auge nicht erkennen konnten, die unser Alter aber entzifferte. Man wollte von uns, daß wir den Fremden GENERAL FRASCATI[215] aus *Genova* meldeten, mit Auswanderern an Bord. Alles wohl. Die Passagiere winkten wild mit ihren Hüten und Tüchern, die italiänische Flagge entfaltete sich am Top des Besahnmastes, dann fielen die Segel herab, im Nu waren Schoten und Halsen fest, und in entgegengesetzter Richtung ging der Italiäner dahin, dem Süden zu. Schiffe kreuzen mehrfach unsere Bahn, vor dem Wind, während wir fast bei dem Winde liegen.

In einigen Tagen ist das Weihnachtsfest, das wir Blinden schon zu Haus zu verleben hofften. „Wann sind wir daheim!" Zwei Jahre gehen fast dahin, ehe ich zurückkomme. Wer hätte vor 1 ½ Jahren auf der Ausreise gedacht, daß auch / wir später von Ostindien kommend die- 358 sen Weg ziehen würden, auf dem wir damals so vielen Indienfahrern begegneten.

Zum Glück ist die Luft noch immer warm, aber wie lange dauert es noch, daß wir, die wir verwöhnt sind vom stetigen Aufenthalt in den tropischen Gewässern, über die Kälte zu klagen beginnen.

Heute Nacht hörte ich, als ich an Deck kam, ein merkwürdiges Geräusch, es war das Ächzen der Maschine eines großen Dampfers, der vom Süden kommend, vielleicht von *Demerara*, an Steuerbord in Steinwurfweite dahinglitt. Aus den Seitenfenstern schienen die Lichter in die See, und spiegelten sich im Wasser, auf der matterleuchteten Kommandobrücke spazierten einige Offiziere hin und her, und aus dem Schlote stiegen mächtige Rauchwolken auf. Stetig und schnell trieb ihn die Schraube durch die Flut, gegen den Passat an, direkt nach Old England, anders als wir, die am Wind hinlaufen mußten weit nach Westen in die Mitte des *Nord-Atlantic* hinein, um d. Passatwinde, der die Aussegler so begünstigt zu entgehen. /

Zu thun gibt es bei dem schönen Wetter noch genug, jetzt sind alle 359 Hände dabei, die Masten und Raaen zu schrapen, die es nötig haben, da einige wie Räucherhölzer aussehen.

Der Passat ist uns nicht sehr günstig, denn er geht immer mehr vom *N.O.* nach *N.* hin und zwingt uns, abzufallen. Einige Tage später ward es Abends schon kühl, so daß ein jeder fröstelte und seine wollenen Unterkleider hervorsuchte. Vom Nord her läuft eine hohe Dünung, als ob dort ein heftiger Sturm herrschte. Am 16. Dezemb. sahen wir ein Schiff, daß unserer Meinung nach wohl das schnellste gewesen ist, das wir auf unserer ganzen Reise sahen. Um 8 Uhr Morgens kam es in Sicht, stieg zusehends auf im Meere, war in eine(r) Stunde langseits und um 10. Uhr voraus verschwunden. Es war ein großes Vollschiff unter allen möglichen Segeln, und höchst elegant gebaut. /

Am 17ten war der Passat steif und dabei günstig, das Wetter war 360 klar, und darum ließ der Alte sogar die Oberbramsegel im Top. Dieser Segelpreß machte das gute Schiff furchtbar arbeiten, und wenn die PALLAS von der Höhe herab flog, in die Tiefe, der heranrollenden Woge entgegen, so erzitterte alles vom Top bis zum Steven, und der Schaum flog bis an die Bramsegel. Einen herrlichen Anblick gewährte ein amerikanisches Vollschiff, das uns entgegensteuerte an Backbordhalsen und wie ein Schwan dahinzog. Es war die HELEN MARVON[216] und aus *Newyork* 16 Tage unterwegs nach *Sidney*.

18. Dezemb. Der Wind wurde noch kräftiger, dabei aber unbeständiger, so daß der Royal festgemacht werden mußte, da man dem Tuche nicht allzuviel mehr zutrauen durfte So bin ich noch nie gesegelt, wie heute Nacht, am *Cap* war der Wind wohl stärker, aber er kam über das Heck, jetzt aber stehen alle Segel voll, die Schoten der Stagsegel stehen / wie Eisen, und zur Vorsicht, sind beide Schooten nach Lee gebracht. Zeitweise lag der Kasten so schief, daß sogar die Matrosen nach oben schauten, ob die alten Segel denn noch nicht fortgingen. Aber weiter ging es in die Finsternis, nur der Schaum leuchtete beiderseits durch die Nacht, dazu tobten die Wasser, daß man sein eigen Wort nicht verstand.

Leider ward es am Morgen gegen 5 Uhr so dick, daß die Bramstagsegel und die Vorbramsegel klüglicher Weise weggenommen werden mußten. Auch das Großbramsegel mußte während einer Böe aufgegeit werden, wie wir es dann wieder setzen wollten, zeigten sich viele Risse in demselben. Da mußten Isidore und ich hinauf, um es zu nähen. Herrgott haben wir geflucht! Die Arbeit war auch scheußlich. Zwischen Himmel und Erde auf hin und her schlagendem Mast, den Bauch an die Raa gelehnt, zu hocken und ein gewaltig arbeitendes Segel zu nähen, ist auch ein Kunst(st)ück. / Von 2 ½ bis 5 Uhr Nachmittags mußten wir oben bleiben, so daß uns der Leib weh that von der harten Rahe.

In der Nacht stampfte das Schiff öfters derart, daß schwere Seen von vorn über die Back brachen und in furchtbarer Weise das Hauptdeck überschwemmten, wobei die Wasser sogar über das Quarterdeck schlugen. Vom Deck war dann buchstäblich nichts zu sehen, nur die Regeling teilweise und die Deckhäuser schauten aus der schäumenden Flut hervor. Und doch ging es immer weiter, der Wind war günstig und das Schiff neu und fest.

Noch viel gefährlicher ward es am andern Mittage, als sturmartige Böen einsetzten, die die Bark vorn unter Wasser trieben, wodurch wir genötigt wurden, die beiden Bramsegel festzumachen. Bei dem Aufgeien zerriß das Vorbramsegel, auch das andere fing an, an den Nähten durchsichtig zu werden. Damit zeigte es sich, daß alle Passatsegel her-

361

362

unter mußten / um durch starke neue ersetzt zu werden. Das Gaffel-363topsegel flog aus den Zeisigen und zerschlug, das Mittelstagsegel zeigte Löcher, alles Boten davon, daß wir die milden Gegenden verlassen hatten. Ein neues Großbramsegel wurde heute hinaufgebracht.

Viele Arbeit brachte uns der 22. **December**. Die See wild bewegt, die Decks voll Wasser, und heftige Böen. Großsegel und Klüver mußten festgemacht werden, und noch immer arbeitete das Fahrzeug zu heftig. Wir hatten den Klüver einholen müssen, der Besahn war aber stehen geblieben, und anfangs lief das Schiff ganz gut damit aber am Mittag überfiel uns eine schwere Böe, die der Rudersmann nicht zeitig genug gesehen und das Schiff nicht hatte abfallen lassen. Deshalb luvte das Schiff auf und luvte immer auf, trotzdem das Ruder sofort in Lee geworfen wurde. Wären wir nicht zufällig am Quarterdeck gewesen, so wüßte vielleicht niemand, wo die PALLAS ihr Grab gefunden / hätte, so 364 konnten wir aber im nu, im letzten Augenblick, den Besahn einholen, und das Besahnstagsegel herunter werfen. Die Marssegel und Fock hatten schon angefangen zurückzuschlagen, aber es gelang doch, das Schiff glücklich zum Abfallen zu bringen. Der Besahn wurde dicht gerefft und tief unten gesetzt; was das Schiff bedeutend erleichterte. Jetzt sah jeder hinauf zu den Marssegeln, die so alt und verrottet waren, gespannt, ob sie noch lange aushielten. Festmachen durften wir sie nicht, da sie dann jedenfalls zerrissen wären, sobald nur eine Schote los wurde. Gegen Abend ward es stiller, diesen Moment benutzten wir, um die schadhaften Segel zu ersetzen, auch jetzt wehte noch so viel Wind, daß das Großuntermarssegel zerfetzt an Deck kam.

Als alle Segel oben waren, dachte ein jeder, daß jetzt *Äolus* weiter blasen könne, so viel und so arg es eben ging, aber jetzt fiel es ihm nicht ein. Allmählich ward es stiller und / stiller, bis es am „heiligen 365 Abend" totenstill ward. Leise wogt die See, Dunkelheit ruht auf den Wassern und rastlos klatschen die Segel gegen die Masten.

Weit in der Ferne, in Deutschland, brennt jetzt aller Orten der Tannenbaum, wir aber schweben auf grundloser Tiefe. Bei uns gibt es keine Feier, der Tag verläuft wie jeder andere, im selben Gleise. Abends gibt es Hartbrod und Thee, sonst nichts.

Stille Nacht, Heilige Nacht
Mit Wehmut dieses mal durchwacht:
Weiß gelb sinkt die Sonne ins Meer
Still ward die Wüste rings um her.
Die Segel schlagen auf u. nieder!
Lieb heilger Christ gib Wind uns wieder.
Was ist es, das mein Ohr jetzt hört,
Die heilge Ruhe wird gestört.
In d. Harmonika quiekender Klang
Mischt sich der Leute brüllender Sang. /

Doch was sie im Logis dort gesungen
Ist an mein Ohr nicht geklungen.
Meine Gedanken sind in d. Ferne daheim.
Wie möchte ich so gerne heute dort sein.
In dem hohen traulich erwärmten Raume
sitzen dort alle beim strahlenden Baume.
Wie viel hat doch der heilge Christ gebracht.
Wie reichlich sind sie wohl alle bedacht.
Doch jäh ist nun der Traum beendet.
Zur rauhen Wirklichkeit ist er gewendet.
„Backbord Brassen! Rahen an den Wind!"
Da heißt es Lauft geschwind!
Ein Windhauch kommt vom Westen angezogen.
Unser Flehn war bis z. Herrn geflogen.
Das Schiff verfolgt nun wieder seine Bahn.
Es hebt u. senkt sich wie e. Schwan.
PALLAS schnell durch d. Wogen fleuch
d. Sehnsucht ist zu groß nach Euch!
Hach! Acht Glas, d. Uhr ist acht.
Zur Koje geht jetzt unsere Wacht!
Im Traum werde ich bei Euch sein!
Denkt auch in euren Träumen mein. /

*Am Weihnachtsabend auf dem Ozean
(zeitgen. Darstellung)*

Freitag 25. December.

Weihnachtsfest. Böiges Wetter, Brassenholen, Schimpfen, Fluchen *etc.*   367

26. Decemb.

Der Wind spielte uns heute einen Streich. Das Wetter war schön, aber die Brise ungünstig. Mismutig sah der Alte auf den Compas und schickte den Rudersmann fort, da er den Wind Strich für Strich schralen ließ, schließlich lag das Schiff so ungünstig, daß man alles zum Wenden klar machen mußte. Ein jeder Mann war schon bestimmt, der Besahn wurde mitschiffs geholt, und gerade wollte der Capitän das Commando zum *Aufluven* geben, als er sah, daß der Wind plötzlich mehr von hinten kam. Daraufhin ließ er das Schiff seinen Curs fortlaufen, und in ¼ Stunde war es möglich, den gewünschten Curs zu steuern.

In der Nacht hatte der Alte mit dem Großen Streit, indem der letz(t)ere nicht nötig hielt, alle Segel festzumachen, wie der erste es /

368 wollte, wegen der sehr schlecht aussehenden Wolken. Schließlich
wurde doch (das) Bramsegel festgemacht, und zum großen Ärger mußten wir sehen, wie trotz des frischen Windes das höchste 4 Meilen war,
wo wir 8 hätten laufen können.

Ähnlich war es am 27ten, an dem wir an Deck kommend wirklich er-
schraken, über die fast aller Segel baren Masten. Niemand kann be-
greifen, wie es kommt, daß der Capitän so übertrieben ängstlich ist,
nicht allein die Matrosen, die über alles reden und disputiren sondern
sogar der Obersteuermann zeigt offen und frei, daß er es dem Alten
stark nachträgt. Um 12 Uhr Mittags legte der Alte sich zu Bett, sobald
er eingeschlafen war, ließ der Obersteuermann die Bramsegel setzen,
welche 2 Meilen mehr Fahrt gaben. Um 6 Uhr Abends lief das Log
schnell durch die Hand, und zum ersten male seit langer Zeit waren
9 Meilen erreicht. Die Freude dauerte nicht lange, denn um 7 Uhr kam

369 der / *Capitän* an Deck und ließ sofort die Bramsegel festmachen. Neulich, bei dem Winde, mußte das Schiff über die Maßen arbeiten, jetzt
aber beinah vor dem Winde wird alles festgemacht, trotzdem noch viel
mehr stehen könnte.

Zur Strafe für die gleichsam ausgeschlagene Hilfe bekamen wir
Nachts flauen Wind und im Lauf des nächsten Tages sogar totale
Stille!!!!

Dienstag den 29. December.

Windstille.

Mittwoch, den 30. Decemb. Stille! Desgl. am Donnerstag.

Der Plan, die vorhandene Maschine zum Abkratzen des Bodens (zu benutzen,) wird wieder aufgenommen, und ausgeführt. Ketten werden
am Heck und am Vordersteven ausgesteckt, das eine Ende um das Ankerspill, das andere an dem Kratzer befestigt. Nun wird derselbe unter
dem Boden von vorn nach hinten und zurück gewunden, und zugleich

370 seine Richtung durch zwei von / jeder Regeling ausgehenden Taue angegeben. Keiner erwartet viel von diesem mühsamen Geschäft, des
halb waren alle erstaunt, als am Freitag eine mittelmäßige Brise uns
$7\frac{1}{2}$ Meilen verschaffte.

Drohendes Gewölk begann am **2ten Januar,** am Himmel aufzusteigen, das der Große diesmal als gewisse Vorboten eines Sturmes hielt, während der Capitän nicht der Meinung war, und es für nichts erachtete. Nichtsdestoweniger befahl der Große des Nachts, als die andere Wache zu Bett gegangen war, ein kleines Segel nach dem andern zu beschlagen. Über dieses ärgerte sich der Capitän, als er morgens heraufkam, sich sehr, und ließ das Großsegel, das der 1. Steuermann stets als eins der ersten festmachte, wieder beisetzen. Hiergegen etwas zu sagen, war nicht von der Schiffsdisziplin gestattet, aber des „Großen" Mienen deuteten genügend das an, was er nicht sagen wollte. /

Der Tanz ließ nicht lange auf sich warten, kaum waren wir um 8 Uhr in das Logis gegangen, um uns zu waschen (Sonntag), als es mit einemmale heißt: „Alle Mann an Deck!" Der Capitän schrie aus Leibeskräften: „*Vor- Groot- Bramseil up!*", „*Vor- Groot- Boben- Marssail dal!*" „*Grootseil up.*" „*Fock up!*" „*Stagseil dal!*" „*Holt den Besahn in!*" Als wir an Deck stürmten, waren schon fast alle Falle von dem Zweiten Steuermann frei geworfen und ein furchtbarer Lärm, hervorgerufen von dem Schlagen der Segel und dem Brausen des Sturmes, machten fast alle Commandoworte unverständlich. Es bedurfte deren auch nicht, die Stimme des Sturmwindes sprach deutlich genug und jeder wußte, was er zu thun hatte. Je eine Wache enterte in die Wanten, um das Bramsegel zu beschlagen, das auf diese Art in einigen Minuten gesichert war.

Darauf ging es hinunter zu den Obermarssegeln, die aber andere Mühen verursachten. / Hui wie fing sich der Wind darin, wie ein Ballon mit eisernen Wänden bäumte die Leinwand sich vor uns aus, und wenn glücklich einiges Tuch geborgen war, entführte es der nächste Augenblick. Wir waren noch oben auf der Raa, als ein Windstoß das Schiff ergriff, der die Masten beugte wie Gerten und uns tief hinabdrückte, über die wilde See. Jeder hoffte aber, daß nur im ersten Moment die Lage so schreckenerregend sein würde, und daß das Schiff sich erholte und wiederaufrichtete. Bange Momente vergingen, aber schneidender pfiff der Sturm durch die Taue, halb im Wasser war das Schiff begraben, aber im(mer) tiefer ging es, immer tiefer. Einen Moment stockte das Herz und ich war gewiß, den Tod hier zu finden, aber im nächsten Augenblick sah ich, wie alle Mann die Wanten hinabglitten, um das Marssegel, und die Fock, das Großstengstagsegel und den Klüver loszuwerfen. Wie ein Wunder ist es mir heute / noch, daß bei dem Hineilen auf dem fast 45° schief liegenden Deck, keiner fortge-

371

372

373

spült wurde. In einer Minute waren die Falle der Stagsegel los, und die Schoten und der Hals der Fock frei im Winde schlagend. Wagerecht flatterten die schweren Tücher nach Lee hinab und die Schotenblöcke drohten Tod und Vernichtung dem, der sich in ihre Nähe wagte. Die See war jetzt fast ohne See, aber kochender weißer Gischt bedeckte alles, und trieb hoch über den Wassern durch die Wanten und traf uns mit schneidender Wucht. Das Schiff fiel nicht weiter, blieb aber ruhig liegen, die Masten bogen sich wie Ruten, Fock und Großsegel drohten wegzufliegen, die Vorbramstenge war auf das äußerste angestrengt, und es war sicher anzunehmen, daß sie brechen würde, wenn die Fock noch längere Zeit den Mast von unten bis oben erschütterte.

Alle Hände waren auf der Raa, um erwähntes Segel zu beschlagen,
374 als mit einem Schlage Windstille eintrat. / Das war ein unerwarteter und unerwünschter Ausgang, denn wenn man mal so angestrengt gearbeitet hat, muß es auch wehen, aber nicht still werden. In wenigen Augenblicken lag das Schiff steuerlos in einer rauhen See, die noch unangenehmer wurde durch eine starke hohe nordwestliche Dünung. Gott gebe uns aus der Gegend Wind, und viel Wind, werden wir aber zum Kreuzen gezwungen, so sehen wir Englands Felsen für lange Tage noch nicht.

Folgenden Tages erlöste uns ein Wind aus unserer üblen Lage, gut kann man ihn aber nicht heißen, denn er kommt grad von Ost. Das Gesicht des Capitäns wird immer umwölkter, was auch kein Wunder ist, da wir die ganze Reise ein Glück gehabt haben, und jetzt so nahe am Ziel lange hin und her kreuzen müssen. Dauert der Wind noch lange an, bekommen wir vor *März* die Heimat nicht zu sehen. /
375 Kalt und frostig wird das Wetter, alle Leute haben schon ihr warmes Wollenzeug angelegt und bei alledem sind wir erst auf der Höhe der *Azoren*, wo das Clima doch so angenehm ist. Wenn wir bei 16° C. schon frieren, was soll dann mit uns werden, wenn Schnee und Hagelböen niedergehen.

Heute am **7.Januar** wurde die westlichste der Azoren „*Flores*" gesichtet, am folgenden Morgen standen wir mitten zwischen den beiden Inseln „*Flores*" und „*Corvo*", zum ersten mal seit einer Woche oder noch länger mit etwas eingebrassten Segeln. Um unsere Freude etwas zu dämpfen, die wir hierüber empfanden, mußten wir selbigen Tages erleben, daß ein alter kuffartig gebauter Dreimastschuner, gewiß von *Port. Alegre*[217], uns vorbeisegelte.

244

*ALICE, Bremer Schiff. Berühmter Segler. 14 Tage New York – Bremen
(Zeichnung: Franz von Wahlde)*

Von diesem Tage an bis zum **20. Januar** beginnt eine Reihe von Wachen, die ich nie vergessen werde, keinen halben Tag liefen wir unter gleichen Segeln, *Curs* hin, sondern / ewig wechselte der Wind an Stärke und Richtung. Jede Wache mußten wir brassen, Segel einnehmen und setzen und stundenlang auf den Raaen verbringen. immer kälter ward die Luft, und das Wasser, so daß man bei stärkerem Seegange immer die schweren Seestiefel schleppen mußte. Regenschauer fielen alle Stunden und das Ölzeug kam kaum vom Leibe, und wie wenig schützt es! Der lange Aufenthalt im Süden, und das 20 Monate lange Befressen seitens der Kakerlaken, haben das Zeug stark mitgenommen, und trotz des im Nordostpassat erneuerten Ölbestriches näßt es durch bei längerem Regenwetter.

Die Decks waren überschwemmt mit Wasser, die Planken wurden schmierig durch Algen, das Essen ward schlechter, das Wasser desgl. Gemüse gab es überhaupt selten, seit Wochen keins mehr, Preservirtes Fleisch ward nur noch jede Woche einmal / verabreicht, Schnaps gab es gar nicht mehr, kurz und gut, das Leben an Bord ward höchst unangenehm, die Leute verfeindeten sich untereinander und zankten und

376

377

Enter auf! (zeitgen. Darstellung)

prügelten sich zuweilen. Der Capitän ward alle Tage launischer und quälte uns mit Brassen, u.s.w. Und wie sah das Schiff aus, alt und vernachlässigt, es sah aus, als ob es um *Cap Horn* bei Wintertag gekommen sei. Müde ward ich der christlichen Seefahrt.

Am Sonntag den **21.Januar**, kam aber der Haupteffekt. *Nordoststurm.* Das Schiff beigedreht und jede Stunde 2 Meilen retour treibend. Am Abend wollte ich müde und matt meine Koje aufsuchen, den einzigen Ort, der noch trocken war, als eine furchtbare See an den Bug stürzte und mit Kanonenschlag ähnlichen Spektakel über unser Logis hinwegbrauste. Unwillkürlich kauerte sich jeder zusammen, ich hockte auf meiner Kiste und lauschte als plötzlich / Tonnenweise die kalte Flut über mich einbrach und mich in Lee spülte. Das Scheinlicht war zerbrochen trotz der kupfernen Gitterstäbe, die es schützten, meine Koje war voller Wasser, desgleichen meine Kiste. Derweil der Zimmermann mit Brettern und Segeltuch den Schaden reparirte, soweit es möglich war bei Sturm und Dunkelheit, ließ ich das Wasser aus dem Logis und den Kisten, und wrang mein Bettzeug aus, das natürlich jetzt unbrauchbar war, bis es wieder getrocknet wurde, das ich in

378

der Cambüse andern Tages bewerkstelligen wollte. Ich nahm alles trok-
kene Zeug, das meine Leidensgenossen mir anboten, dankbar an, und
bettete mich darauf, bekleidet mit Seestiefeln und allem Zeug. Mein
großer Kaisermantel[218] diente zum Bedecken, trotzdem er klam(m) war.

Eine schreckliche Nacht war es, vorzüglich als ich um 12 hinaus
mußte in die Sturmnacht. / So lang wie diese, ist mir keine vorgekom- 379
men, und nie habe ich so gefroren. Um 4 Uhr ging es wieder zu Bett,
aber ich schlief nicht, sondern klapperte mit den Zähnen vor Frost.
Nur ein Gedanke tröstete mich, nämlich, daß ich in einer Stunde warmen Kaffee trinken konnte und mein Bett über dem Herde trocknen.
Schon vor 7 Uhr sprang ich heraus und sah in die Cambüse, um dem
Koch meine Not zu klagen, aber wie erschrak ich, als ich die Verhee-
rung ansah, die dort vorgefallen war. Dieselbe See hatte Nachts den
ganzen Schornstein mitgenommen, dadurch hatte das Wasser Einlaß
in die Cambüse bekommen und eine böse Schweinerei verrichtet.
Töpfe und Herddeckel waren herabgestürzt und zerbrochen, der
Schornstein zertrümmert, Affe und Holz über die ganze Cambüse geschwemmt. Caffee gab es nicht. Denn aus Farbtöpfen mußte der Zimmermann einen Notkamin / herrichten, was aber lange dauerte. Ge- 380
nug, ich mußte noch eine Nacht in meinem nassen Bett verbringen,
bekam davon aber auch Rheumatismus und Krämpfe im rechten Bein.

22te Januar.

Heute morgen wehte es ziemlich stark aus *Süd West* und ich sah mit
Vergnügen, wie die PALLAS unter allen Tüchern gen *Osten* lief. Um
10. Uhr zeigte das Log bald 9 Meilen an, leider konnten wir bald nicht
mehr alle Segel fahren, sondern mußten alle leichten wegnehmen da es
begann, dunstig zu werden. Eine dichte Nebelwand zog mit dem
Winde auf uns zu und verhüllte das Meer völlig über einer Entfernung
von 1 Meile. Zugleich fiel das Barometer rapide, sodaß unserm Alten
angst und bange wurde. Es war nämlich vorauszusehen, daß nach vorausgehenden starken Regenfall der Wind plötzlich aufhören und dann
sofort *Nordwest Sturm* einsetzen / würde. Trotz des günstigen Windes 381
mußten alle Tücher weggenommen werden und es blieben nur die Untersegel stehen, nebst den Untermarssegel. In einer Stunde floß der Regen in Strömen und völlige Windstille trat ein, alsbald wurden die gro-

ßen Segel schleunigst beschlagen, und dann alle Mann passend aufgestellt, um den Sturm zu empfangen, bei den Brassen und bei den Schoten der Marssegel standen Leute, um diese Taue sofort loswerfen zu können, wenn dies nötig sein würde.

Nicht lange sollten wir harren, im *Norden* brauste es gewaltig in der Luft, von dort nahte der zornige Gott, nur wenige Augenblicke vergingen bis wir in seiner Hand waren; alle Pardunen, Stage, Masten und Stengen trotzten mit Glück. Mit fabelhafter Geschwindigkeit saust das Schiff dahin, aber nicht auf unserm Kurse, sondern etwa auf Gibraltar

382 zu. Da dies zu erreichen, nicht in unserer / Absicht lag, mußten wir hart anbrassen und infolgedessen kämpfte das Schiff schwer gegen die hohe Dünung an, der Schaum flog durch die Wanten, an Deck spülten ungeheure Wassermengen, und vorwärts ging es kaum auf unserer Bahn. Angenehme Aussicht.

Nachts kalmte es schnell ab, bis zu völliger Stille, die aber nur kurz dauerte; in einer halben Stunde wehte es wieder schön von *Südwesten*, gerade hinter uns her, in die eingebraßten Segel.

Doch heute machte *Äolus* uns wieder viel Verdruß, denn um Mittag begann es abermals zu stürmen aus *N*. Diesmal dauerte der Nordwind aber länger, indem es zwei Tage unmöglich wurde, außer den Sturmsegeln etwas zu setzen. Immerhin räumte es gegen Nordwesten, was uns ermöglichte, die Luvbrassen ein bischen einzuholen. Dies bischen ge-

383 nügt stets, um das Schiff etwas lebendig / zu machen und ihm ein wenig Fahrt zu verschaffen. Wie waren wir über das wenige zufrieden!

26.Januar.

Noch immer sind wir weit entfernt vom Kanal, nördlich sind wir hoch genug, nun fehlt noch der Osten. Die Winde treiben aber ihr neckendes Spiel mit uns, und halten uns vom Osten entfernt. Ostwind, Oststürme, und nichts als das! Weht es mal günstig, so sieht die Luft so schlecht aus und das Barometer steht so tief, daß der Capitän Angst bekommt und nicht wagt, frei darauf loszusegeln.

Wir sind jetzt bald 5 Monate auf See, und die Proviantgegenstände beginnen, mangelhaft zu werden. Die Erbsen bekommen allmählig zu viel Würmer, desgl. das Mehl; das Brod ist zwar einigermaßen gut erhalten, aber die Franzosen vertragen das schwarze Roggengebäck nicht

mehr, bei beiden zeigen sich die Anfangssymptome des / „Scorbut"[219],
von dem sie nicht eher Heilung finden, als sie an Land kommen, oder
es sonst gelingt, schon früher frisches Gemüse zu erlangen. Der Herr
wolle verhüten, daß die Reise noch viel länger dauert!

Immer kälter wird die Luft, und heute hatten wir das wenig freudige
Erlebnis, seit Monaten die erste Schneeböe zu empfangen. Huh! wie
war dies kalt, wie schaurig sah mir der Schnee aus, der in Haufen an
Deck zusammengeweht, noch längere Zeit liegen blieb. Die Füße froren
jämmerlich beim Waten in dem eisigen Wasser, und die Hände bei
der Arbeit an den schneewasserdurchtränkten Segeln.

Unser *Capitän* ist ein Angstmeier, nie läßt er jetzt die Pallas so laufen,
wie sie es kann, sondern unter dichtgerefften Segeln schwankte sie
dahin, während andere Schiffe, die seltene Gelegenheit benützten, und
unter Segel-Preß an uns vorbeiflogen. /

So war es am 28ten. Morgens waren zum allgemeinen Schrecken
und zur Verzweiflung des Capitäns zwei Wasserhosen in nächster Nähe
der Bark passirt, nachher war die Luft dick geworden und ein schöner
Westwind aufgesprungen. Es war eine stramme Brise, und ungeduldig
wartete jeder des Commando zum Segelsetzen, vergebens! Dies Wort
ward nicht ausgesprochen, sondern bei dem Wind unter Sturmsegeln
blieben wir liegen, so weit noch von Land.

Um 5 Uhr Abends lichtete sich der Nebel etwas und mit einem
Schlage zeigten sich die Umrisse einer Bark in nächster Nähe, anfangs
undeutlich, dann aber trat alles an das scharfe Licht hervor. Sie hatte
alles bei, bis auf das Bramstagsegel, und Gaffeltopsegel war festgemacht.
Sie verschwand in kurzer Frist unsern Blicken, wir blieben liegen.
In der Nacht ließ aber der Große die Bramsegel beisetzen und aus
dem Besahn das Reff werfen, das wir schon lange geführt hatten. /

1. Februar.

Wider-Winde, – Widerwinde! Alle Tage!

Weht es aber mal günstig, benutzt der Capitän es nicht, und läßt die
Bark unter kleinen Segeln weiterlaufen. oftmals liegen wir gar unter
Top und Takel bei, aber bei Leibe nicht des heftigen Windes wegen,
sondern es weht vielleicht überhaupt nicht, oder nur eine Marssegelbrise.
England liegt noch weit im Osten!

Die Kälte nimmt zu, alle Leute frieren sehr stark, ungemütlich wird es durch die von *N. W.* herlaufende furchtbare Dünung, die quer in die vom jeweiligen Wind erregten Wellen läuft und eine unangenehme Kreuzsee erzeugt.

Heute Nachmittag überfiel uns eine arge Hagelböe. wie gewöhnlich hatten wir aber nur die Marssegel stehen, so daß wir einstweilen ruhig an Deck bleiben / konnten und uns dahin stellen, wo wir vor den Hagelkörnern geschützt waren. Um 4 Uhr Abends lief die See erschreckend hoch und die Böe war zum Orkanartigen Sturm geworden, infolge dessen machten wir schlechtes Wetter, bald war das Schiff nicht mehr auf geraden Curs zu halten sondern schwojete hin und her. Dies war für die Nacht zu gefährlich, darum drehten wir bei unter dem Groß-Untermarssegel. Jetzt lagen wir verhältnismäßig ruhig und konnten gefaßt der Nacht entgegen sehen. Die Dämmerung kam; was an Deck aufzuräumen war, ward aufgeräumt, die Ruderketten verstärkt durch doppelte Talljen. Immer stärker ward das Stürmen, aber wir waren auf das schlimmste vorbereitet und schliefen ruhig die ganze Nacht.

In der Frühe bot die See einen majestätischen Anblick. Himmelhohe Seen rollten von / *N. W.*, tief blau war der gesammte Ozean, und die Höhen der einzelnen Wogen, smaragdgrün, darüber der schneeweiße Gischt des Kammes. Ich kann keinen andern Ausdruck finden, als sie mit Löwen zu vergleichen, die majestätisch aufsteigen und sich zum Sprunge anschicken. Aber schadlos rollen sie heran, wohl sprüht der Schaum hoch durch die Taue, aber das Schiff hebt sich in dem Augenblick, in dem wir verloren scheinen, und machtlos rollt die See unter unserm Kiel, um drüben wieder hoch aufzusteigen. Dann sinkt die PALLAS wieder hinab und schlingert dabei tief der nächsten Woge entgegen.

Kein Anzeichen einer bevorstehenden Witterungs-Änderung war zu bemerken, deshalb blieb die Wache, in ihrem Logis. Ich kam an das Ruder um 6 Uhr. Ein wilderes Bild hatte ich kaum am *Cap* / gesehen. Die Wolken flogen am Himmel in rasender Eile, und da ich am Steuer nur dem Druck etwas nachgeben mußte, da es hart „auf" war (d.h. das Ruder lag hart am Bord) und auch so blieb, konnte ich mit Muße meine Augen über die majestätische See schweifen lassen. Ich wünschte nur, daß ich mein Schiff von einem andern (Schiff aus) hätte sehen können, in dem Kampf mit den Elementen.

Aus dem Skizzenheft Franz von Wahldes

Um mir gleichsam den Wunsch zu erfüllen, bemerkte ich eine dicke
Rauchwolke im Osten aufsteigen. Das konnte nur ein Dampfer sein!
„Steamer right ahead!" („Dampfer recht voraus!") sang ich aus. Der Kapitän und die Steuerleute erschienen bald an Deck, als sie anlangten
sah man zeitweise hohe Masten über die Wellen emporsteigen, sonst
war nichts zu sehen als die horizontal fortwehende Rauchwolke. Nach
5 Minuten erkannte man, daß Segel gesetzt waren, um dem Schiff etwas Stetigkeit zu geben.[220] 4. Masten und 2 dicke gelbe / Schornsteine,
und ein riesiger hoher Rumpf bewiesen, daß uns ein Transatlantischer
Dampfer erster Größe entgegen laufe. In rasender Eile schoß das gewaltige Schiff auf uns zu. Die vielen Bote, die Deckhäuser, die Brücke,
alles ward sichtbar, aber nur für Augenblicke, denn die Seen begruben
fast unaufhörlich das ganze Fahrzeug. Das Vorschiff erschien selten
frei von Wasser, und nur dann, wenn der Dampfer hoch emporstieg, in
dem Augenblicke ergossen sich riesige Ströme aus den Speigaten. Nur
auf der Brücke, die zuweilen wie ein Fels inmitten brandenden Wassers
sich erhob, und in dem Ausguckkorb auf halber Höhe des Vormastes
waren Menschen zu sehen, sonst war das ganze Deck, alle Gänge, alles
tot und verlassen. Wie rollte aber der Kasten! Bord über Bord ging das
Wasser über, die Masten schlugen wie große Pendel hin und her. /

391   Weiter ging es in rasender Fahrt, 18 Seemeilen mindestens mit den Wellen gerechnet. Wir setzten unser Signal, darauf flatterten auch von seiner Brücke die Flaggen auf „*Nord. Lloyd Dampf*". WERRA![221] Dann liefen einige Leute auf der WERRA nach hinten und hißten dort unsere deutsche schwarz, weiß rothe Fahne. In einer Viertelstunde war die letzte Spur einer Rauchwolke am Horizont verschwunden, wir lagen aber unter Sturmsegeln bei, zu unthätiger Muße verurteilt.

    16. Stunden später hatte der Sturm seinen Höhepunkt erreicht, von der Zeit an, kamen Augenblicke, wo der Sturm plötzlich fast ganz nachließ, um alsbald wieder zu beginnen, aber stets weniger heftig. Die Folge davon war, daß die PALLAS heftig an zu schlingern fing, was uns zwang die unteren Stagsegel, das Vormarssegel und den dicht gereff- 392 ten / Besahn zu setzen. Gleichzeitig wurden die Raaen ein wenig her- aufgebraßt und alsbald setzte sich der Schlitten in Bewegung und kämpfte gegen die See an.

    Der Wind ward immer lauer, und immer südlicher, Segel auf Segel wurden gesetzt und mit 8½ Meilen Fahrt ging es der Heimat entgegen.

    Bis zum **5ten Februar** verlief alles nach Wunsch. an diesem Tage ward das Wetter abermals unsicher und die Luft dick und unsichtig.

Dampfer WERRA *des Norddeutschen Lloyds (Zeichnung: Franz von Wahlde)*

Da wir mittlerweile dicht unter den *Scillys*[222] sein mußten, ward unser Alte abermals sehr bange und ließ die Bark unter wenig Segeln nach Ost süd Ost laufen, trotz des sehr günstigen Windes, und trotzdem er sehr wohl den Schiffsort wußte und nicht weniger als 20 Dampfer unser Schiff in voller Fahrt passirten.

Am nächsten Morgen war das Wetter schön, eine starke Brise wehte / hinter uns her, aber der Horizont war durch Nebel verdeckt. 393 Immerhin konnte man einige Seemeilen voraus gut sehen, außerdem ward das Tieflot[223] jede Stunde geworfen, jedes Mal mit 50 Faden, ohne Grund zu spüren. Wir mußten etwa 10 Meilen südwestlich der *Scilly* Inseln sein, also lag es in unserer Hand, heute den Hafen zu erreichen. Um 7 Uhr kam der Alte an Deck mit dem Großen im eifrigen Gespräch, jeder aber ziemlich heftig gereizt. Der Große wollte mehr Segel setzen, was aber der Alte nicht wagte. Am Ende wurde das Großobermarssegel doch gesetzt, und somit 2 Meilen mehr Fahrt die Stunde erreicht. Weitere Segel zu hißen, ließ sich der *Capt.* nicht bewegen. Alle Leute waren ärgerlich und die Ohren müssen dem Alten geklungen haben von alle dem was über seine wenig mutvolle Haltung im Logis / gesagt wurde. 394

Von 9 Uhr bis 10 war mein Rudertorn. Wie schön hätte es heute sein können, wenn man am Ruder stand bei herrlicher Brise und schneller Fahrt, in der frohen Gewißheit, die letzte Stunde am Ruder zu stehen, vor der Ankunft im Port (Hafen); wie ungemütlich und verdrießlich war es aber auf diese Weise, wo Stunde auf Stunde ver(r)ann, wo der schöne Wind, den wir so lange erfleht hatten, endlich gekommen war, und den wir nicht benutzten, undankbar, und dumm.

Der Große saß bei mir auf der Ruderbank und stierte auf den Compaß und dann auf die Segel, dann auf das Wasser. Er machte mich aufmerksam auf zwei Segel, die hinter uns herkamen, ein Vollschiff und eine kleine Brig, oder Marssegelschuner[224] od. sonst ein ähnliches Schiff. Binnen kurzer Zeit waren die Schiffe schnell hoch gestiegen. / Vor allem das Vollschiff, dessen Rumpf mit den weißen Kanonenpforten deutlich sicht bar geworden war, aber über diesem Rumpf, welche 395 Menge von Segeln. Royals vorn und am Großmast. Unter- und Oberleesegel gesetzt. Schon erkannte man, daß dies Schiff auch aus weiter Ferne gesegelt kam. Seine Seiten waren verrostet und die weiße Farbe schmutzig und desgl. d. schwarze. Das andere Fahrzeug war gar eine Kuff, tief beladen, wahrscheinlich vom Mittelmeere kommend, auch

sie hatte Leesegel gesetzt und den Ballon im Top. Einen herrlichen Anblick boten beide Schiffe, die über 9 Meilen schnell durch die tosende
See dahin zogen.

Der Große lachte still für sich hin, und sah hinab, ob der Alte noch
nicht kam. Dieser erschien denn auch bald, und wie groß war sein Erstaunen als sein Blick auf die beiden Mitsegler fiel, die / mutiger wie
wir, unter allen Segeln Europa zu er(r)eichen suchten. Was mögen
wohl die Leute an Bord der beiden Schiffe von uns gedacht haben, als
sie sahen daß wir unter Sturmsegeln dahinschlichen, während unsere
Takelung völlig gut erhalten war.

Unser Alte spazierte einige Mal das Deck auf und ab, dann rief er
den Großen und sprach mit ihm. Darauf ging letz(t)erer nach vorn, wo
schon alle Matrosen neugierig versammelt waren und nach hinten
schauten, ob denn gar kein Segel gesetzt werden sollte. Den Befehl,
den der Große gab, konnte ich nicht verstehen, aber es mußte ein willkommener gewesen sein, da alle Leute sehr schnell liefen. Einige enter-
ten in die Groß- andere in die Vorwanten, um das Reff aus der Fock,
und das Großbramsegel los zu werfen. Zur Zeit war der Wind noch /

*Scilly-Inseln, die
erste Landmarke
Europas für heim-
kehrende Schiffe.
Hier erlitt der
deutsche Dampfer
SCHILLER am
7. 5. 1875 Schiff-
bruch, 312 Tote
(Aus „Illustrirte
Chronik der Zeit",
1875)*

stärker geworden und es pfiff und sauste schrill durch die Taue. Im Nu 397
zogen 10–16 Hände an den Schoten der Fock, zugleich flogen die
Schothörner des Bramsegels an die Nocken und dann stieg das Segel
auf. Mit schrillen Tone zerrissen die Ketten, und wild peitschte das Segel im Sturm. Nunmehr glaubte jeder, daß der *Capt.* dies Segel nicht
setzen würde, weil er abgeschreckt sei durch das Zerreißen. Aber, oh
Wunder! „Neue Schoten!" lautete das Commando. „Hurrah!" Der Alte
will die Bark doch noch mal treiben, daß sie endlich ankommt im Hafen. In 10 Minuten stand das Bramsegel schön und fest. Hei, wie flog
das Schiff dahin. Noch nicht genug. Ermuntert durch den guten Erfolg
befahl der *Capitän*, das Großsegel zu setzen und das Vorbramsegel,
dann die Stagsegel und den Groß Royal! Hurrah / für Alt-England! 398

Der ungeheure Druck machte die Langhalsen sich dem Schiff an-
schmiegen, und das Gras in langen Büscheln sich ablösen von den Seiten und dem Boden. Schmunzelnd schauten wir alle in das Wasser,
und wer malt unser Erstaunen als das Log etwas über 11 Meilen mel-
det. Wer hätte noch an die Möglichkeit solcher Leistung gedacht. Wie
oft hätten wir schon ähnliches erreicht, wenn der Schiffer Mut gehabt
hätte.

Sprühend und zischend warf der Bug die Wasser zur Seite, daß der
Schaum über die Raaen flog, jedes Tau knackte und knirschte, aber alles hielt dem Drucke stand. Wie ein Vogel schossen wir dahin, die *Cuff*
war bald hinter uns, und Zoll für Zoll liefen wir das Vollschiff auf.

Um 10. Uhr „*Scilly*" voraus. Die ersten Vorposten, die erste Landmarke von Europa war in Sicht. / Die Flut trieb uns mit eiliger Fahrt 399
an diesen ewig sturmumbrausten Inseln vorbei.

Nachmittags um 3. Uhr stiegen die Formen des *Caps Landsend* (Süd-
westspitze Englands) vor uns auf. Unser altes gutes Schiff machte sich
prächtig, die beiden Mitsegler blieben zurück, aber am Horizont zeigten sich Wolken, die nicht danach aussahen, als ob sie gutes zu verkün-
den hätten, desto unruhiger aber ward ich, und wohl alle mit mir, Zum
Glück ward der Wind immer stärker, blies aber hinter uns, so daß unsere Masten sicher die Last tragen konnten, die ihnen zugemutet
wurde. Das Wasser ringsum war nicht mehr blau, sondern von weiß-
grüner Farbe, die Felsen Englands stiegen höher und höher auf, der
Leuchtthurm ward sichtbar auf der einsamen Höhe. Bald waren wir
auf der Höhe des *Caps*, und ½ Stunde später kam „*Lizard Head*" (Südspitze Englands in Cornwall) in Sicht. Bei diesem / Anblick freute sich 400

jedes Herz, denn hinter diesem Felsenvorgebirge lag unser Hafen, „Falmouth".

Dunkler ward der Himmel, immer mehr Gewölk flog vor dem Winde dahin und der Barometer fiel schnell, aber es wehte noch guter Wind, der wenigstens einige Stunden noch anzuhalten schien. Unter andern Umständen hätte unser Alte den Royal und das Großsegel schon festmachen lassen, aber der nahende Sturm trieb ihn zur Eile und machte ihn seine sonstige Furchtsamkeit vergessen. Die gute alte Pallas stürmte dahin, als ob sie selbst wüßte, daß einige Stunden, nutzlos verthan uns vielleicht noch Tage lang auf dem Meere halten könnten.

Um 5 Uhr war die Scenerie großartig. Dicht an Backbord das hohe Land mit dem berühmten Doppelfeuer, das bereits seinen Schein hinauswarf, die See toste wild durcheinander und unser / Schiff machte sich herrlich im Kampfe mit den Elementen.

401

Hurrah! der Lotse kommt an Bord! Ein kleiner stämmiger Kutter hielt auf uns ab unter gerefftem Großsegel und Fock, ein Boot ward ausgesetzt, welches auf uns zuruderte. *„Royal up!"* *„Grootseil, Bramsail up!"* Die Schoten und Falle wurden losgeworfen, die Segel flatterten im Winde einige Momente, dann lagen sie sicher aufgegeit unter den Raaen. *„Backbord Grotbrassen!"* Langsam drehten sich die großen Raaen gegen den Wind, der sich dann mächtig in die großen Segel rückwärts legte. Nunmehr lag das Schiff beigelegt, um den Lotsen überzunehmen, der sich schnell nahte.

Wie er über die Regeling sprang, sah er, daß auf den Raaen die Leute beschäftigt waren, die Segel zu beschlagen, daraufhin war sein erster Gruß: *„By –, captain, what 're you dooing there!"* / *„Loose mainsail, topgallant sail, main royal!"* („Tag, Captain, was machen Sie da!" „Setzt Großsegel, Großbramsegel, Großroyal!") Unser *Capt.* hatte nämlich diese Segel beschlagen lassen, weil von unserm jetzigen Standorte der *Curs* fast im rechten Winkel zu dem alten lag, und somit das Schiff nicht mehr vor dem Wind, sondern an demselben segelte. In dieser Lage kann das Fahrzeug natürlich bei weiten nicht soviel Segeldruck tragen, deshalb wollte der Alte die oberen Segel wegnehmen. Der Lotse hatte ganz andere Ansicht. Eine Änderung des Wetters war nahe bevorstehend, und die Nacht drohte höchst ungemütlich zu sein, diese wollte der Pilot (engl. Lotse) nicht auf offener See verbringen, deshalb setzte er Segel über Segel, bis die Masten sich beugten, und das Wasser

402

in Strömen über die Regeling brauste. So hatte ich noch nie gesegelt, aber trotzdem war ich nicht furchtsam, die Masten / hielten noch eine Stunde aus, und in wenigen Minuten mußten wir in Lee des *Caps* sein, wo das Wasser ruhig war. Wahre Berge von Schaum thürmten sich am Bug auf und liefen weit hinaus in Lee. Vorzüglich boten die Royals einen famosen Anblick, mochten sie doch meinetwegen wegfliegen, dann hatte ich sie nicht mehr fest zu machen. 403

„*Falmouth*" kam in Sicht. Unzählige Lichter flammten von der Stadt und der Rhede herüber, ein ungewohnter freudiger Anblick. Die Zeit verging, wir kamen dicht unter Land, eine Bucht nahm uns auf. Wir waren auf der Außenrhede angelangt. Zum letz(t)en Mal mußten wir hinauf, die kleinen Segel festzu machen, ein(s) nach dem andern, bis schließlich nur die Marssegel standen. Unter diesen standen wir in den Hafen hinein, vorbei an anderen / Schiffen, deren Ankerlichter unruhig hin und her schwankten. 404

Um 8. Uhr, grade als die Glocken aller Schiffe 8. Glas schlugen, fuhr klirrend die Kette hinab und der Anker zum Grund. Alle Leute machten die Segel fest; die Nachtwache wurde festgesetzt, das Ankerlicht gehißt, die Positionslaternen gelöscht, und dann ging es in das Logis, wo der Thee dampfte, und wo wir uns froh um die Back setzten, mit der Aussicht, am nächsten Abend schon etwas anderes zum Essen zu haben als das ewige Hartbrod und die ölige Butter.

(8ter Febr.). Um 12. Uhr war mein Torn, an Deck zu gehen und Wache zu halten. Die Scene hatte sich verändert, der Regen goß in Strömen und wild pfiff der Sturm um die Masten. Uns that er kein Leid, in meinen Mantel gehüllt, trotzte ich seinen Wüthen / auf der Back stehend, am Fuß des Vorstages. Wie oft hatte ich dort gestanden, die Blicke nach vorn gerichtet, auf die dunkle See, in die Nacht hinein, was hatte ich an der Stelle schon geträumt, bei allem Wetter hatte ich dort Wache gehalten, bei Sturm und bei Stille, südlich des *Caps* der guten Hoffnung und unter dem Äquator im bengalischen Meerbusen. 405

Rastlos, rastlos rollten die Wogen, rastlos rollte das Schiff und stampfte, ich dachte aber an die Heimat, die ich jetzt bald sehen würde. Morgen in der Frühe wußten es die Eltern schon, daß die Pallas nach langer, langer Reise, aber wohlbehalten im Hafen von „*Falmouth*" Anker geworfen hatte.

Die letzte Etappe.
Von Falmouth nach London

Leider waren wir noch nicht im Bestimmungshafen, sondern wir mußten nochmals mit unserer Bark hinaus in die rauhe See, und wußten
406 noch / nicht, wohin! Ob nach *Glasgow, Greenock, Leith, Hamburg,* niemand wußte es. Hoffentlich brachte der *Capitän* am nächsten Tage *Ordres* mit.

Den 10 Febr.

Der Wind hatte sich gelegt, aber eine hohe Dünung rollte von der See
herein, und machte unsere Bark höchst ungemütlich schwanken, noch
schlimmer waren 2 Schiffe daran, die in der Nacht angekommen waren
und etwa 1 Meile von uns Anker geworfen hatten, diese rollten unablässig Bord über Bord, daß fast die Nocken der Unterraaen in das Wasser tauchten.

Die Luft war aber warm, die Sonne schien freundlich auf die grünen
407 Hügel, die den Hafen fast nach allen Seiten umgaben. / Die Bauern
waren emsig am Pflügen und langsam sah man die Gespanne sich fortbewegen, ein für uns ungewohnter Anblick. Ziemlich entfernt lag *Falmouth,* eine kleine Stadt, an deren *Quais* sehr viel kleine Schiffe lagen.

Unser Capitän verließ früh das Schiff, um an Land nachzufragen
und die Post nebst frischem Gemüse zu holen. Nach einer Stunde war
letz(t)eres bereits angelangt, es waren frische Kartoffeln, Weißkohl und
Rüben. Eine prächtige Mahlzeit!, wie sie mir selten geschmeckt hat.
Früher hatte ich zu Haus trotz aller Scheltworte die Rüben ver-
schmäht, jetzt schmeckten sie so süß wie Zucker. Vorzüglich that das
Gericht den Franzosen gut, insbesondere *Isidore,* wegen seines starken
Scorbuts. /

408 Hier lagen wir 8 Tage, sonst gut aufgehoben, da Essen und Trinken
jetzt gut waren, aber die Ungewißheit, ob wir nach Deutschland oder
England gingen, war doch unerträglich. Es ist ja immer so, daß je näher man einem lange heißersehnten Ziele kommt, desto unerträglicher
die Tage werden, die dann gar nicht fortschleichen wollen.

Beschäftigung gab es genug, da das Schiff, welches des unruhigen Wetters wegen im letzten Monat nicht landfertig gemacht werden konnte, schnell gewaschen, gescheuert und gemalt werden mußte. Angenehm war es sehr, ruhig Abends zur Koje gehen zu können ohne daß man des Rufes gewärtig sein bräuchte „*All Hands ahoy!!*" Denn noch lag der Anker unter uns, noch stieß das Schiff mit der Dünung in die Kette. Aber südwärts, durch die Einfahrt zu erblicken, rollte u. wogte die kalte See. /[225]

In diese kalte See mußten wir noch wieder hinaus. Noch einmal mußte der Anker gehoben werden, noch einmal mußten die Linnen gespannt werden, noch einmal das überladene angewachsene Schiff in die Wogen, um nach dem Bestimmungshafen zu segeln. Wenn wir nur guten Wind haben!

„*London*" Hurrah für *London*!

Brauchen doch nicht nach *Glasgow* oder *Aberdeen* oder *Stockholm*!

Sowie am **17. Febr.** der *Capitän* mit Ordres London an Bord kam, wurde das Boot an seinen Davids aufgehißt u. Hiv up Anker hieß es. Der Wind war Nord, er kam über Land, infolgedessen war die See ruhig und fast ohne Bewegung. Die Sonne schien warm, und wie wir d.

416

Aus dem Skizzenheft Franz von Wahldes

Bramsegel beisetzten, war d. Außenrhede passirt, u. alle Schiffe im
417 Rücken. Als d. alte müde Pallas / draußen war und in der kurzen See
des Canals mit der Nase auf und ab sprang, wurde der *Curs* fast Ost
gesetzt. Der Wind war Nord z. West halb Nord ungefähr, infolge dessen wurden alle Segel gut angebraßt, aber doch nicht hart an die Leewanten heran, sondern die unteren Segel etwas auf geholt. So liefen wir
$5\frac{1}{2}$ Meilen, dazu kam d. Flutstrom, welcher uns kräftig half. /

418   Aber es gibt jetzt Tags keine Wache zu Koje mehr. Alle Leute bleiben an Deck, um zu malen, zu putzen. Vom Flaggenknopf an abwärts
wird nochmals d. Metall gestrichen. Das Schiff soll glänzen aber wie
lange wird die neue Bemalung standhalten den rauhen dicken Londo-
ner Nebeln.

   Gegen Abend als die Ebbe einsetzt, wird der Wind leichter, grade
dann als er stärker werden mußte, um den entgegenkommenden Strom
zu stemmen. An den Leuchtfeuern von *Edystone* (auf den gefährlichen
Eddystone-Klippen vor Plymouth) u. weiter voraus *Prawle Point* sehen
wir, daß wir langsam verlieren, u. etwas zurücktreiben. Auf der Morgen
Wache 4. Uhr finden wir das Schiff etwas schiefer liegen, man hört die
Taue knarren u. den Wind unter dem Großstengstagsegel über unserm
Logis hindurchpfeifen. Froh ging ich an Deck aber es war Essig. Der
Wind war weggeschralt, d. h. immer mehr nach vorn gegangen und
419 blies jetzt direkt Ost. Deshalb hatte man die Bark abfallen / lassen
müssen immer mehr, immer mehr bis sie endlich S. Ost z. Süd anlag.

   Den ganzen Tag ließ der Alte das Schiff so laufen – und zwar
schonte er die Segel nicht aber in dieser kurzen See stampfte die Bark
zu arg. Der Alte ließ zu dicht am Wind segeln, so daß nicht recht Fort-
gang war.

   Um 7 Uhr Abends hieß es „Wenden". Herum flog das Schiff nach
N. O. etwa auf *Catherines point* (Südspitze der Insel Wight) zu. Mich
wundert, daß wir nicht die französische Küste gesehen haben.

   Wir weit gereisten Leute bieten jetzt einen grotesken Anblick mit
unserer Kleidung. Alles ist geflickt und über die Flicken ist wieder ein
anderer gesetzt, meistens von anderem Zeuge. Die Mützen sind bis auf
die Südwester alle längst im Meere. Segeltuchmützen eignen Fabrika-
tes sind d. einzigste Kopfbedeckung an Bord. /

420   Am **19. Febr.** ward der Wind leicht, lief aber doch mehr nach *Nord*,
so daß wir wieder die Luvbrassen anholen konnten. Mitternachts v. 19.
z. 20. sahen wir *Beachy Head* (auf der Landspitze bei Eastbourne) Licht

gerade Nord liegen. Das Wetter war schön, nur der Wind für das schwer beladene Schiff zu leicht; wir machten wenig Fortschritte, und 24 Stunden später lag *Dungeness* feuer (auf der Landspitze zwischen Winchelsea und New Romney) noch weit voraus.

Abends hatten wir noch einmal das Schauspiel einen Wal längsseit zu sehen. Es wird vielleicht das letzte Mal sein, daß ich einem dieser

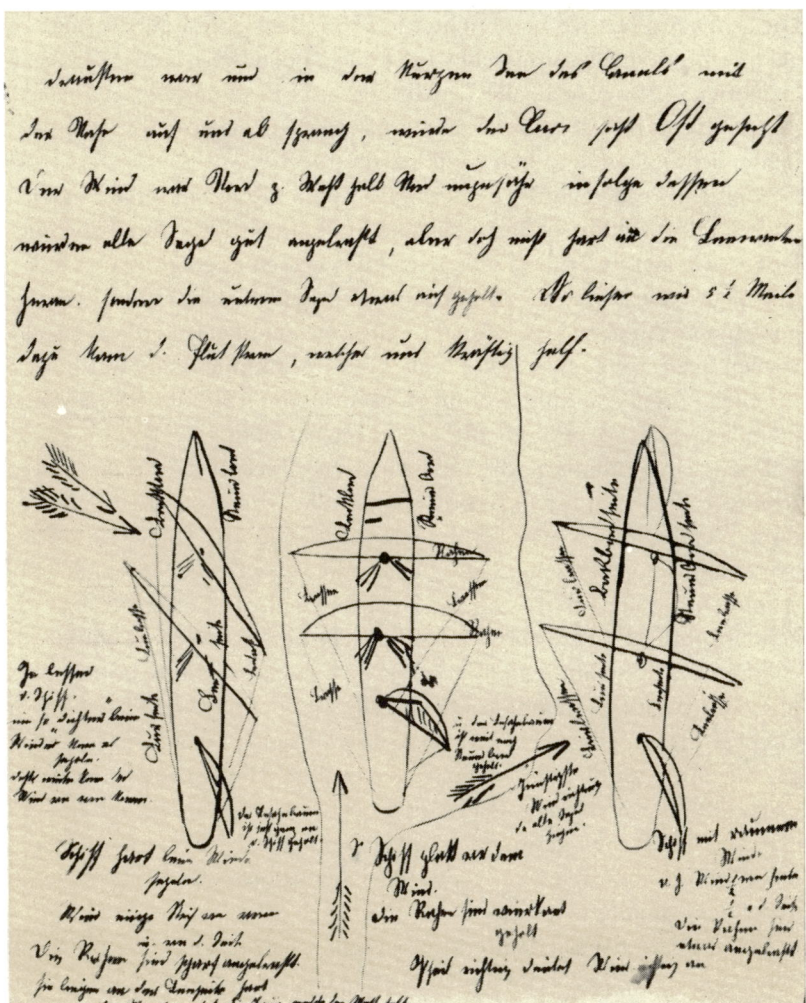

Seite aus dem Tagebuch Franz von Wahldes

Meerwunder begegne. Wie mochte das Tier in dieses enge Fahrwasser gelangt sein? Jedenfalls stimmte sein *Chronometer* nicht, sonst hätte er sich dieses von Schiffen übersäte enge Fahrwasser nicht ausgesucht.

421 Mittlerweile waren wir in den Teil des Canals gekommen, welcher von Schiffen vollgepfropft erscheint. / 2. Mann warn am Ausguck (nachts) u. 2., 1 bei Tage, in den Vorwanten an jeder Seite 1 Mann. Dazu der wache habende Offizier, welcher unablässig das Deck kreuzt. Die große Sirene wird hergerichtet u. auf d. Back befestigt. Wir hatten aber nicht nötig, dies ungeschlachte Ding zu benützen, da es völlig feuersichtige Luft war (d. h. alle Leuchtfeuer und Positionslichter waren gut sichtbar). Rote u. grüne Lichter, dazwischen viele weiße Dampferlichter schwanken u. ziehen rund herum.

Kleine u. große Schiffe, Segler u. Dampfer, alles zieht schattengleich vorbei. Die Nachtdampfer der England Continent Linie (die Fährlinie Dover–Calais) sind durch die vielen Hellen Lichter erkennbar. Mächtige Segler tauchten auf, zogen ruhig dahin und verschwanden, wie sie gekommen. Ab u. zu aber schnaubt ein *Liner*, ein Passagierdampfer vorbei. Bei d. ruhigen Luft kann man seine Maschine schon weithin keuchen hören. Das aufgewühlte Wasser in seinen Kielstreifen leuchtet noch lange, nachdem das Schiff schon verschwunden. /

422 Dazwischen flimmern überall die winzigen Lichter der Fischerböte, welche in Schaaren ihrem Berufe nachgehen. Oftmals treiben sie vor ihren Netzen, mit kleinen Segeln hart am Winde. Das Ruder ist in Lee gelegt und festgebunden, u. alle Leute sind unter Deck. Niemand zu sehen! Die tägliche Berufstätigkeit hier im Centr(um) d. Schiffsverkehrs stumpft d. Leute ab. Wie häufig sieht nun der Ausguck eines volldampf dahindampfenden Schiffes das winzige Licht nicht früh genug oder gar nicht, wenn das Glas berußt ist oder das Licht ganz verlöscht ist. Dann gibt es ein Krachen, das d. Passagiere in ihrer Cabine gar nicht mal spüren, an beiden Seiten treibt e. Hälfte d. gerannten Loggers[226], u. versinkt schnell. Weiter geht d. Dampfer. Nur im Heimatshafen hört man dann mal munkeln von einem Übersegeln i. Ca-

423 nal. Man raunt es sich zu, / wer weiß wer es war, wie das Fahrzeug hieß? Bald ist alles vergessen.

Wie muß es hier bei dichtem Nebel sein, wenn rund herum die Sirenen heulen, 1 mal | 2 mal | 3 mal | 4 mal | nach einander tönend und dan(n) e. Zwischenpause. Je nachdem die Richtung des Schiffes ist, und damit der Wind von hinten, vorn, Steuerbord, Backbord das

Aus dem Skizzenheft Franz von Wahldes

Schiff trifft, muß d. Sirene bedient werden. Auf diese Weise können
die Seefahrer ungefähr schätzen, welche Richtung ein anderes Schiff
dessen Heulen sie hören, zu dem ihrigen hat.

Hier war es, wo Vormittags um 10 Uhr *D. Siebje*, an Bord d. Erna[227] auf dem Klüverbaum sitzend, beschäftigt u. mit dem Rücken nach vorn gewendet, durch das Großsegel einer Schaluppe[228] aus *Lowestoft* fuhr. Der Schoner brach in 2 Teile, die Mannschaft ward gerettet. Der Erna Rheder mußte 22 000 M. bezahlen. /

424 Leider blieb der Wind flau und veränderlich. Es war ziemlich warm, aber die Stimmung blieb mürrisch an Bord. Die beiden Franzosen litten noch an den Anfängen des *Scorbut*. Der Proviant war ungenügend, Gemüse gab es jetzt auch noch nicht, u. dazu machte das Schiff eher Rückschritte als Fortschritte.

Am 22. Februar lag die französische Küste am Morgen vor uns. Nebelige Luft verhinderte das genaue Erkennen, der Wind war fast Nord geworden. Wenden! Wann kommen wir nach Haus?

De(s) Mittags kommt ein Dampfer auf uns zu von *West* uns auflaufend. „John W. Taylor[229] London". Ein mächtiges Towboot, ein Schlepper erster Classe. „Welch Schiff ist das?" „Pallas!" „Wohin?" „London". *„Do you want a tow?" „Whats the price?" „40 Pfund!" „No no, thank you!" „All right!" „Good by! Full speed ahead!"*[230]

425 Der Dampfer geht voll Dampf / voraus. Doch nicht ganz weit. Er dreht und läuft nach *N. W.* zurück, indem hier ein anderer Segler zu sehen ist. Unser Alte konnte ausmachen, daß es der Coriolanus[231] ist, ein Vollschiff, auch in *Elsfleth* beheimatet. Dieser ist nach Stockholm befrachtet. Deshalb gönnen wir dem Engländer den nutzlosen Weg. Bald ist er längsseite bei uns wieder angelangt. Er muß ja nach London zurück, muß jedenfalls ein großes Segelschiff heraus nach See schleppen, deshalb läßt er die Beute so leicht nicht fahren. Wie wir beim Caffee sitzen, hören wir sein Tuten. Er nimmt an für 25 Pfund. uns nach London zu schleppen, wohlverstanden bis in d. Dock. *East India Docks*, frei von allen Brücken- u. Bootsleutegeldern.

Er kommt vorn heran. Der Bootsmann wirft die Leine mit dem Wind herüber, das erste mal verfehlt er, die Leine fährt zu kurz, sie fällt in die See. / Noch einmal *„Look out."* („Paß auf!") Die Leine fliegt herüber, das End(e) fällt über die Krahnbalken, ein(en) Augenblick nur, aber fest ist sie gegriffen von dem Koch.

426

Alle Mann ziehen nun die schwere Schlepptrosse herüber es war nicht leicht, denn es ist ein dickes Dratseil. Es ist genug, um sie zu belegen! Fest wird sie mehrmals um das Ankerspill gelegt und festgezurrt. *Hurrah!* die Fahrt ist zu Ende.

Der Dampfer schlägt mit seinen Rädern die See, weiße Schaum wellen springen unter seinem Radkasten heraus, die Leine spannt sich, das Schiff folgt, schnell und immer schneller. Noch einmal heißt es „Gei up Vor- u. Groß-Royal, Bramstagsegel *etc.*" Noch einmal ziehen wir die Geitaue alle an. Noch einmal liegen wir miteinander auf den Rahen, u. machen die Segel fest, die wir so oft zusammen beschlagen haben bei bösem / u. bei gutem Wetter. 427

Alle Rahsegel sind fest! Desgl. Gaffeltopsegel u. die oberen Stagsegel. Da der Wind geräumt hat, und mehr aus West kommt, bleiben die Schratsegel einstweilen stehen. Jetzt ist aber keine Zeit, um sich zu schauen nach der Küste von *Dover* u. den Seglern u. Dampfern. Denn so viel Arbeit es kostet, das Schiff seefertig zu machen, so viel Arbeit bringt es mit sich, dasselbe landfertig zu machen. Die oberen leichten Segel werden abgeschlagen, d.h. sie werden von den Rahen gelöst und an Deck gebracht. Die Landfesten, Ketten leichter wie die Ankerketten, mittelst derer das Schiff an der Kaje befestigt wird, müssen an Deck. Fender, welche da, wo d. Schiff andere Schiffe berührt oder das Mauerwerk, über die Regling gehängt werden müssen, kommen an das Tageslicht aus dem dunklen Kabelgatt, vorn aus der Vorpiek heraus. /

Alle die Matten und Lappen, welche Taue, Masten, *etc.* da bekleiden, 428 wo andere Taue oder Segel sich scheuern könnten, müssen entfernt werden. Es sieht nicht *chic* aus, wenn ein Schiff, welches etwas auf sich hält, mit diesen Belämmerungen „längsseite de Land" liegt. Da es 100te dieser giebt, kann man denken, wie viel es zu tun gab. Fallreep für d. Bootsleute, Stege für d. Liegen an d. Kaje, alles muß heran!

Der TAYLOR sauste mit uns dahin, wir müssen jetzt wie früher Nachts unsere rote u. grüne Positionslaterne führen, der Dampfer außer diesen noch über seiner hellen, weißen Laterne am Vormast noch eine andere, zum Zeichen, daß er schleppt. u. kein Schiff hinter ihm um fährt. Sonst könnte es leicht angehen, daß e. Schiff hart hinter d. Schlepper hergeht und direkt auf d. Trosse fährt u. uns vor den Bug kommt. /

Hoch am Backbord bug strahlt e. intensives Licht herüber, blendend 429 hell. 2 über einander! Das sind die großartigen Feuer v. *South Foreland* (zwischen Dover und Deal). Zu Steuerbord schwankt ein schwächeres Licht. Es ist das Schiff von *Goodwine* Bank (Goodwin Sands), jener fürchterlichen Bank, die vor d. Kanale liegend die Mitte desselben blokirt. Tausende Schiffe sind dort i. Nebel gestrandet u. meistens auch mit Mann u. Maus verschwunden. Segen hat das Schiff dort jetzt

D. Siebje auf dem Klüverbaum der ERNA
(Zeichnung: Franz von Wahlde)

schon gestiftet. Es müssen riesige Ankerketten u. Geschirr sein, die dies Leucht schiff dort halten. Solches Schiff hat völlige Bemastung, so daß es Sturmsegel tragen kann, wenn mal die Ketten springen oder das Schiff die Kette schlippen muß, um dem Untergange zu entgehen. /

430   Weiter fliegt der TAYLOR mit uns. *North Foreland* Licht (bei Margate, Nordostspitze Kents) kommt in Sicht. Elektrisch! Da beginnt die Einfahrt in d. Themse. Von allen Seiten glänzten die Feuer. Zahllose Mitsegler! Zahllose Gegensegler kreuzen unsern Weg. Unsere Stagsegel werden fest gemacht. Eines nach dem andern, das Großstengstagsegel ist das letzte! Das letzte Segel festgemacht. Wie lange ersehnter Augenblick! Weiter geht es. Der Tag dämmert. Niemand ist zur Koje gewesen.

Um 5 Uhr gab es Caffee, z. letzten mal d. Morgenkaffee. Morgen früh giebt es besseres Futter für alle. Wie viele mögen wohl dann nüchtern sein? Eisig kalt pfeift der Wind durch d. Takelage. hart gegen den Wind geht es auf. Um 9 Uhr morgens bei *Sheerness!* (am südlichen Themseufer).

Beängstigend wird das Gewimmel d. Fahrzeuge aller Nationen. Die See wird ruhiger, als wir in den *Mouth of Thames* (Themsemündung) gelangen. Bald sind wir bis *Gravesend* (am südlichen Themseufer). / Von hier segelten die Flotten d. alten West- und Ostindienfahrer! Die Ufer des Flusses nähern sich. Die Schiffe kommen dicht aneinander. Nicht zu glauben ist es, daß es so gut gehen kann. Der Dampfer fährt nicht mehr an langer Schleppleine, sondern an 2 kurzen, an jedem Bug eine. Stop! Ein Boot kommt. Der Doktor. Schnell alles angetreten. Gemustert! Fertig! Weiter. Die gelbe Flagge welche den Arzt holen mußte, z. Zeichen, daß wir a. transatlantisch(en) Gewässern kommen, wird heruntergeholt u. stolz die deutsche Fahne an der Gaffel gesetzt. Noch einmal stop! 2. Lotsen kommen an Bord mit dem Flußlotsen. Die beiden Leute am Ruder werden abgelöst, u. nun nehmen die Lotsleute selbst unser Ruder. Es handelt sich ja um den kleinsten Fehler u. das Schiff ist verloren.

An beiden Seiten liegen Reihen löschender ladender Schiffe. / Durch die Gasse aber strömt jahraus, jahrein tag u. Nacht der größte Welt Verkehr. Längst sind wir in *Tilbury.* Grade soeben *Woolwich* passirt. Dicker Rauch liegt überall. Nur undeutlich sieht man die Schiffe. Überall Packhäuser Fabriken. Da liegt das schwimmende Hospital.

Horch, JOHN TAYLOR pfeift! „Laß fallen Anker?" Weiter geht der große Dampfer nicht. Das Schiff liegt aber nur 5 Minuten da kommt ein kleiner auf uns zu. Alle in Bewegung, festgemacht. hiv up Anker. Während wir noch den Anker völlig heben, öffnen sich die Brücken vor uns. ein Teil der Brücke geht hier i. d. Steine, d. andere drüber. Ein Blick zeigt uns, wie der Augenblick schon genügt, zahllose Menschen u. Gespanne ungeduldig harren zu lassen.

East India Docks! Glücklich angekommen. Neben dem DUKE OF BED-FORD[232], „*Demerera Lines*" / legen wir an. Alles springt herum. Hier wird e. Trosse losgeworfen, da eingeholt. Der alte Kasten kommt an das Bollwerk. Die Landfesten heraus! An Land geschleppt. Alles ist belegt u. sicher. 3 Landfesten halten uns sicher. Fertig!

Da sitzen jetzt die Leute u. waschen sich zum letzten Male. Bekannte

431

432

433

Heuerbaase und ihre Ränner[233], u. alles Gesindel, das auf Beute lauert, füllt das Logis. Um 3. Uhr geht der Zug zum Consulat. Um 3. Uhr kommt der alte 1 beinige Wachtsmann u. um 3 Uhr liegt das gute Schiff still u. verlassen dar.

Nur der alte Wachts mann macht sein Bett sich zurecht, er zündet das Feuer an, u. ich, der ich noch 8 Tage an Land bleiben muß, sitze auf meiner Seekiste u. sitze u. kann mich nicht entschließen an Land zu gehen, trotzdem ich heute frei hab. Der Übergang ist zu schnell. So lang ersehnter Augenblick! u. doch so schwer jetzt zu ertragen! Denn was jetzt! Bleibst du zur See oder was sonst!

Schluß.

Anmerkungen

1 Eine weiße Flagge mit blauer Umrandung, die die unmittelbar bevorstehende Abfahrt des Schiffes anzeigt.

2 Hinten am Mast längsschiffs angebrachtes, am unteren Ende gabelförmiges Rundholz, an dem das Gaffelsegel befestigt ist.

3 Radschlepper. – Zu den Schiffen werden im folgenden die Grunddaten nach Lloyd's Register bzw. dem Register vom Bureau Veritas gegeben. Die CENTAUR ist in beiden nicht verzeichnet.

4 Eine Schmack ist ein plattbodiges Watten- und Küstenfahrzeug, hauptsächlich der niederländischen Küsten, im 16.–19. Jh. verbreitet. Bug und Heck sind breit und rund, das Deck hat einen starken Sprung.

5 Das Wort „Back" hat im seemännischen Wortschatz mehrere Bedeutungen: a) Aufbau auf dem Vordeck, auch das Vordeck selbst (wie hier), b) Gefäß, Schüssel, oft aus Holz, c) Tisch.

6 Starkes Tau des sog. stehenden, d.h. unbeweglichen Gutes zum Abstützen von Masten und Stengen.

7 Zu den Segelbezeichnungen vgl. den Segelriß einer Bark im Einband hinten.

8 = Kattblock, schwerer, eisenbeschlagener, dreischeibiger Block mit Haken zum „Katten" des Ankers: Die Katthaken werden in den Ring des Ankers gehakt, der dann unter den Kranbalken oder die Kattdavits gehievt wird.

9 Eiserner Schraubendampfer CITY OF PARIS, erbaut 1866 in Glasgow, 3086 gr. ts., Reederei A. Hoffnung & Co., London/Liverpool.

10 Schoner, Segelfahrzeug mit mindestens zwei Masten mit Schratsegeln, d. h. Segeln in Längsrichtung des Schiffes.

11 Das – oft erhöhte – Achterdeck, der gewöhnliche Aufenthaltsort des wachhabenden Offiziers.

12 Im Manuskript fälschlich „Seglemacher".

13 Zunächst „erzählte" geschrieben, dann im Manuskript fälschlich gestrichen.

14 Blumenthal, kleiner Ort am rechten Weserufer nördlich von Bremen; heute bremisch.

15 Friedrich von Schiller, „Wilhelm Tell", I. Akt, 1. Szene. Korrekt lautet das Zitat „Da rast der See und will sein Opfer haben".

16 Das Seegebiet südlich der Irischen See zwischen Irland und Wales.

17 Dreimastiger Schoner ohne jedes Rahsegel, ausschließlich mit Gaffelsegeln.

18 Dreimastiges Schiff, bei dem die beiden vorderen Masten Rahsegel tragen, der achtere, der Besanmast, aber Schratsegel (Gaffelsegel) führt. Die Zahl der Masten ist in der Schlußphase der Segelschiffahrt auf vier und fünf erhöht worden.

19 Im Manuskript fälschlich „24. Juli".

20 Vorrichtung zum Messen der Schiffsgeschwindigkeit, bestehend aus Logleine, die mit Knoten versehen ist, und Sanduhr. Der Gebrauch wird später im Text beschrieben.

21 Gemeint sind Seemeilen pro Stunde (Knoten).

22 Von J. Arbuthnot in seiner „History of John Bull" (1712) als Verkörperung des typischen Engländers geschaffene Figur. In der napoleo-

nischen Ära wurde sie zum Symbol britischen Selbstbehauptungswillens gegenüber den französischen Hegemonialbestrebungen.

23 Als Schoner getakelter Schraubendampfer MARGUÉRITE FRANCHETTI, erbaut 1874 in Renfrew, 970 gr. ts., Reederei Worms, Jasse & Co, Le Havre (nicht, wie hier angegeben, Bordeaux).

24 Der Spitzname bezieht sich auf eine ältere typische Haartracht der Franzosen (crapaud = Haarbeutel). Die durch den deutsch-französischen Krieg von 1870/71 geschürten Animositäten sind in den 80er Jahren noch längst nicht vergessen. Der Besen wird volkstümlich häufig als Zeichen des Mißfallens und der Verachtung gebraucht. Allerdings haben englische Kriegsschiffe auch den Besen gesetzt, wenn sie in die Schlacht fuhren; sie wollten die See „vom Feinde reinfegen".

25 Turn = Törn bedeutet die Reihenfolge in einem Dienst oder einer Arbeit. Rudertörn bedeutet also „am Ruder stehen und den Kurs des Schiffes lenken".

26 Auf vielen Schiffen war es üblich, den Seeleuten täglich ein Gläschen Schnaps zu gewähren, auch aus medizinischen Gründen. Oder man setzte dem meist schlechten Trinkwasser ein wenig Alkohol zu. Ferner gab es beim Abschluß besonderer Arbeiten (Be- oder Entladen, Kohlenübernahme auf Dampfern usw.) ein Extraschlückchen. „Besanschot an" oder „Schnapsparade" nannten die Seeleute den Empfang der Ration.

27 Cabo de Finisterre (span., aus lateinisch finis terrae = Ende des Landes), markantes Kap an der nordwestspanischen Küste. Westlichster Punkt des spanischen Festlandes.

28 Das ist der Beginn des traurig-sentimentalen, damals viel gelesenen und gelernten Gedichtes „Der Zigeunerbube im Norden" von Emanuel Geibel (1815–1884). Die erste Strophe lautet:

Fern im Süd das schöne Spanien,
Spanien ist mein Heimathland,
Wo die schattigen Kastanien

Rauschen an des Ebro Strand,
Wo die Mandeln röthlich blühen,
Wo die heiße Traube winkt,
Und die Rosen schöner glühen,
Und das Mondlicht goldner blinkt.

29   Zusätzliche Segel zur Verbreiterung von Rahsegeln bei günstigen Winden. Sie werden an Spieren geführt, die seitlich auf die Rahen gesteckt werden.

30   Die Passatwinde bilden das stabilste Windsystem der Erde. Auf der nördlichen Erdkugel wehen sie hauptsächlich aus Nordost, auf der südlichen aus Südost im gesamten Gebiet zwischen dem subtropischen Hochdruckgürtel und dem Tiefdruckgürtel beim Äquator.

31   Tümmler.

32   Reffen = ein Segel durch Einstecken eines Reffs, also eines Teils des Segels, das zum Verkleinern eingerichtet ist, vermindern. So haben Marssegel in der Regel drei bis vier Reffs oben parallel zur Rah.

33   Taue, mit denen ein Segel nach achtern angeholt wird, um es zu spannen. Hier: einfache Kette, die als Schot dient.

34   Kalmen, Kalmengürtel, Zone quer über den Atlantik und den östlichen Pazifik mit niedrigem Luftdruck, viel Windstillen (engl. calm = ruhig, still), Gewittern und Regen.

35   Als Hals wird die untere luvwärts befindliche (dem Winde zugewandte) Ecke eines Untersegels bezeichnet.

36   Ein Segel aufgeien heißt, es durch sog. Geitaue unter die Rahen holen oder zusammenziehen.

37   Taue, durch die eine Stenge seitwärts und nach hinten befestigt wird.

38 Falle sind Taue, Ketten oder Taljen, mit denen Flaggen, Rahen, Gaffel oder Segel in die Höhe gezogen werden.

39 Stag oder starkes Tau, welches das Bugspriet nach dem Vorsteven zu befestigt.

40 Unter dem Bugspriet senkrecht angebrachte Spiere.

41 Brigg, zweimastiger Segler mit Rahtakelung, der am Großmast zusätzlich ein Gaffelsegel fährt.

42 Unter diesem Namen weder in Lloyd's Register noch bei Bureau Veritas nachweisbar.

43 Äolus, griechisch Aiolos, ist nach Homer der Gott des Windes. Verwandt ist er mit Pallas Athene, der Tochter des Zeus, und Neptun, griechisch Poseidon, dem Bruder des Zeus und also Athenes Onkel, nur insofern, als er in der Mythologie zu den Göttern zählt. Freilich wird er möglicherweise als Sproß der Titanen gesehen, wie auch Kronos, Zeus' Vater. Aber so spekulative „Familiengeschichte" wird bei der handfesten Äquatortaufe wohl kaum betrieben worden sein.

44 Bonitos gehören in die Familie der Skomberoiden, sind also mit unserer Makrele und den später erwähnten Pilotfischen verwandt.

45 Eine zwischen den Wendekreisen anzutreffende Röhrenqualle (Siphonophore) mit dem wissenschaftlichen Namen Physalia caravella Eschsch. Im erwachsenen Zustand ist sie an die Meeresoberfläche gebannt, kann nicht untergehen. Ihr phantastisches Aussehen – ihre Fangfäden werden über 1 m lang – hat in den verschiedenen Sprachen zu schiffahrtsbezogenen Namen geführt: Caravele, la Frégate, la petite Galère usw.

46 Heute Fernando Noronha, kleine brasilianische Insel etwa auf 4° S und 32° W.

47 Heute Rio Grande do Norte, nordöstlichster Staat Brasiliens mit der Hauptstadt Natal.

48 Staat im Nordosten Brasiliens, südlich von Rio Grande do Norte, Hauptstadt ist Recife.

49 Scharf am Winde steuert ein Schiff, wenn der Kurs sich so weit wie möglich der Windrichtung nähert, der Wind also schräg von vorn einfällt.

50 Die Segel liegen back, wenn der Wind von vorn einfällt und sie an den Mast preßt.

51 Schonerbrigg, auch Brigantine, Mischform aus Brigg und Schoner, mit rahgetakeltem Fockmast und gaffelgetakeltem Großmast.

52 Tümmler oder Braunfisch, Zahnwalart.

53 Kaptauben sind bis etwa 35 cm große Sturmvögel mit schwarzer Oberseite und weißer Unterseite, die an Tauben erinnern. Außerordentlich gute Flieger. Südlich des 15. südlichen Breitengrads allgemein verbreitet.

54 Eine Saling ist eine Vorrichtung am oberen Ende eines Mastes zum Tragen des Fußes der Stenge und zur Befestigung von Wanten und Pardunen. Bevorzugter Platz für den Ausguck.

55 Sedan, französische Kreishauptstadt im Département Ardennes an der Maas. Hier besiegten deutsche Truppen am 2. September 1870 das französische Heer und nahmen Kaiser Napoleon III. gefangen. Im deutschen Kaiserreich hoher Feiertag.

56 Zwischenform aus Bark und Schoner, gewöhnlich dreimastig. Der Fockmast ist rahgetakelt, Groß- und Besanmast tragen Schratsegel.

57 Schreibfehler, gemeint sind „Seemanns Gesangbücher", scherzhafter Ausdruck für die ungeliebten Scheuersteine.

58 Kalter und böiger Wind oder Sturm, der über die Pampas Argentiniens und Uruguays fegt.

59 Fußtaue unter der Rah, auf der die Seeleute stehen, wenn sie – mit dem Bauch gegen die Rah gelehnt – in der Takelage arbeiten.

60 Dünne, am Kopf der Stagsegel befestigte Taue, die zum Niederholen dieser Segel dienen.

61 Beim Messen der Schiffsgeschwindigkeit läuft die sog. Logleine aus, die in Abständen für 14 Sekunden mit Knoten versehen ist. Die Anzahl der ausgelaufenen Knoten pro Meßeinheit entspricht der Zahl der Seemeilen, die das Schiff bei gleicher Geschwindigkeit in der Stunde zurücklegt.

62 Bark ELVIRA nicht zu identifizieren. 1884 sind zwei Barken des Namens registriert, eine schwedische und eine englische.

63 v. Wahlde schreibt fälschlich „Nacht" statt „Wache".

64 Richtig Riachuelo, Fluß, der südlich vom Zentrum von Buenos Aires in den La Plata mündet. Wegen des ungenügenden Wasserstandes des La Plata hatte man nach Plänen von A. Louis Huergo die Riachuelo-Mündung auf 5,5 m ausgebaggert und als Hafen ausgebaut.

65 Eiserner Schraubendampfer HOHENZOLLERN, erbaut 1873 in Hull, 3 092 BRT, Reederei Norddeutscher Lloyd, Bremen.

66 Boca („Mündung"), damals Vorstadt, heute Stadtteil von Buenos Aires, Schifferviertel an der Riachuelo-Mündung, Ausgangspunkt der Flußschiffahrt.

67 Schutzbelag, besonders von Boden und Seiten des Laderaums zum Schutz der Ladung vor Kondenswasser usw.

68 Durchgehend rahgetakeltes Schiff mit drei oder mehr Masten.

69 Kanadische Provinz, Halbinsel im Atlantik, westlich der Grenze zu den USA, Hauptstadt ist Halifax.

70 Buenos Aires, 1880 zur Hauptstadt Argentiniens erhoben, hatte

zu der Zeit etwa 300 000 Einwohner, 1910 waren es schon 1 302 000, nicht zuletzt wegen der erheblichen Einwanderung. Während man z. B. von Deutschland aus versuchte, die Auswanderung nach Südamerika so zu reglementieren, daß Arbeit oder Land in Südamerika sicher waren, gab es solche Bestrebungen in Südeuropa nicht. So hatten viele italienische Einwanderer in Argentinien – und die Einwanderung war aus Italien und Spanien besonders stark – bei der Ankunft weder Arbeit noch Geld und vermehrten so das Heer der Armen.

71 Bark EMANUEL, erbaut 1878 in Elsfleth, 365 RT, Reederei H. Ramien, Elsfleth.

72 Achtern im Schiff bei den Offizieren herrschten andere Tischsitten. Es wurde mit Messer und Gabel gegessen (den ständigen Eintopf für die Mannschaft aß man besser mit dem Löffel).

73 D. h. der Kapitän schloß den gesamten Besitz in seiner eigenen Kammer ein. Wollte Franz v. Wahlde nun das Schiff verlassen, stand er ohne jegliche Kleidung, ohne Papiere usw. da.

74 Stadt in Norwegen am Skagerrak, berühmt für ihre Seeleute.

75 Eiserner Schraubendampfer MAINE ET LOIRE, erbaut 1882 in Sunderland, 753 gr. ts., Reederei Compagnie Nantaise de Navigation à Vapeur, Nantes.

76 Bark LORELEY, erbaut 1880 in Elsfleth, 737 RT, Reeder H. Bieth, Elsfleth.

77 Während der Bourbonenzeit Name der französischen Insel Réunion östlich von Madagaskar, etwa auf 22° S und 55° O.

78 Stadt im Norden Chiles, berühmter Salpeterhafen.

79 Eine italienische Bark dieses Namens ist weder in Lloyd's Register noch bei Bureau Veritas nachzuweisen. Da v. Wahlde die meisten Schiffsnamen nur gehört hat, schleichen sich hier leicht kleine Fehler ein, die eine Identifizierung praktisch unmöglich machen.

80 Im Manuskript fälschlich „werden".

81 D. h. mit kleinen Segeln an den Wind drehen, um das Schiff vor allem bei Sturm ruhiger zu legen.

82 Im Manuskript fälschlich „9. November".

83 Zur Einhaltung des Kurses für einen Segler günstige Windrichtung.

84 Im Manuskript fälschlich „vierkank".

85 Taue zum Aufholen oder Zusammenholen und Bergen von Rah-, Gaffel- und Leesegeln.

86 Im Manuskript fälschlich „und".

87 Am Reffband eines Segels entlang angereihte Leine zum Reffen eines Segels.

88 Wanten sind starke Taue, die Masten oder Stengen zur Seite hin halten. Sie dienen auch zum Aufentern.

89 Zum Loggen wurden kleine Sanduhren gebraucht (Loggläser), für $\frac{1}{2}$, $\frac{1}{4}$ Minute bzw. 14 Sekunden (+1 Sekunde zum Umdrehen des Glases).

90 Bauchgordings, Taue, mit denen der Fuß des Segels aufgezogen wird.

91 Nockgordings, Taue, mit denen die untere Seite eines Segels aufgeholt wird.

92 Richtig: Schraubendampfer KNIGHT TEMPLAR, erbaut 1874 in Sunderland, 1 592 gr. ts., Reederei T. F. Harrison, New Shields.

93 Gemeint ist der „Fliegende Holländer", der zu jener Zeit vor allem durch den Roman „The Phantom Ship" von Frederick Marryat (1792–1848) und Wagners Oper bekannt geworden war.

94 D. h. bei hoher See und Sturm platt vor dem Winde laufen.

95 Im Manuskript steht zweimal fälschlich „November". Von hier ab bis zum 11. Januar sind die Daten verrutscht. Wahrscheinlich kam v. Wahlde bei der Sturmfahrt durch die „brüllenden Vierziger" nur selten dazu, sein Tagebuch zu schreiben. Vom Montag, dem 11.1. an sind die Daten wieder richtig. Es ist darauf verzichtet worden, die Daten zu korrigieren.

96 Land in Lee, von dem das Schiff nur schwer frei kommt.

97 Wegen der spärlichen Angaben nicht nachzuweisen.

98 Mauritius, Insel im Indischen Ozean, etwa auf 20°30′ S und 57°30′ O, ca. 800 km östlich von Madagaskar. Die 2 045 km² große Insel hatte keine Urbevölkerung, als sie 1598 zu einer niederländischen Kolonie wurde und nach Maurits von Nassau, Prinz von Oranien (1567–1625), Statthalter der Niederlande, benannt wurde. Seit 1715 französische Kolonie, wurde Mauritius 1810 von den Briten okkupiert und 1814 formell englisch. (Seit 1968 selbständige Republik im Commenwealth). Die Bedeutung der Insel für die ältere Schiffahrt drückt sich prägnant im Wappenspruch aus: Stella Clavisque Maris Indici („Leitstern und Schlüssel zum Indischen Ozean").

99 Kap im Norden von Mauritius (vgl. v. Wahldes Zeichnung S. 195). Der Name wird später im Text erklärt.

100 Richtig „Gunners Quoin" (quoin, engl. Ecke). Beide genannten Inseln liegen vor der Nordspitze von Mauritius (vgl. Zeichnung S. 195).

101 Port Louis, Hauptstadt von Mauritius, um 1890 etwa 30 000 Einwohner.

102 „Signalberg".

103   Sprachgemisch aus Englisch und Französisch. „Ich weiß nicht. Nicht gut (oder: Ich hab es nicht). Sehr gut." Die Ausdrücke in Pidgin-Englisch werden im folgenden nur übersetzt, nicht in ihrer Herkunft aus verschiedenen Sprachen erläutert. Es wird auch kein Versuch gemacht, das Gemisch im Deutschen nachzubilden.

104   An jeder Seite des Bugs schräg ausladender Balken, zum Katten und Tragen des Bugankers.

105   Feuerwerkskörper, der $\frac{1}{2}$ bis 1 Minute brennt und ein sehr helles, bläulich weißes Licht gibt. Wird zu Signalzwecken gebraucht.

106   Ungenaues Zitat aus Johann Wolfgang von Goethes Ballade „Der Schatzgräber". Die letzten drei Zeilen lauten korrekt:

Tages Arbeit! Abends Gäste!
Saure Wochen! Frohe Feste!
Sei dein künftig Zauberwort.

107   False Point ist eigentlich nur ein Kap, die nördliche Spitze des Deltas, das der Mahanadi gebildet hat. Es liegt auf 20°22′ N und 86°52′ O in der Provinz Orissa an Indiens Ostküste, etwa 300 km Luftlinie südwestlich Kalcuttas. Be- und entladen wird, wie später im Text geschildert, auf der Reede vor kleinen Ortschaften.

108   Holz, das ins Bratspill, eine liegende Winde, gesteckt wird, um die Ankerkette daran zu befestigen.

109   Messagéries maritimes, in Marseille beheimatete Reederei.

110   Im Manuskript fälschlich „Stampfstopf".

111   Es handelt sich hier tatsächlich um einen Delphin.

112   Richtig: Butskopf – Delphinart, Schwertwal.

113   Windfahne, kleines Tuch, Stander usw., zur Kennzeichnung der Windrichtung.

114 Glattdeckskorvette AUGUSTA, erbaut 1864 in Bordeaux, 1869 von Preußen angekauft, Deplacement 2272 t, Sollbesatzung 230 Mann. Auf der Fahrt nach Australien mit Ablösungsmannschaften an Bord im Indischen Ozean spurlos verschollen.

115 Statt „sind" im Manuskript fälschlich „sieht".

116 D. h. die einfachen Seeleute, die Mannschaft, deren Logis sich traditionell im Vorschiff befindet, im Gegensatz zu den „Achtergästen", den Offizieren, deren Kammern im Achterschiff liegen.

117 Knurrhähne (es gibt etwa 40 Arten).

118 Die „dreifarbige" Flagge, d. h. zur damaligen Zeit die deutsche Flagge mit den Farben Schwarz-Weiß-Rot.

119 Eiserner Dampfer mit Schonertakelung FIDELIO, erbaut 1884 in Hamburg, 1 160 BRT, Reederei A. J. Hertz Söhne, Hamburg.

120 D. h. von außen im Unterwasserbereich mit Kupferplatten beschlagen. Eiserne Schiffe konnten nicht bekupfert werden, weil bei der direkten Verbindung von Eisen und Kupfer galvanische Ströme entstehen.

121 Mousson, frz. Monsun. Als Monsune bezeichnet man Winde, die regelmäßig mit der Jahreszeit die Richtung ändern. Der Monsun bläst im Arabischen Meer und im Indischen Ozean im Winter aus Nordost, im Sommer aus Südwest.

122 Gemeint sind die Andamanen, eine Inselgruppe im Osten des Golfs von Bengalen.

123 1876 hat Königin Victoria von Großbritannien den Titel einer Kaiserin von Indien angenommen. Indien war mit seinen unermeßlichen Reichtümern der kostbarste Besitz des britischen Kolonialreiches.

124   v. Wahlde gebraucht die Bezeichnung Parias im Sinne von „die Ärmsten". Das stimmt zwar faktisch, an sich ist Paria aber der Name für einen Angehörigen der untersten Kaste.

125   „Die Zeiten verändern sich, und wir verändern uns in ihnen." Sprichwörtliche Redensart aus den „Gesta Romanorum" („Taten der Römer"), einer mittelalterlichen Sammlung von Sagen, Anekdoten, Fabeln und Märchen aus der römischen Geschichte und aus mittelalterlichen Heiligenlegenden. Der Ausspruch soll auf den deutschen Kaiser Lothar I. (795–855) zurückgehen, allerdings in etwas anderer Form: „Omnia mutantur nos et mutamur in illis" („Alles verändert sich, …").

126   Der Name des Flusses fehlt im Manuskript.

127   Richtig: Cuttack am Mahanadi, dort gelegen, wo der Strom sich zum Delta verästelt, v. Wahlde schreibt nach dem Gehör; Cuttack, englisch ausgesprochen, kann sich wie Katak anhören. – Das Dorf Huki (oder Hooki) Tolla habe ich auf meinem Kartenmaterial nicht nachweisen können.

128   Gemeint sind natürlich farbige Inder. An dieser Stelle ist die in der Einleitung S. 15 skizzierte Haltung v. Wahldes gegenüber exotischen Völkern besonders gut zu sehen.

129   Plattbodiges, etwa 30 m langes und 2,5–3 m breites Schiff auf Weser, Aller und Leine.

130   Pidgin ist die Bezeichnung für eine Umgangssprache mit vereinfachter Grammatik und einem Wortschatz mit Wörtern aus mindestens zwei Sprachen. Pidgin English ist eine auf dem Englischen beruhende Pidgin-Sprache. Mit chinesischen und anderen ostasiatischen Sprachbrocken vermischt, war es im gesamten ostasiatischen Raum weit verbreitet.

131   „Nicht gut." „Engländer nicht gut, Deutscher gut, gib mir eine Flasche, gib mir ein Taschenmesser." „Verstehst du?" „Ich habe es nicht."

132 Piek ist der unterste enge Raum im Schiff vorn und achtern, hier also der vordere.

133 Die Entsorgung war bis in unser Jahrhundert ein großes Problem auf vielen Schiffen. Aborte gab es meist nur für Offiziere auf größeren Schiffen. Die Mannschaft benutzte das Galion oder einfach die Bordwand; allenfalls gab es einen Eimer – manchmal durch Segeltuch abgedeckt –, die sog. Huultonn'.

134 Das zwar verbotene, aber immer wieder heimlich durchgeführte Überbordwerfen des Ballastes in Häfen führte dazu, daß häufig das Fahrwasser zu flach wurde und die Hafenbehörden teure Ausbaggerungen vornehmen lassen mußten.

135 „Ich gehe weg, laufe weg, wie du vermutest, ich will kein Grobschmied sein."

136 Engl., eigentlich der Oberlehnsherr, das höchste Wesen, hier natürlich der Kapitän.

137 Coconada, in der Nähe der Godavari-Mündung, zwischen Vishakhapatnam und Madras.

138 Sog. Afghanistan-Krise. England hatte seit den 1830er Jahren versucht, Afghanistan, das seit 1744 ein unabhängiges Königreich war, zu erobern, was 1878 im 2. Afghanistan-Krieg gelungen war. Durch das Vorrücken zaristischer Truppen und vor allem deren Besetzung von Merw an der afghanischen Grenze im März 1884 fühlte sich England in seiner Herrschaft über Afghanistan bedroht. Durch vertragliche Festlegung der russisch-afghanischen Grenze 1885 wurde in letzter Minute ein Krieg vermieden.

139 Franz. „Was gibt's? Was sagt er?", engl. „Raus, du ..." – Hier ist ein mit g beginnendes Schimpfwort gemeint. Von „gaby" bis „gull" bietet sich einiges an, das mehr oder minder eindeutig „Narr, Dummkopf" usw. bedeutet.

140 „Ich möchte kein Fleisch von einem alten Affen!"

141   Eigentlich „ein Schiff als irreparabel bezeichnen"; auch im Sinne von „ein Schiff zur guten Prise erklären, beschlagnahmen".

142   Unter dieser Namensform ist weder in Lloyd's Register noch im Register vom Bureau Veritas eine franz. Bark verzeichnet. Wahrscheinlich die Bark JEANNE, erbaut 1863 in Triest, 381 t, 1885 von Davah & Co, Bordeaux, bereedert, 1886 in Lloyd's Register gelöscht, was sehr gut zu v. Wahldes Bemerkung paßt, im Dock in Port Louis habe die JEANNETTE zum Abwracken gelegen.

143   Als Gang bezeichnet man den Weg beim Lavieren von Wende zu Wende; hier: „große Wege kreuz und quer machen".

144   Eiserner Doppelschraubendampfer GODAVARI, erbaut 1863 in Bordeaux, 1 423 gr. ts., Reederei Messagéries maritimes, Marseille.

145   Gegen Ende März. Datum fehlt im Manuskript.

146   D. h. zwei Eisenplatten des Rumpfes schauen noch aus dem Wasser; die Freibordhöhe beträgt nur noch etwa 2 m.

147   Plankenfugen mit Werg und Teer verstopfen und abdichten.

148   Anteeren; eigentlich „mit Lappen bestreichen", daher der Name.

149   Datum fehlt im Manuskript.

150   Gemeint ist die Kaiserliche Verordnung zur Verhütung des Zusammenstoßens der Schiffe auf See vom 7. Januar 1880. Einerseits wurden die strengen Vorschriften – wie hier geschildert – unterlaufen, andererseits genügten die meisten der damals benutzten Laternen nicht den Anforderungen.

151   An den Bordwänden rings um das Schiff laufende Wasserrinne; äußerste, etwas tiefer liegende Decksplanke.

152   Aus altem Tauwerk gedrehtes Garn, zum Umwickeln anderer Taue benutzt.

153 Bulien, in der Mitte des Seitenlieks eines Segels angebrachtes Tau, mit dem auf einem bei dem Winde segelnden Schiff das Luvliek nach vorn geholt wird, damit der Wind frei in das Segel einfallen kann.

154 Im Manuskript fälschlich „was das".

155 Glimmentladung der Erdelektrizität an Mastspitzen usw., benannt nach St. Elmo, dem Schutzpatron der romanischen Seefahrer.

156 Auf Seglern stand gewöhnlich ein Wasserfaß am Hauptmast; jeder durfte daraus so viel trinken, wie er wollte, wenn nicht Wasserknappheit eine Rationierung notwendig machte.

157 Der M. Pieter Both, 823 m.

158 Richtig: East India Company, eine der mächtigsten Handelsgesellschaften, die es je gegeben hat. Gegründet Ende des 16. Jahrhunderts, erhielt sie 1600 ein Monopol für den englischen Handel im gesamten Gebiet zwischen dem Kap der Guten Hoffnung und der Magellan-Straße. Sie herrschte, vor allem in Indien, wie eine souveräne Macht, prägte Münzen, erklärte Kriege usw. Nach dem großen indischen Aufstand verlor sie alle Rechte an die britische Krone und wurde 1858 aufgelöst.

159 Galerie nennt man einen um das Heck laufenden Rundgang mit Tür zur Kajüte; Forecastle (engl.) ist ein vorderer Aufbau.

160 Bumboot, kleines Händlerboot zur Versorgung größerer Schiffe.

161 Ursprünglich bezeichnete man als Kreolen die Nachfahren eingewanderter Spanier in Westindien und Südamerika. Hier ist allerdings die französisch-indische bzw. französisch-afrikanische Mischbevölkerung auf Mauritius gemeint. Die heutige Bevölkerung stammt ausnahmslos von Einwanderern ab, die zum größten Teil erst nach 1835 auf die Insel kamen. Heute macht die indisch-stämmige Bevölkerung 68% aus, die hier genannten Kreolen haben einen Anteil von 28% an der Gesamtbevölkerung. Der Rest ist etwa je zur Hälfte europäischer und chinesischer Abkunft.

162 Gast nennt der Seemann einen zu besonderem Dienst komman-
dierten Matrosen. Der Vorgast sitzt vorn im Boot, braucht nicht zu rudern, blickt nach vorn und hat Ausschau zu halten.

163 Im Manuskript fälschlich „Hauptverkehrsstraße".

164 Die Reederei heißt richtig: Union Steamship Co, Southampton.
Einen Dampfer ARUBIAN gibt es 1885 nicht – wohl wieder ein Hörfeh-
ler v. Wahldes. Entweder handelt es sich um die ARAB der Union
Steamship (erbaut 1879 in Glasgow, 3170 gr. ts.) oder um die ARABIAN
der Steamship Co., Liverpool (erbaut 1862 in Belfast, 2074 gr. ts.).

165 MAINE ET LOIRE, vgl. Anm. 75.

166 Albion war der ursprüngliche Name für Großbritannien.

167 Oper von Daniel François Esprit Auber (1782–1871), uraufge-
führt 1830. Es spricht für sich, daß v. Wahlde ausgerechnet die Veterinärschule und das Theater erwähnt, vgl. Einleitung S. 10, 12.

168 Half-caste, engl. Mischling von einem europäischen und einem
nicht-europäischen Elternteil.

169 „Das Allerheiligste", die geweihte Hostie.

170 Heute „Pamplemousses". Region und Ortschaft nordöstlich von
Port Louis. Vgl. zu den Angaben über die Geschichte von Paul und
Virginie auch die Einleitung, S. 14 f.

171 Bucht westlich von Pamplemousses und nördlich von Port Louis.

172 Im Manuskript fehlt der Schiffsname; v. Wahlde konnte sich
wohl beim Niederschreiben nicht daran erinnern. ST. GÉRAN heißt das
Schiff im Roman, doch geht der Schiffbruch auf eine wahre Begeben-
heit zurück (nicht aber die Geschichte von Paul und Virginie): Am
17. Juli 1744 strandete bei völlig ruhigem Wetter infolge eines Naviga-
tionsfehlers eine ST. GÉRAN auf einem der der Küste vorgelagerten Korallenriffe.

173 „Unglückliches Kap", Nordkap der Insel Mauritius.

174 Nicht nachzuweisen in Lloyd's Register und Bureau Veritas.

175 Aus Manilahanf, d. i. Hanf einer bei Manila wachsenden Aloe-Art, geschlagenes, fast weißes Tauwerk, das durch geringes spezifisches Gewicht und große Dehnbarkeit ausgezeichnet ist und deshalb oft als Festmache- und Verholleine gebraucht wird.

176 Unklare Angabe. Der Gesellschaft Messagéries Maritimes in Marseille gehörte nie eine VILLE DE BREST. Das Schiff dieses Namens, das wegen der Größe in Frage käme (erbaut 1870 in Bordeaux, 2 579 BRT, Comp. Génerale Transatlantique, St. Nazaire), ist nicht im Austral-Verkehr gelaufen. So bliebe die nicht sehr große VILLE DE BREST der Cie. Havraise Pen. de Navigation à Vapeur, Le Havre (erbaut 1862 in Sunderland, 1 017 gr. ts.). Vielleicht hat v. Wahlde einen anderen VILLE-Dampfer gemeint.

177 Leinen von etwa 4 cm Umfang, die für das Ausweben von Wanten und Tauleitern gebraucht werden.

178 Französische Insel im südlichen Indischen Ozean, etwa 38° S und 78° O. Kapitän Stege holt also weit nach Süden aus, um günstige Westwinde zu bekommen.

179 Im Manuskript fälschlich „3ter Juli".

180 Da bei den langen Reisezeiten oft beim Auslaufen noch nicht feststand, in welchem Hafen geladen oder gelöscht werden sollte, wurde im Zielgebiet ein bestimmter Hafen angelaufen, wohin der Reeder nähere Anweisungen (Ordres) schickte.

181 Heute Banjuwangi, auf der javanischen Seite der Bali-Straße.

182 Samarang (heute Semarang), Batavia (heute Djakarta) und Soerabaya (heute Surabaja) sind große Hafenstädte an der javanischen Nordküste.

183 Stählerner Schraubendampfer DUKE OF WESTMINSTER, erbaut 1882 in Barrow, 3726 gr. ts., Reederei Eastern Steam Navigation Co., Barrow.

184 Die V. O. C., die „Vereenichde Oost-Indische Compagnie", 1602 gegründet, mit dem Monopol für den Handel in der zum niederländischen Kolonialreich gehörenden indonesischen Inselwelt. Die V. O. C. hatte weitreichende Befugnisse und ist durchaus mit der englischen East India Company zu vergleichen, siehe Anm. 158.

185 Beginn eines sehr bekannten englischen Chorals, von Reginald Heber 1819 geschrieben; v. Wahlde zitiert nicht ganz korrekt, die erste Strophe lautet richtig:

> From Greenland's icy mountains,
> From India's coral strand,
> Where Afric's sunny fountains
> Roll down their golden sand;
> From many an ancient river,
> From many a palmy plain,
> They call us to deliver
> Their land from error's chain.

(„Von Grönlands eisigen Gebirgen, von Indiens Korallenstrand, wo Afrikas sonnige Quellen ihren goldenen Sand hinabwälzen; von manch altem Fluß, von manch blühender Ebene rufen sie uns, um ihr Land von den Ketten des heidnischen Irrtums zu befreien.") – Brasilien kommt in Hebers vierstrophigem Lied, das die christliche Mission glorifiziert, nicht vor.

186 Im Manuskript fälschlich „12. Juli".

187 Im Manuskript fälschlich „eine Gerüsten".

188 Große Schläuche aus Stoff, deren obere Öffnung in den Wind gedreht wird, während die untere Öffnung in den zu belüftenden Raum gehängt wird.

189   Im Manuskript fälschlich „14ten September".

190   Name des Hafenplatzes fehlt im Manuskript.

191   Surabaja, das um 1885 schon über 100 000 Einwohner zählte, war bis 1880 eine Festung, erst dann wurden die nutzlos gewordenen Anlagen geschleift.

192   Auf Kiel gebautes, sehr völliges Schiff mit breitem, flachem Boden und kurzer Kimm, breitem Bug und Heck; holländ. Typ.

193   Hier endet der erste Band des Tagebuches. Es folgen eine Seite mit einer kleinen Zeichnung und eine leere Seite.

194   Im Manuskript fälschlich „6. Dezember".

195   Bis zu 2 t schwerer Anker zum Verholen eines Schiffes. Beim Warpen wird ein Anker mit einem Boot voraus gebracht, worauf das Schiff sich durch Aufwinden der Ankerkette an die Stelle, wo der Warpanker gefaßt hat, heranzieht.

196   Diese Feststellung v. Wahldes ist übertrieben. Viele Segler waren zu seiner Zeit in der Trampfahrt beschäftigt, so daß eine Reise wie die der PALLAS durchaus keine Seltenheit oder gar Irrfahrt war.

197   Beginn eines Shanty's, eines Arbeitsliedes der Seeleute. Ein Vorsänger sang eine Strophe, dann fiel die restliche Mannschaft mit einem Refrain oder einer Refrainzeile ein.

198   Untiefe vor einer Flußmündung, aufgespült durch Geschiebe, das der Fluß mit sich führt.

199   Seegebiet zwischen Java, Sumatra, Borneo und Sulawesi (Celebes).

200   Bark PAULA, erbaut 1876, 516 RT, Reeder Adolph Schiff, Elsfleth.

201 Inselgruppe vor dem östlichen Ausgang der Sunda-Straße zwischen Java und Sumatra, nördlich von Djakarta.

202 Niederländisch, „Große Kombüse", „Großer Menschenfresser".

203 Der erloschen geglaubte Vulkan Krakatau in der Sunda-Straße explodierte plötzlich 1883, wobei etwa 18 km^3 (!) Gesteinsmasse in die Luft flogen. Durch das Material und vor allem die riesige Flutwelle verloren 36 000 Menschen das Leben. Auch die Stadt Anjer an der javanischen Seite der Sunda-Straße wurde völlig zerstört.

204 Kleines Flüßchen im Stedingerland, fließt bei Berne in die Berne, die wiederum in der Nähe von Elsfleth in die Hunte mündet. Elsfleth selbst liegt an der Mündung der Hunte in die Weser.

205 Heute Durban, große Hafenstadt in der seit 1910 zu Südafrika gehörenden ehemaligen Kolonie Natal im Nordosten des Landes. Über 70 % der Bevölkerung sind Zulus, ein bantusprechendes Volk (das nichts mit den Hottentotten, den Khoi-Khoin oder Nama, in Südwest-Afrika zu tun hat, wie v. Wahlde fälschlich meint).

206 v. Wahlde zitiert hier aus dem damals auch durch Schullesebücher weit verbreiteten Gedicht „Löwenritt" von Ferdinand Freiligrath (1810–1876), bekommt den Wortlaut aber nicht ganz zusammen. Deshalb hat er mit Bleistift später über die erste Zeile die Variante geschrieben: „Wenn des Tafelberges leuchtende Signale nicht mehr …" Der Anfang des Gedichtes lautet richtig:

Wüstenkönig ist der Löwe; will er sein Gebiet durchfliegen,
wandelt er nach der Lagune, in dem hohen Schilf zu liegen.
Wo Gazellen und Giraffen trinken, kauert er im Rohre;
zitternd über dem Gewalt'gen rauscht das Laub der Sykomore.
Abends, wenn die hellen Feuer glühn im Hottentottenkrale,
wenn des jähen Tafelberges bunte, wechselnde Signale
nicht mehr glänzen, wenn der Kaffer einsam schweift durch die
Karu,
wenn im Busch die Antilope schlummert und am Strom
das Gnu:

Sieh, dann schreitet majestätisch durch die Wüste die Giraffe,
daß mit der Lagune trüben Fluten sie die heiße, schlaffe
Zunge kühle; lechzend eilt sie durch der Wüste nackte
Strecken,
knieend schlürft sie langen Halses aus dem schlamm-
gefüllten Becken.

207 Im Manuskript fälschlich „trief".

208 Gebiet neben dem Passat, in dem der Wind ständig mallt, d. h.
hin- und herspringt.

209 Saint Helena, Insel im südlichen Atlantik auf etwa 16° S und
5°45' W. Entdeckt 1502, kam sie 1673 unter die Herrschaft der East
India Company und wurde 1834 britische Kronkolonie. Vor der Eröff-
nung des Suezkanals war der Hauptort Jamestown wichtige Kohlensta-
tion für die nach Ostasien fahrenden Dampfer. – Von 1815 bis 1821
wohnte Napoleon während seiner Verbannung in Longwood, das für
Franz v. Wahlde von See aus sichtbar wird.

210 Richtig Ascension („Himmelfahrtsinsel"), Insel im südlichen Atlantik auf etwa 8° S und 14° W. Die kleine Insel wurde am Himmel-
fahrtstage 1501 von Portugiesen entdeckt. In den Hauptort Georgetown wurde eine britische Garnison gelegt, als Napoleon nach
St. Helena verbannt wurde. Anschließend zählte die Insel zur Kronkolonie St. Helena. (Asuncion ist hingegen eine Insel der Marianen-
Gruppe in der Südsee.)

211 Castle Mail Packets Co. Ltd. (Donald Currie & Co), Liver-
pool/London, eine der großen Linien, die den Afrikaverkehr vermit-
telte und 1900 mit der Union Steam Ship Co., Southampton, zur
Union-Castle Mail Steamship Co. vereinigt wurde.

212 Höchste Erhebung der Insel Ascension, 860 m.

213 Praien, anpraien = ein Schiff anrufen und mit ihm mündlich
verkehren, auch „sprechen".

214 GOLF DE NAPOLI, in Lloyd's Register und Bureau Veritas nicht nachweisbar.

215 GENERAL FRASCATI, in Lloyd's Register und Bureau Veritas nicht nachweisbar.

216 Nicht in den Registern von Lloyd's und Bureau Veritas.

217 Richtig: Porto Alegre, Hauptstadt des brasilianischen Bundesstaates Rio Grande do Sul.

218 Ein nach Kaiser Wilhelm I. benannter langer Herrenmantel mit überhalblanger Pelerine.

219 Skorbut, Scharbock, Vitaminmangelkrankheit. Wird über längere Zeit dem Körper zu wenig oder gar kein Vitamin C (Ascorbinsäure) zugeführt, führt das zu Haut- und Mundblutungen, Zahnausfall, Ermattung und schlimmstenfalls zum Tode. Auf Langfahrten gefürchtete Krankheit unter Seeleuten, die allerdings Ende des 19. Jahrhunderts nicht mehr hätte aufzutreten brauchen, wenn die richtige Verpflegung mitgenommen worden wäre.

220 Die Besegelung der Dampfer hatte Ende des 19. Jahrhunderts nicht mehr den Zweck, unterwegs mit Windkraft statt mit Maschinenkraft zu fahren, sondern sie diente der Verminderung von Rollbewegungen (Stützsegel).

221 Eiserner Schraubendampfer WERRA, erbaut 1882 in Glasgow, 4815 BRT, Reederei Norddeutscher Lloyd, Bremen. Die Höchstgeschwindigkeit der WERRA wird mit 17 Knoten angegeben, v. Wahlde schätzt die Geschwindigkeit also etwas zu hoch.

222 Scilly-Inseln, Inselgruppe am Eingang des Kanals, westsüdwestlich von Cornwall.

223 Lot von 12–30 kg Gewicht, das von achtern außen frei geworfen wird. Dazu muß die Fahrt aus dem Schiff genommen werden, deshalb selten gebraucht.

224 Marssegel- oder Toppsegelschoner, Schoner, der am Fockmast anstelle des Gaffeltoppsegels ein bis drei Rahtoppsegel an fest angebrachten Rahen führt.

225 Hier folgen acht Seiten ohne Text, nur mit Zeichnungen gefüllt.

226 Anderthalbmastiges, ursprünglich englisches, ab etwa 1860 auch niederländisches und deutsches Fahrzeug für den Heringsfang.

227 Bark ERNA, erbaut 1868 in Bremen, 582 t, Reederei C. L. Brauer & Sohn, Bremen.

228 Schaluppe, hier = Sloop, einmastiges Fischereifahrzeug.

229 Vermutlich Schraubendampfer JOHN TAYLOR, erbaut 1866 in Hartlepool, 207 t, Reeder J. Lancaster, Chester.

230 „Wollen Sie geschleppt werden?" „Was kostet das?" „40 Pfund!" „Nein, nein, danke!" „In Ordnung!" „Auf Wiedersehen! Volle Kraft voraus!"

231 Eisernes Vollschiff CORIOLANUS, erbaut 1876 in Dumbarton, 1 074 t.

232 Auch hier irrt v. Wahlde. Eine DUKE OF BEDFORD ist weder in den Registern von Lloyd's noch vom Bureau Veritas nachzuweisen. Die DUKE-Klasse gehörte im übrigen der Eastern Steamship Co, Barrow. Vielleicht ist die DUKE OF BUCCLEUCH gemeint (als 4-Mast-Bark getakelter Schraubendampfer, erbaut 1873 in Barrow, 3 100 gr. ts.)?

233 Runner (engl.), Agenten, die mit mehr oder minder zweifelhaften Methoden ankommende Seeleute oder Auswanderer bzw. Fremde zu bestimmten Wirtshäusern, Agenturen usw. schleppen. Dies Runner-Unwesen war vor allem in Auswanderer- und Einwanderer-Häfen weit verbreitet, so daß sogar Gesetze dagegen erlassen werden mußten.

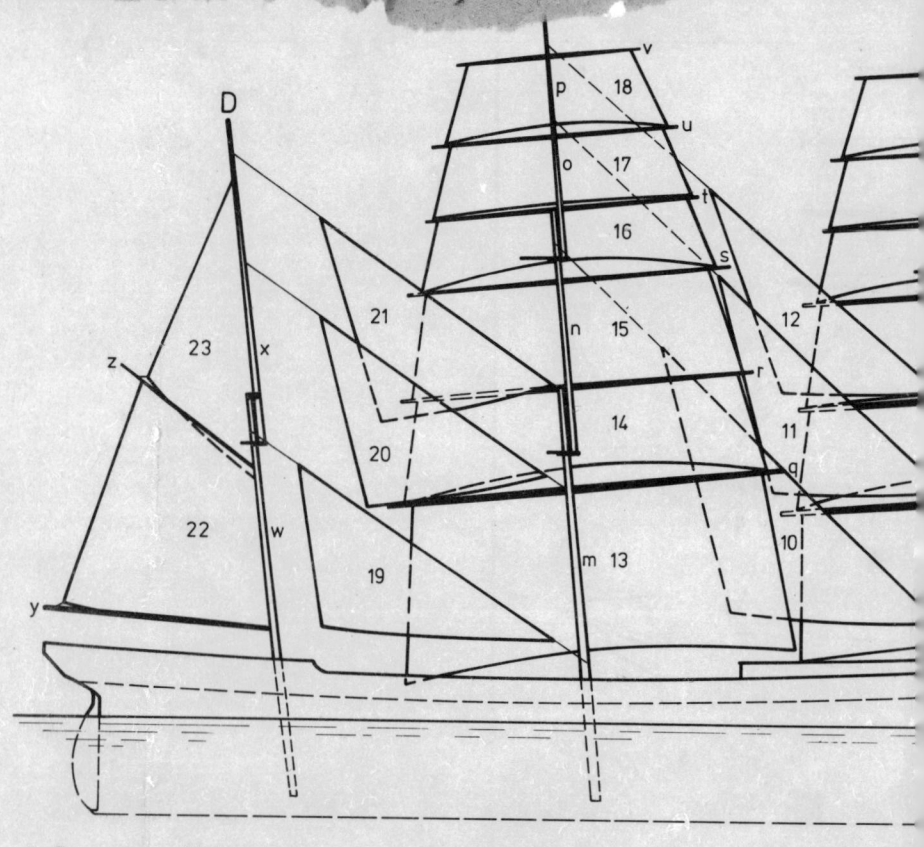

A	Bugspriet und Klüverbaum	l	Vorroyalrah	1	Außenklü•
B	Fockmast	m	Groß-Untermast	2	Binnenklü•
C	Großmast	n	Groß-Marsstenge	3	Vorstenges•
D	Besanmast	o	Groß-Bramstenge	4	Fock
		p	Groß-Royalstenge	5	Vor-Unter
a	Stampfstock	q	Großrah	6	Vor-Oberr•
b	Vor-Untermast	r	Groß-Untermarsrah	7	Vor-Unter
c	Vormarsstenge	s	Groß-Obermarsrah	8	Vor-Oberb•
d	Vorbramstenge	t	Groß-Unterbramrah	9	Vor-Royal
e	Vorroyalstenge	u	Groß-Oberbramrah	10	Groß-Steng•
f	Fockrah	v	Groß-Royalrah	11	Groß-Bram•
g	Vor-Untermarsrah	w	Besan-Untermast	12	Groß-Roya•
h	Vor-Obermarsrah	x	Besanstenge	13	Großsegel
i	Vor-Unterbramrah	y	Besanbaum	14	Groß-Unte•
k	Vor-Oberbramrah	z	Besangaffel	15	Groß-Ober•